영국의 위기와 좌우파의 대안들

영국의 위기와 좌우파의 대안들

영국의 위기와 좌우파의 대안들

사회주의, 보수주의, 파시즘(1880~1930년대)

김 명 환 지음

혜안

서 문

　개혁을 하겠다는 주장이 좌파의 독점물은 아니다. 유심히 살펴 보면 좌파 못지 않게 우파도 개혁을 주장한다. 개혁의 내용이야 차이가 있겠지만 한 가지 공통점이 있다. 그것은 개혁을 주장하는 시기의 성격이 유사하다는 것이다. 한 사회가 위기에 처해 있다고 판단되면 좌파든 우파든 개혁에 대한 주장을 제기하기 시작한다.

　대개 사람들은 영국은 평온한 나라이고 위기를 겪지 않은 나라라고 생각한다. 그러나 이런 생각은 영국에서 소위 '명예혁명'이 지나치게 강조된 결과로 인해 생겨난 오해일 따름이다. 즉 영국은 유혈혁명을 겪지 않았다는 선입견이 영국을 평온한 나라로 포장해 놓은 결과이다. 영국도 많은 문제를 가진 나라였으며 그런 모순들이 누적되고 표출되는 과정에서 커다란 갈등을 겪었다. 갈등은 쌓여 나가다가 종종 위기 상황으로까지 나가기도 했다. 내가 관심을 가지고 있는 19세기 후반과 20세기의 영국 역사도 그러하다. 1880년대부터 영국은 빈곤과 빈부격차 문제에 봉착했다. 이전부터 이 문제는 증폭되어 왔지만 이 시기에 와서 영국의 많은 지식인들은 이 문제가 영국에 심각한 위기를 조성하고 있다는 생각을 하게 되었다. 그 결과 여러 사람들이 하나의 체계적인 이론으로 위기상황에 대한 조언을 하기 시작했다. 그것이 영국에 '사회주의의 부활'이라는 현상을 가져온 것이다. 19세기말의 다양한 사회주의 사상들은 영국의 위기상황에 대한 좌파의 대안들이었다고 볼 수 있을 것이다.

영국은 1차대전 전야에 영국 역사상 보기 드문 위기상황을 맞았다. 세계대전으로 인해 묻혀 버린 이 위기는 어쩌면 내란을 야기했을지도 모를 정도로 심각한 수준이었다. 이 시기에 계층 간의 갈등은 극도에 달했고, 여성들의 참정권 주장은 남녀간 성대결 양상을 빚고 있었다. 여기에 더해 귀족들은 자신들의 권리가 박탈당하는 것에 대해 조직적으로 반발했으며, 아일랜드의 민족문제는 이런 문제들과 얽혀서 소요와 봉기로 얼룩지고 있었다. 이런 상황에서 좌파와 함께 우파 안에서도 위기에 대한 대안이 제기되었다. 흥미로운 것은 보수당 내에서 제시된 대안은 한 가지가 아니었다는 점이다. 이는 보수당 내에 여러 세력들이 있었음을 보여주고 있다. 미래에 대한 전망이 다른 여러 세력들은 제각기 서로 다른 대안들을 제시했다. 더욱 흥미로운 것은 그러한 대안들 중 어떤 대안은 당시 사회주의자들의 대안과 매우 유사했다는 점이다. 그런가 하면 국가의 대대적인 간섭을 제시했지만 그 바탕에는 귀족계층의 이익을 보존하려는 의도가 깔려 있는 대안도 있었다. 위기는 모든 세력에게 가만히 있지 말고 어떻게든 움직여 볼 것을 요구한 것이다.

1930년대에 영국은 경제공황의 여파 속에서 허우적거리고 있었다. 이 시기가 꼭 영국만의 위기는 아니었지만, 세계자본주의 구조 속에서 중심적 위치에 놓여 있었던 영국은 경기침체와 실업이라는 커다란 고통을 겪지 않으면 안 되었다. 이런 어려운 시기는 어려움을 극복할 방법을 요구하는 법이다. 이 시기에 영국에 등장한 사상이 파시즘이다. 영국의 파시즘은 사실 '그런 사상이 있었나?'라고 할 정도로 우리나라에는 잘 알려지지 않은 사상이다. 이 사상은 영국의 실업상황이 낳은 산물이다. 파시즘이라는 용어를 쓰는 만큼 독일과 이탈리아의 파시즘과 어떤 부분에서 공통점을 가지고 있기는 하지만, 영국의 파시즘을 독일이나 이탈리아의 그것과 동일한 사상으로 간주하는 것은 커다란 오류이다. 더욱 흥미로운 것은 파시즘은 흔히 우파 사상으로 분류되지만, 영국의 파시즘은 좌파나 우파로 섣불리 분류되기 어렵다는 점이다. 최근의 연구는 파시즘 자체를 좌파나 우파에 속하지 않는 독자적인 사상으로 간주하기도 하지만, 특히 영국의 파시즘은 대륙의 파시즘과 구별되는 독특한 측면들을 가지고 있다. 그 중에서도 모슬리의 파시즘은 좌파와 우파의 이론들을 수용하면서도 좌파와 우파를 모두 배격했다는 점에서 영국의 사회개혁에 대한 제 3의 대안이었다는 생각을 해 볼 수 있다.

이 책에서 다루는 영국의 사회주의는 1880년대부터 20세기 초에 걸쳐 영국 사회에서 제시된 좌파의 대안이라고 할 수 있다. 영국의 자본주의가 가진 문제점들에 대해 이의를 제기하고 체계적인 비판을 가한 사상이라는 점에서 그렇게 분류될 수 있을 것이다. 그러나 영국의 사회주의자들은 민주주의자들이었다는 점을 잊어서는 안 될 것이다. 영국을 흔히 민주주의가 일찍 발달한 나라라고 생각들 하지만 이것이야말로 커다란 오해이다. 영국은 1832년 1차 선거법 개정이 일어날 때까지 성인의 3% 정도가 선거권을 가진 나라였다. 이후 영국은 1928년에 이르러서야 성인 보통선거가 실현되었다. 그러므로 영국의 사회주의자들을 '좌파'로 이해하는 올바른 방법은 이들을 민주주의자로 이해하는 것이다. 이들에 대해 아직 영국 사회에 민주주의가 실현되지 않은 단계에서, 정치적 민주주의와 경제적 민주주의를 함께 추구해 나간 민주주의자들이라는 관점을 견지할 필요가 있다.

영국의 사회주의는 사실 사회주의로 존재하지 않는다. 표현을 정확히 하자면 '사회주의들'로 존재한다. 내용이 다른 여러 종류의 사회주의가 섞여서 영국의 사회주의를 이룬다는 말이다. 그러므로 영국의 사회주의들은 19세기 후반 영국의 상황에 대해 제각기 조금씩 다른 발언을 했다. 그 중에서 이 책에서는 두 개의 사회주의를 다루고 있다. 하나는 페이비언 사회주의이며, 다른 하나는 길드 사회주의이다. 둘 다 지식인들에 의해 제시된 사회주의라는 점에서 이 두 개의 사회주의는 어쩌면 어떤 분파나 계급을 떠나 사회질서의 새로운 종합을 모색한 사상이라고 할 수 있을지 모르겠다. 그러나 뚜렷한 것은 이 두 사상 모두 경제적 분야에서 발생하는 독점 혹은 독재 현상에 대해 비판적이라는 점이다. 달리 말하면 이 두 사상은 모두 경제 영역에 대한 민주주의에 커다란 관심을 보여준다는 것이다.

1차대전 전야에 나타난 급진우파의 주장은 우파에 의해 제기된 대안이라는 점에서 흥미를 끈다. 더욱이 이들은 우파 중에서도 강경 귀족층으로 어찌 보면 골수 우파라고 할 수 있을 것이다. 이들은 분명히 보수파에 속함에도 불구하고, 사회 여러 측면에서 빠른 변화를 추구했다. 심지어 헌정질서를 파괴하는 방식으로 변화를 추구하려고 했다. 빠르고 커다란 변화를 추구하려는 점에서 이들은 개혁세력을 닮아 있다. 그러나 이들의 대안의 본질은 폭력적인 방법을 사용하더라도 사회가 자신들의 이익을 해치는 방향으로 변화해 가는 것을 막으려는 데 있었다. 급진우파는 민주주의가 만들어 낸 여러 가지 변화들이 자신들의 전통적 지위를 위협하자, 민주적 헌정질서 자체를 개혁의 대상으로 간주한 것이다.

그렇지만 보수파 내에 급진우파와 같은 대안만이 제시된 것은 아니다. 영국의 사회주의처럼 영국의 보수파도 '보수파들'로 존재했다. 영국이 처해 있는 위기상황에서 각기 다른 보수파들은 각기 다른 대안들을 제시했다. 그 중 보수당 사회개혁위원회를 주도한 F. E. 스미스의 대안은 매우 독특하다. 왜냐하면 그의 주장은 거의 사회주의자들의 주장과 닮아 있었기 때문이다. 교육, 의료, 주택, 노동, 실업, 빈곤 등 사회문제에 대한 적극적인 처방을 제시하는 과정에서 F. E. 스미스는 국가의 조정자적 역할을 강조했다. 그의 대안은 사회를 유기체로 간주하는 관점을 가진 보수주의 사상에서 발로한 것이지만, 결과적으로 보면 사회문제를 해결하기 위해 국가, 시민 혹은 조직구성원의 적극적인 참여를 주장하는 사회주의적 대안과 닮아 있다. F. E. 스미스의 대안은 보수파 내에서도 변화를 추구하는 입장들이 얼마나 다를 수 있는가를 보여주고 있다.

여기서 다루는 모슬리의 파시즘은 영국의 어려운 경제사정을 반영하는 사상이다. 영국이 세계경제에서 차지하는 비중이 줄어들고, 산업이 쇠퇴하는 상황 속에서 실업과 빈곤의 문제를 해결하려는 대안으로 제시된 사상이라고 할 수 있다. 모슬리의 대안은 그 안에 영국의 사회주의 사상을 수용하고 있다는 점에서 흥미롭다. 파시즘하면 흔히 왜곡된 민족주의와 인종주의를 떠올리게 된다. 하지만 모슬리의 파시즘은 그런 입장과는 또 다른 차원에서 파시즘에 접근해야 할 필요를 제기한다. 영국의 문제를 이해하기 위해 노동자와 고용주의 대립각이 아니라 산업과 금융의 대립각을 세운 모슬리의 파시즘을 선뜻 우파 사상으로 단정하기는 어렵다. 그렇다고 하여 모슬리의 파시즘을 기존의 좌파 사상으로 수용하기도 곤란하다. 좌우파의 사상을 종합하여 새로운 개혁 대안을 제시한 것이라고 보아야 할 것 같다.

사실 영국의 파시즘도 앞의 경우들처럼 파시즘이 아니라 ‘파시즘들’로 존재한다. 모슬리의 파시즘이 영국의 여러 파시즘들 중 가장 유력한 파시즘이었지만 모슬리 파시즘과는 입장이 다른 파시즘들이 여럿 존재했다. 그런 파시즘들 중에는 대륙의 파시즘을 닮은 파시즘도 있었고, 유태인에 대한 격렬한 반감을 보인 파시즘도 있었다. 그런 파시즘 사상들은 전형적으로 우파에서 제기된 대안들이었다고 볼 수 있을 것이다. 여기서 모슬리의 파시즘을 제시한 것은 이것이 영국적 상황에서 나온 독특한 영국적 파시즘 사상이라는 점에 있다. 모슬리의 파시즘은 경제공황기에 영국의 양대 정당인 보수당이나 노동당 혹은 그 주변 세력들이 아닌 또 다른 세력에 의해 제안된 독특한 대안이었다는 점에서 흥미롭다.

이 책에 실린 글들은 내가 여러 저널들에 실은 글을 약간의 수정을 가해 모아 놓은 것이다. 그런 점에서 내 연구가 진행되어 온 경로를 보여주는 셈이기도 하다. 영국의 사회주의는 내가 처음 연구를 시작한 주제였다. 나는 사회주의하면 혁명을 떠올리는 선입견을 가졌던 시절에, 혁명과는 전혀 상관없는 나라라는 영국에서 사회주의 사상이 나타나 노동당의 공식이념으로까지 채택되었다는 점이 매우 흥미로웠다. 영국의 사회주의에 대한 연구는 내게 사회주의 자체에 대해 많은 것을 가르쳐 주었다. 먼저 알게 된 것은 사회주의의 원조가 영국이라는 점이었다. 맑스와 레닌의 사회주의는 그 이후에 나타난 것으로 영국의 사회주의와는 별개로 발전해 나간 사회주의였다. 따라서 통설처럼 굳어 있던 '사회주의를 맑스 레닌주의와 동일시하는 생각'은 잘못된 것이었다. 나는 영국의 사회주의가 사회주의에 대해 우리가 일반적으로 가지고 있는 생각과 여러 면에서 매우 다르다는 점을 발견했다. 그런 것들 중 하나가 사회주의는 혁명적이라는 생각이었다. 사회주의가 혁명적이기는 커녕, 사회주의자들은 혁명적 방법을 명백히 반대했다. 사회주의는 철저하게 정치적 민주주의를 고수한 사상이었다. 사회주의는 방법에 있어서 정치적 민주주의를 추구하였을 뿐 아니라, 그 내용에 있어서도 민주주의의 영역을 확대시켜 나가려 한 민주주의 사상이었다. 사회주의는 유럽대륙으로 건너가면서 혁명 사상으로 변형되기도 했지만 본질적으로는 혁명과 별 관계가 없었다. 사회주의에 대한 또 하나의 선입견은 소위 사회주의는 '놀고 먹는 주의'라는 것이었다. 그런데 이런 생각은 현실 사회주의가 만들어 낸 편견이었다. 사회주의는 일하지 않아도 국가가 생계를 책임지는 체제라는 생각은 동유럽 사회주의 국가들이 만들어 낸 사회주의에 대한 편견이었다. 사실 영국의 사회주의는 동구의 현실사회주의 체제와는 별 관련이 없었다. 또 하나의 편견은 사회주의는 분배에 관심을 가지고 있지 효율에는 관심을 두지 않는다는 것이었다. 이러한 편견은 사회주의를 단순한 평등주의와 등치시키는 것인데 이것 역시 잘못된 생각이었다. 사실 영국의 사회주의는 분배의 문제 못지 않게 생산의 효율성을 높이려는 의도에서 출발한 사상이었다. 그런가 하면 사회주의 체제를 독재 체제로 인식하는 현상도 일반적이다. 그러나 이것 역시 현실 사회주의가 만들어 낸 편견이다. 사회주의는 독재에 저항하는 사상으로 출발했고 그 점에서 자유주의의 연장선상에 있기 때문이다. 사회주의 사상은 산업혁명 이후 영국에서 출현하였지만 산업화와 함께 유럽으로, 그리고 그 이후에는 소련을 거쳐 세계로 퍼져 나가면서 숱하게 변형되고 왜곡되었다. 그러니 그야말로 사회주의는 '사회주의들'로 존재하는 셈이다.

단지 영국의 사회주의를 놓고 말한다면 사회주의는 영국의 자본주의가 위기에 처했을 때, 여기에 대한 처방책으로 제시된 사상이라고 해야 할 것이다. 그러므로 사회주의는 자본주의가 이루어낸 성과 위에서 그것의 모순을 극복해 보려 한 사상이었다고 할 수 있다. 영국의 사회주의 중에서 빛을 본 사상은 페이비언 사회주의였지만 신디칼리즘이나 길드 사회주의도 기본적인 의도는 모두 동일했다고 할 수 있을 것이다.

급진우파의 사상은 재미있게도 내가 영국 사회주의를 연구하는 과정에서 발견했다. 나는 우파에 급진적이라는 수식어를 붙일 수 있을지가 궁금했다. 혹시나 우파에도 사회개혁을 원하는 세력이 있었던 것은 아닐까 하는 소박한 궁금증에서 연구를 시작했는데, 이 사상은 변화를 추구한다는 점에서는 스스로 개혁세력이라고 부를 수 있을지 모르나 좌파의 개혁과는 다른 입장에 서 있었다. 나는 급진우파의 주장과 운동을 살펴 보면서 특정 보수파가 그들이 원하는 질서를 혁명적으로 추구하려는 운동은 비록 역설적이기는 하지만 낯설게 볼 것이 아니라는 생각을 하게 되었다. 보수파 안에서 F. E. 스미스를 중심으로 한 개혁 추구 세력을 발견했던 것은 보수주의를 연구하는 과정에서였는데, 이 보수파는 급진우파를 발견했을 때와 마찬가지로 보수파에 대해 의아한 생각을 자아냈다. 보수세력이 사회주의자들의 주장과 동일한 제안을 하고 있다는 점이 보수주의 자체에 대해 의문을 제기했기 때문이다. 이 세력에 대한 연구를 통해 보수주의와 사회주의가 집단주의적 요소로 인해 서로 연결될 수 있는 부분이 있다는 흥미로운 점을 발견하게 되었다. 급진우파와 보수당 사회개혁위원회 등 여러 보수파에 대한 연구는 보수파 세력에 대해서도 쉽사리 일반화하기 어려우며, 보수파 안에도 다원적인 요소가 있음을 알게 해 주었다.

영국 파시즘에 대한 연구는 영국이 경제공황에 대처하는 과정에서 나온 정치 세력들을 살펴보는 과정에서 하게 되었다. 특히 나는 한 다큐멘터리에서 1930년대를 살았던 한 영국 남자가 당시를 회고하면서 모슬리가 당시의 그들에게 어떤 의미를 지니고 있었는지를 모를 것이라고 증언하는 인상적인 장면을 보았다. 나는 우리에게는 낯설게 여겨지는 영국의 파시즘이 도대체 어떤 내용을 지녔기에 그런 증언이 나오는 것인지 궁금했다. 영국 파시즘에 대한 연구는 파시즘도 나라에 따라 다르며, 같은 용어로 포섭되고는 있지만 그 내용은 각 나라의 상황을 반영하고 있다는 점을 알게 만들었다.

이 책에서 제시한 페이비언 사회주의와 길드 사회주의, 급진우파와 보수당 사회개혁위원회의 사상, 그리고 모슬리의 파시즘은 제각기 다른 사상이지만 모두 위기의 시대에 출현한 영국 사회에 대한 대안이라는 점에서 공통적이다. 또 하나의 공통점은 이들이 좌파에 분류되든

우파에 분류되든 간에 이들은 위기를 해결하기 위해 국가의 힘을 빌리려고 한다는 점이다. 국가의 힘을 빌린다는 것은 국가의 간섭을 추구한다는 것이라, 일면 개인의 자유를 침해하는 위험한 결과를 낳을 수 있다는 우려가 들기도 한다. 그러나 국가의 힘을 빌리려는 태도를 이해하지 못할 바는 아니다. 위기가 발생했을 때 개인의 자유에 맡겨 둔다는 것은 결국 사회는 아무런 일도 하지 않는다는 말이 되는 것이기 때문이다. 무언가 조처가 필요하다면 그런 일을 맡아서 해야 할 주체는 개인들의 의사와 의지가 집약된 것으로 가정되는 공적인 힘이 될 수밖에 없는 것이다. 여기서 제시된 여러 세력들은 모두 국가를 그런 힘으로 생각하고 있다. 여기서 중요한 점 하나가 부각된다. 즉 그들이 이용하려는 국가권력의 정당성 문제이다. 어떠한 대안을 제시하는 세력이라도 그들이 국가권력을 이용하려 한다면 그것의 정당성이 확보되어야 하고, 그 정당성은 국민의 진정한 동의와 지지로부터 나올 수밖에 없을 것이다. 결국 이 점이 이들의 개혁 대안과 함께 가는 중요한 부분이 될 수밖에 없다.

위기는 대안을 요구한다. 대안은 좌파에서 혹은 우파에서 아니면 새로운 통합세력에서 나올 수도 있다. 각 파의 대안은 하층계급과 중간계급 그리고 상층계급의 이해를 만족시키기 위해 무게중심이 각기 다른 곳에 놓일 수 있다. 그러나 한 가지 주의할 것은 우리가 일반적으로 생각하는 것처럼 좌파와 우파의 무게중심이 양극화되는 성향을 갖지만은 않는다는 것이다. 좌파와 우파 안에 그 무게중심이 서로 수렴되는 입장들도 있다는 점을 발견할 수 있기 때문이다. 서로 수렴한다는 것은 서로가 서로에게서 배우려 한다는 의미를 지닌다. 좌파와 우파, 끊임없이 비난하는 논조로 쓰이는 이 용어들이 서로를 친근하게 부르는 용어로 쓰일 수 있어야 질서와 개혁에 대한 논의, 그리고 이를 둘러싼 정치적 갈등은 건전한 논의와 경쟁의 차원으로 변화될 수 있을 것이다.

　연구에 많은 도움을 주신 부모님과 여러 선생님들, 선후배들, 동료들 및 출판 과정에서 많은 도움을 주신 관계자 여러분들에게 감사의 말씀을 드린다.

2008년 1월 연구실에서

일러두기

몇 가지 용어와 약어에 대해 미리 설명을 해 둔다.

1. Utilitarianism은 **효용주의**로 표기했다. 이 용어는 공리주의로 익숙해져 있기는 하나 굳이 효용주의로 표기한 것은 '공리'(功利)라는 단어가 별로 쓰이지 않기 때문이다. 지금 대부분의 사람들은 '공리'라고 하면 공공복리를 떠올린다. 이 단어를 '공로와 이익'의 의미로 해석하지 않는다. '공리'는 utility를 우리 말로 옮긴 것이다. 여기서 utility는 '쓸모있음'을 의미하고 있다. Utilitarianism이란 utility(쓸모있음)를 인간행위의 도덕적 판단기준으로 삼는 사회적 태도를 가리킨다. utility는 지금 대체로 '효용'으로 표기되고 있으므로 효용주의라는 용어를 선택했다.

2. Collectivism은 **집단주의**로 표기했다. 이 용어는 집산주의로 표기되지만 굳이 집단주의로 표기한 것은 이 용어가 경우에 따라 집산주의와는 다른 의미를 지니기 때문이다. 이 용어가 경제적 함의를 지니게 될 때 집산주의로 표기하는 것은 타당하다. 그런데 에드워드기에 이 용어를 쓴 사람들은 여기에 '국민적 단결'과 같은 사회적 함의를 담았다. 따라서 경제적 측면만이 아니라 정치적 사회적 측면에서 개인주의를 넘어설 것을 주장하면서 이 용어를 사용했을 때 이 용어를 집산주의로 표기하는 것은 옳지 않다. 여기서 Collectivism은 개인주의(Individualism)에 대비되는 용어이므로 집단주의로 표기하는 것이 타당하다. Collectivism은 집단주의로 표기했지만 이 단어에는 집산주의의 의미가 함께 들어 있다는 점을 유의해 주기 바란다.

3. Unionism은 **통합주의**라고 표기했다. 아울러 Liberal-Unionist는 **자유통합
당**이라고 표기했다. Liberal-Unionist는 자유통일당으로 표기되고 있지
만 여기서 통일이란 용어 대신 통합이란 용어를 사용한 것은 Unionism
의 내용에 기인한다. Unionism의 내용은 19세기말 아일랜드 독립운동
이 일어났을 때 아일랜드가 영국에서 떨어져 나가서는 안 된다는 주
장을 담고 있다. 즉 Unionism은 아일랜드의 독립을 허용할 수 없다는
주장을 담고 있으므로 분리된 두 나라가 통일하자는 주장과는 구별된
다. 통일이란 용어를 쓰게 될 때 풍기는 뉘앙스가 Unionism의 내용을
오해하게 할 우려가 있다고 생각되어 통합이란 용어를 선택했다.

4. Unionist Party는 **보수당**으로 표기했다. 정확한 표기는 통합당이 되어
야 마땅하다. 그런데도 보수당으로 표기한 것은 Unionist Party를 보수
당이 아닌 다른 정당으로 생각하는 혼란을 막기 위해서다. 보수당은
19세기 후반 자유통합당이 보수당과 연합하면서 Unionist Party라는 명
칭을 쓰게 되었지만(정확히는 체임벌린이 솔즈베리 내각에 들어간
1895년 이후부터이다), 그렇다고 하여 보수당의 연속성이 끊어진 것은
아니었다. 따라서 혼란을 막기 위해 그대로 보수당으로 표기한다. 하
지만 경우에 따라 통합당이라는 표현을 쓰기도 하였으니 독자들은 이
해해 주기 바란다. 1909년 보수당과 자유통합당이 공식적으로 합당한
이후의 보수당의 정확한 명칭은 '보수 및 통합당'(Conservative and
Unionist Party)이 되었다. 그러나 대부분 보수당으로 표기되고 있다.

5. USRC(Unionist Social Reform Committee)는 **보수당 사회개혁위원회**로 표
   기했다. 역시 통합당 사회개혁위원회로 표기하는 것이 마땅하나 보수
   당과 통합당을 달리 생각하는 혼란을 막기 위해 보수당 사회개혁위원
   회로 표기했다.

6. Syndicalism은 **신디칼리즘**으로 표기했다. 이 용어는 대체로 생디칼리즘
   으로 표기되지만 이와 달리 신디칼리즘으로 표기한 것은 영국의
   syndicalism이 대륙의 syndicalism과는 다르기 때문이다. 영국의 신디칼
   리즘은 여러 면에서 영국적인 내용을 가지고 있고, 독자적으로 발전
   했으며, 영국에서 나타난 사상과 운동이므로 이 사상을 원래의 생디
   칼리즘과 구분하여 신디칼리즘으로 표기했다.

7. BUF(British Union of Fascists)는 **영국파시스트연합**으로 표기했다.

8. LPDL(Liberty and Property Defense League)은 **자유 및 재산 방어연맹**으
   로 표기했다.

9. Rent는 페이비언 사회주의에서 사용하는 용어일 경우 그대로 음역하
   여 '**렌트**'로 표기했다. 페이비언들은 Rent 개념을 확대시켜 이것의 본
   래 의미인 '지대'와는 다른 의미로 사용하고 있기 때문이다.

10. 대문자 C로 시작되는 City는 금융산업이 밀집해 있는 런던의 특별한 구역을 지칭한다. 음역하여 그대로 '**시티**'로 표기했다.

11. 이 책에서 쓰인 '영국'은 **大브리튼-아일랜드 연합왕국**을 의미하나, 1922년 아일랜드가 독립한 이후에는 **大브리튼-북아일랜드 연합왕국**(이 용어는 공식적으로는 1927년 이후부터 사용되었다)을 가리킨다. (大브리튼은 지리적으로 브리튼 섬을 지칭할 따름이지만, 실질적으로는 이 섬에 존재하는 잉글랜드, 스코틀랜드, 웨일즈 세 나라를 의미하고 있다.) 하지만 브리튼(Britain), 잉글랜드(England)도 '영국'으로 옮겼으므로 '영국'의 의미는 혼용되고 있음을 밝혀둔다.

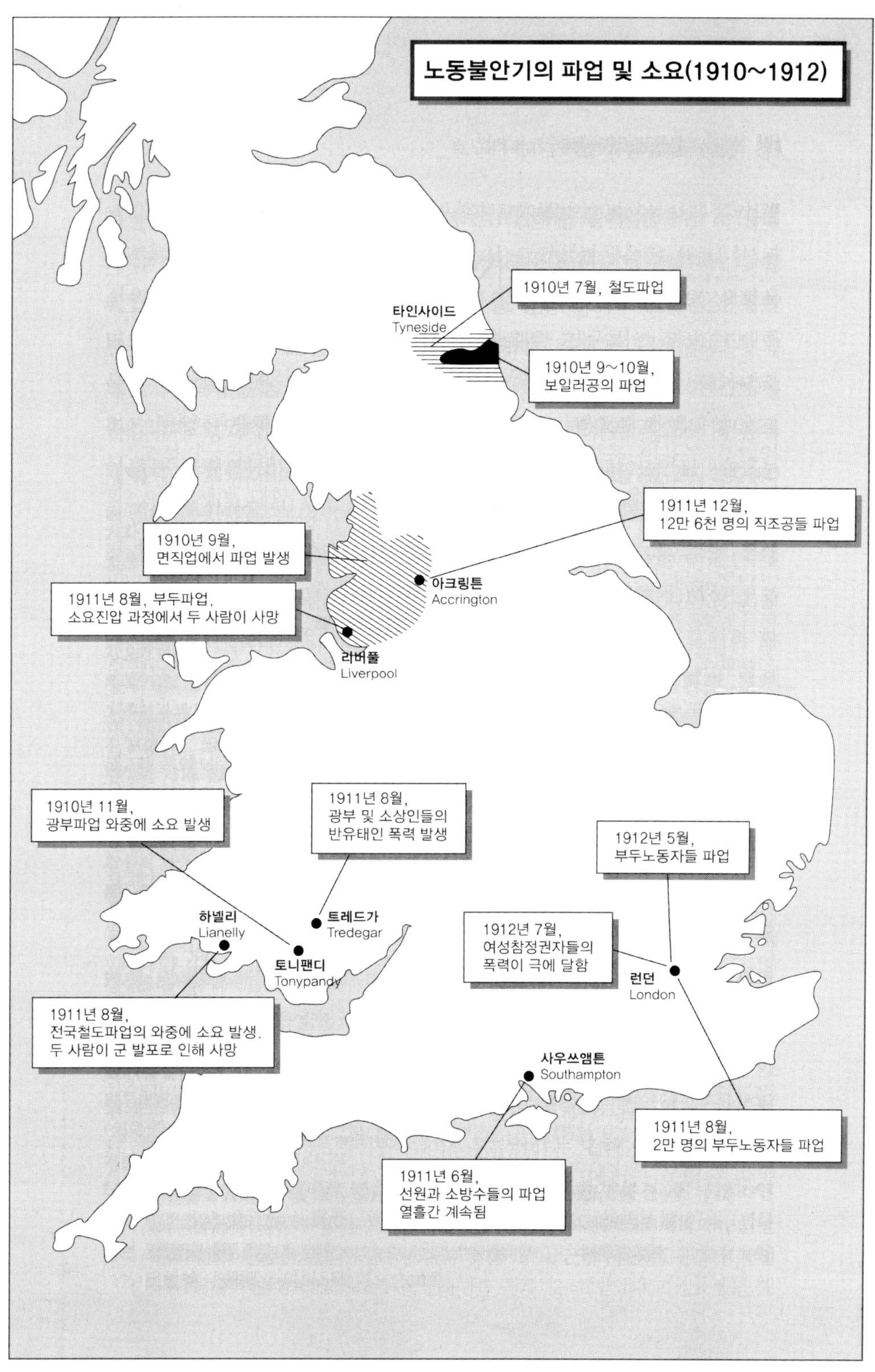

자료 : M. Gilbert. *The Dent Atlas of British History* (London. 1993)

이 책이 다루는 시기의 주요 사건들

1867년   2차 선거법 개정 이루어짐.

1868년   노동조합회의(Trade Union Congress)가 결성됨.

1870년   포스터 교육법(Forster Education Act)과 글래드스톤의 일차 아일
          랜드 토지법(Irish Land Act)이 통과됨.

1871년   노동조합법(Trade Union Act)이 통과됨. 은행휴일제(Bank holidays)
          가 도입됨.

1875년   공중보건법이 통과됨. 영국 수에즈 운하 주식을 구입함.

1876년   글래드스톤의 『불가리아의 공포(*the Bulgarian Horrors*)』가 출판됨.

1877년   트란스바알(Transvaal)이 나탈(Natal)에 병합됨.

1879년   글래드스톤의 미들로씨안 유세가 시작됨.

1881년   하인드만(Hyndman) 민주동맹(Democratic Federation)을 결성함.

1882년   영국 이집트 점령.

1883년   부패선거방지법(Corrupt and Illegal Practices Act)이 통과됨.

1884년   페이비언 협회(Fabian Society) 창설됨. 민주동맹은 사회민주동맹
          (Social Democratic Federation)으로 명칭 변경. 윌리엄 모리스
          (William Morris) 등 사회주의 연맹(Socialist League) 결성함.

1886년   홈룰(Home Rule)법안이 부결되고 글래드스톤 사임함.

1887년   트라팔가 광장에서 피의 일요일 사건(Bloody Sunday) 발생함.

1888년   지방정부법(Local Government Act) 통과됨.

1889년   런던부두 파업(London Dock Strike) 발생함. 신조합주의(New Unionism)가 출현. 톰 만(Tom Mann), 벤 틸렛(Ben Tillett) 등이 신조합주의 주요 지도자로 등장. 『페이비언 논집(*Fabian Essays*)』 출간됨.

1891년   초등학교 수업료가 폐지됨. 자유당은 뉴우카슬 프로그램(Newcastle programme)을 채택함.

1893년   2차 홈룰법안이 부결됨. 독립노동당(Independent Labour Party)이 결성됨.

1895년   제임슨 습격사건이 발생함.

1896년   데일리 메일(Daily Mail)지가 창건됨.

1896년   크루거 전보사건이 발생함.

1899년   2차 보어전쟁 발생.

1900년   카키선거 치러짐. 노동당(Labour Party) 창건됨.

1901년   태프베일 판결(Taff Vale judgement)이 내려짐. 남아프리카에 강제수용소가 세워짐.

1902년   밸퍼의 교육법이 통과됨. 영일동맹 맺어짐.

1903년   체임벌린 관세개혁운동 시작함. 에멀린 팡크허스트(Emmeline Pankhurst)에 의해 여성사회정치연합(Women's Social and Political Union) 결성됨. 글래스고우에서 사회주의노동당(Socialist Labour Party) 결성됨.

1904년   노동자교육협회(Workers' Educational Association)가 결성됨. 영프협상(entente cordiale)이 체결됨.

1905년　런던에 처음으로 버스가 운행되기 시작함.

1906년　노사분규법(Trade Disputes Act)이 통과됨.

1907년　영러 협상(entente)이 체결됨.

1909년　상원은 로이드 조지의 예산안을 거부함. 오스본 판결(Osborne judgement)이 내려짐. 러스킨 대학에서 이탈한 사람들 중앙노동대학(Central Labour College) 결성함.

1910년　두 번의 총선이 치러짐. 카슨(Carson)이 얼스터 통합당의 지도자가 됨. 남웨일즈 광산분규 발생. 『산업신디칼리스트(*Industrial Syndicalist*)』 출판됨.

1911년　국민보험법(National Insurance Act)이 통과됨. 의회법(Parliament Act) 통과됨. 리버풀에서 파업 발생. 런던부두파업 발생. 전국 철도파업 발생. 보수당 사회개혁 위원회 조직됨. 다이하드 귀족들에 의해 할스베리클럽 조직됨. 밸퍼(Balfour) 사임 보나어 로(Bonar Law)로 보수당 당수 교체.

1912년　마르코니 사건이 발생함. 얼스터 자원군(Ulster Volunteer Force)이 조직됨. 전국 광부파업 발생. 런던부두파업 발생. 신디칼리스트 운동의 중요 문서인 『광부들의 다음 단계(*The Miners' Next Step*)』 작성됨. 길드 사회주의의 『새로운 시대(*The New Age*)』 출간됨.

1913년　블랙 컨트리(Black Country) 파업 발생, 더블린 총파업 발생.

1914년　아일랜드 홈룰 법안이 통과됨. 쿠라 사건(Curragh mutiny)이 발생함. 제1차 세계대전 발생. 노동조합 회원수 4백만(1910년 250만에서) 명으로 증가.

1915년　전국길드연맹(National Guild League) 결성됨. 길드사회주의의 스토링튼 문서(Storrington Document) 출간됨.

1917년　코울(G. D. H. Cole)의 『산업의 자치운영(*Self-Government in Industry*)』 출판됨.

1918년   로열 에어 포스(Royal Air Force)가 창건됨. 쿠폰 선거가 치러짐. 헨더슨이 노동당을 재조직함. 노동당은 강령으로 시드니 웹이 기초한 『노동과 신사회 질서(*Labour and the New Social Order*)』 채택. 3차 선거법 개정이 이루어짐.

1919년   아일랜드 공화군(Irish Republican Army)이 결성됨. 인도인들이 암리짜(Amritsar)에서 대량 학살당함.

1920년   영국 공산당이 결성됨. 웨일즈에서 국교제가 폐지됨. 노동조합 회원수 825만 명으로 증가.

1923년   린톤 오만(Lintorn-Orman) 영국 파시스트(British Fascists) 조직함.

1924년   맥도널드가 일차 노동당 내각을 구성함. 모슬리 노동당에 입당.

1926년   총파업 발생함.

1927년   노사분규법(Trade Disputes Act)이 통과됨.

1928년   21세 이상의 여성들에게도 선거권이 주어짐.

1929년   대공황 발생. 아놀드 리스(Arnold Leese) 제국파시스트연맹(Imperial Fascist League) 조직함.

1930년   모슬리, 노동당 정부에서 사임.

1931년   거국내각이 형성됨. 영국 금본위제를 포기함.

1932년   모슬리가 영국파시스트연합(British Union of Fascists)을 결성함.

1934년   모슬리, 올림피아 집회 개최함.

1936년   에드워드 8세, 왕위를 버림.

1938년   뮌헨 조약이 맺어짐.

1939년   제2차 세계대전 발발.

1940년   처칠로 수상이 바뀜. 영국군 덩커크에서 퇴각. 영국전쟁이 벌어짐.

1942년   비버리지 보고서(Beveridge report)가 출간됨.

1944년   버틀러(Butler) 교육법 통과됨.

1946년   국민보험 및 국민의료법 통과됨. 영국은행과 광산업 국유화됨.

1948년   철도, 운하, 육상 운송 등 국유화됨.

목 차

조합국가론과 모슬리 181

대륙 파시즘과 구별되는 영국 파시즘의 특징들 209

경제적 민주주의를 지향한
두 자유 사회주의
-페이비언 사회주의와 길드 사회주의

1. 머리말

쇼(G. B. Shaw)는 그의 나이 70이 되어 자신의 사회주의사상을 밝히는 글에서 자신은 맑스를 읽었지만 그에게서 사회주의를 발견하지 못했다고 주장했다.[1] 맑스의 자본론을 읽고서 사회주의자로 출발한 쇼가 그의 나이 70이 되어 맑스의 사상은 사회주의가 아니라고 주장한 것은 아이러니다. 그러나 여기에 영국 사회주의의 본질이 들어 있다. 영국 사회주의자들은 맑스와는 다른 사상적 바탕 위에서 사회에 대한 그들의 대안과 방법론을 제시하고 있다는 점을 보여주는 것이다. 홉스봄은 페이비언들이 영국 맑시즘의 주문을 깨뜨렸다는 주장에 대해 맑시즘의 주문이란 것 자체가 없었는데 깨뜨리기는 뭘 깨뜨렸느냐고 주장한다.[2] 윌리스(K. Willis)도 영국에서 맑시즘은 수용 자체가 느리고 미약했다는 점을 밝히고 있다.[3] 페이비언들은 그러한 영국의 지적 사회적 전통의 조류를 타고 사상과 운동을 전개했다. 이 점과 관련하여 특히 로이든 해리슨은 페이비언 사회주의는 영국 중간계급의 상이한 계층들이 불균등하게 발전하는 조건 위에서만 이해될 수 있다고 주장한다.[4] 그에 따르면 페이비언 사회주의는 효용주의(Utilitarianism),[5] 실증주의로[6] 이어지는 영국 씽크탱크의 맨 마지막 지식인그룹을 대표한다고 볼 수 있다.[7]

레이먼드 윌리엄스(Raymond Williams)에 의해 영국 문화에서 "창조적이고 필수 불가결한" 요소로 간주되고 있는[8] 길드 사회주의 역시 영국적 전통 위에서 나타난 사회주의라는 점에서 영국적 사회주의라는 지적을 할 수 있을 것이다. 길드 사회주의는 종종 오웬주의와 연결되었고 이 사라진 사상의 흔적을 되살리려 한다는 주장이 제기되었다.[9] 그런가 하면 코울은 「나는 왜 사회주의자인가」라는 글에서 자신이 사회주의자가 된 것은 윌리엄 모리스의 저작을 통해서였다고 고백하였다.[10] 역시 중요한 길드 사회주의자였던 오라지(Orage)는 "길드사상에 관해 누구보다도 계속 글을 써온 나는 '우리를 낳은 아버지는' 프랑스 생디칼리스트가 아니라 영국 사회주의자들임을 확인한다"고 주장했다. 그는 『길드체제의 회복』(*The Restoration of the Gild System*)에서 아놀드(Arnold), 칼라일(Carlyle), 러스킨(Ruskin), 카펜터(E. Carpenter)에 대해 빚을 지고 있음을 인정하고 있다.[11] 이 사회주의 역시 대륙의 사회주의에 영향받기보다는 노동운동이 강화되는 1910년대 영국의 특별한 환경에 적응하여 나타난 것임을 알 수 있다. 그러고 보면 영국의 사회주의는 사회민주동맹(Social Democratic Federation)과 같은 맑스주의 단체가 있었음에도 불구하고 주된 흐름은 대륙과는 다른 경향을 띠고 있었다고 보아야 할 것이다.

사상의 출발점을 보자면 페이비언들과 길드 사회주의자들은 약 한 세대의 차이가 나지만, 활동을 보자면 이들은 20세기초 영국에서 함께 활동했던 사상가들이요 운동가들이었다. 조직의 결성과정에서도 길드 사회주의자들과 페이비언들은 서로 얽혀 있는 부분들이 있다. 하지만 같은 시기에 동일한 사회를 배경으로 하여 활동했다 해도 이들 두 사상가 집단은 사회에 대한 대안과 방법론에 대하여 상당히 다른 입장을 견지했다. 일반적인 평가는 페이비언들은 국가와 의회를 중시하는 사회주의를 지향한 반면, 길드 사회주의는 국가와 의회를 모두 경시하는 사회주의를 지향했다는 것이다. 그리고 한쪽은 정치영역을 중시한 반면 다른 쪽은 경제영역을 중시한다는 점도 커다란 차이점이다. 하지만 이 두 종류의 사회주의자들은 차이점 못지 않게 중요한 공통점을 지닌다. 무엇보다도 이 두 사회주의는 사회주의를 민주주의의 확대된 형태로 간주한다. 그러니 이 두 사회주의의 입장에서 보면, 민주주의와 분리된 사회주의는 사회주의가 아니라 사회주의를 표방하는 사상에 불과한 것이 되고 만다. 물론 이외에도 이들은 인간이나 사회를 바라보는 입장에서 공통된 입장을 가지는 등 상당히 넓은 지반을 공유하고 있다. 안쏘니 라이트(A. Wright) 같은 학자는 사회주의라는 용어의 소유권을 여러 세력들이 주장했다는 점을 지적함으로써[12] 여기에 다양한 의미들이 내재한다는 점을 지적하고 있다. 그런 논지 위에서 지금 이야기하는 페이비언 사회주의나 길드 사회주의도 사회주의의 소유권을 주장하는 하나의 세력에 불과할 수도 있을 것이다. 그러나 사회주의라는 용어는 1827년 영국에서 오웬의 추종자들을 지칭하며 쓰여진 이래, 이 용어에 대해 비민주적 정치 사회질서 위에서 형성된 체제들이 자신들의 소유권을 너무 강하게 주장하는 바람에 누가 이 용어의 진정한 주인이고, 누가 강간범인지를 가리기가 혼란스럽게 되어 버렸다. 더욱이 사회주의라는 용어를 사용하는 과정에서 정치적 전제주의와 결합된 사회주의 개념이 헤게모니를 잡게 된 경우에는 사회주의는 전제적 질서와 동일시되는 경향을 낳았다. 사회주의라는 용어의 진정한 주인을 찾는 노력은 결국 이 용어를 표방하는 사상과 세력이 지닌 보편성을 확인하는 작업에 달려 있을 것이며 그런 노력은 미래에까지 계속될 수밖에 없다. 여기서는 단지 이 용어의 또 다른 소유권자들이 될 수 있는 사회주의들이 있으며 그들의 주장은 민주주의로부터 출발한다는 점을 지적하고 싶은 것이다.

또 하나, 영국 사회주의에는 초기 사회주의에서부터[13] 애틀리(Attlee)와 크로스랜드(Crosland)를 거쳐 사회주의의 궁극적인 목적은 자유라고 주장하는 해터슬리(Hattersley), 그리고 개인의 자유에 대한 믿음을 주장한 1992년의 노동당의 성명으로 이어지는[14] 일련의 경향 속에서 나타나는 자유를 향한 뿌리깊은 움직임이 있다.[15] 그것은 결국 영국의 사회주의는 자유주의와 접목될 수 있는 소지가 있음을 의미한다.[16] 그런 점에서 특히 여기서 다루는 두 사회주의는 모두 그 밑바닥에 자유주의가 깔려 있다는 점을 지적해 볼 수 있다. 사회주의가 자유주의와 함께 계몽주의의 유산을 물려받았으며 자유주의의 정통성 있는 후계자라는 점이 지적되기도 했으나[17] 일반적으로 자유주의와 사회주의에 대해서는 동질성보다 이질성이 주로 부각되어 왔다.[18] 여기서는 페이비언 사회주의와 길드 사회주의라는 두 사상을 통해서 자유주의와 사회주의가 서로 연결될 수 있음도 살펴보겠다. 이 두 사상의 경우 그 밑바닥에는 자유주의의 기본적 요구들이 자리잡고 있다는 말이다.

아래에서 이 두 사회주의의 유사한 측면과 상이한 측면을 차례로 검토해 보고 이 두 사상이 민주주의와 연계하여 갖는 의미가 무엇인지를 살펴보도록 하겠다. 그리고 이 두 사상과 자유주의는 어떻게 연결되며, 자유와 평등의 관계는 또 어떻게 설정되어 있는지도 함께 살펴보도록 하겠다.

2. 두 사상의 유사점들

1) 조직사회 안에 형성된 분권화사회

양쪽은 모두 자신의 사회주의를 민주주의가 경제적 영역으로 확대된 것으로 이해하고 있다.[19] 코울(Cole)은 "길드 사회주의는 사회주의를 더욱 완전하고 균형있는 교리로 만들고 민주주의를 정치적으로 뿐만 아니라 진정으로 경제적인 면에서도 유효하게 만들려는 노력"이라고 지적했다. 웹(Webb) 부부도 "사회주의는 민주주의 이상의 경제적 측면"이라고 보았으며,[20] 웹이 사회주의를 민주주의의 진화에 있어 불가피한 단계로 보았을 때,[21] 여기서 사회주의는 바로 경제적 영역으로 확대된 민주주의를 의미했다.

그리고 여기서 경제적 영역은 산업세계를 지칭하는 것이었다. 길드 사회주의자들은 '스토링튼 문서' 맨 첫 부분에서 자신들을 정치와 산업에서의 민주주의자라고 규정했다.[22] 웹은 사회주의의 목적은 민주주의를 산업에 적용시키는 것이라고 지적한다.[23] 양 사상이 사회주의에 대하여 여러 곳에서 동일하게 산업민주주의라는 표현을 쓰고 있는 것도 볼 수 있다.[24] 이렇게 민주주의를 경제적 영역으로 확대시키는 것은 정치적 민주주의가 정치적 독재를 깨뜨리듯이 산업에서 경제적 독재를 깨뜨리는 것을 의미했다.[25]

양 사회주의 모두 사회주의는 민주주의가 경제적으로 확대된 것을 의미하지만 그것의 구체적 의미는 동일하지 않다. 페이비언들의 산업민주주의는 대의제 자치정부가 산업의 영역으로 확대되는 것을 의미하며,[26] 길드 사회주의자들의 산업민주주의는 노동자들의 통제가 산업의 영역으로 확대되는 것을 의미한다. 그 차이는 나중에 다시 살펴보도록 하겠다.

여기서 지적한 이 두 산업민주주의의 매우 중요한 공통점은 양자 모두 권력의 분산에 유의하고 있다는 것이다. 페이비언들은 국가사회주의 혹은 관료적 중앙집권주의라는 꼬리표를 종종 달고 다니지만 실제 그들은 권력집중을 반대했다.[27] 웹은 평화시의 권력의 집중은 바로 사회가 존재하는 목적인 최대한의 개인적 발전에도 파괴적이라고 지적했다.[28] 그래서 페이비언들은 국가보다 자치시의 역할을 더욱 중시하며, 이 기구에 더욱 많은 기능을 부여하고 있다. 국유화는 페이비언들의 본질적인 주장이 아닌 것이다. 근대사회의 많은 기능들을 감당해야 할 기구는 바로 자치시였고, 민주적인 지방자치정부의 수립이야말로 바로 사회주의의 전제조건이었다.[29] 페이비언들은 아무리 정치적 민주주의가 실현된다 해도 민주적인 지방자치정부가 없이는 사회주의를 실현할 수 없다고 보았다. 1888년의 지방정부법이 강조되는 이유는 여기에 있다. 분권화된 체제가 아니고서는 사회주의를 실현할 수 없다고 본 것이다. 개혁의 단위도 국가보다는 시, 시보다는 구에서부터 출발하는 것이 중요했다.[30] 분권화의 정도는 이웃의 감정이 살아 있는 사회, 칭찬과 비판의 언로가 열려 대표에 대한 시민통제가 가능한 사회의 상태에 도달할 것을 요구하는 것이다. 의회 역시 분권화의 정신이 적용된다. 페이비언 사회주의에서 의회의 역할은 중시되지만 웹이 제안하는 의회는 정치의회와 사회의회로 나누어진 분권화된 의회인 것이다.[31]

길드 사회주의 역시 국가가 중앙집권적 기구가 되어서는 안 된다는 점을 주장하고 있다. 길드 사회주의자들은 아예 국가로부터 주권의 독점적 소유권을 박탈해 버렸다. 그들의 국가는 다원주의의 기초 위에 서 있기 때문이다. 권력은 기능적 조직들에 제각기 흩어져 있는 것이지 그런 조직들 중의 하나에 불과한 국가에 집중되어 있지 않다. 국가 안에서도 중앙정부보다 지방정부가 행정의 실제적 단위로 중시된다.

지방정부가 사회생활과 사회적 감정의 실질적 단위가 되어야 하는 것이다.[32] 이런 분권화는 다른 조직에도 적용되는데 예를 들자면 길드조직 같은 경우도 마찬가지다. 코울은 길드운동이 근거해야 할 조직도 전국노조가 아닌 지방 혹은 지역노조임을 밝히고 있다.[33] 권력의 분산으로 인해 생겨날 수 있는 약간의 혼란마저도 중앙집권화가 필연적으로 불러 올 침체성에 비교해 볼 때 치러도 좋을 대가로 여기고 있다.

결국 페이비언 사회주의는 자치시를 단위로 하여 길드 사회주의는 길드나 코뮨 기타 여러 기능적 조직들을 단위로 하여 권력의 광범한 분산을 요구하고 있는 것이다.[34] 그 차이는 페이비언들은 국가가 권력을 독점하는 것을 전제로 하여 권력을 잘게 부수자는 것이며, 길드 사회주의자들은 국가가 다른 기능적 조직들과 권력을 공유하는 것을 전제로 하여 권력을 잘게 부수자는 것이다.

그런데 그들의 산업민주주의와 분권화는 모두 조직된 사회에 대한 전망을 바탕에 깔고 있다.[35] 페이비언들의 산업통제론은 조직사회를 전제로 하여 논리가 전개된다. 산업사회의 거대한 그물망이 없다면 즉 만약 사람들이 개인적 경제활동을 하는 단위들로 해체되어 있는 상황이라면, 페이비언들의 자치시사회주의 같은 구상은 나오지 않았을 것이다. 즉 '고용된 사람들'이 인구의 80~90%을 차지한다는 사실을 전제로 하여 산업민주주의가 추구되는 것이다.[36] 길드 사회주의자들은 산업에 대한 노동자통제를 주장하면서 권력의 분산을 주장하지만 그런 주장은 노동자들이 길드라는 조직에 편입되어 있다는 점을 전제로 하는 것이다. 즉 길드 사회주의자들의 민주화 역시 산업사회를 전제로 한[37] 조직사회를 받아 들이면서 추구되는 것이다. 초기 사회주의자들이 기계의 병폐를 보면서도 기계를 이미 불가피한 현상으로 받아 들이고 논리전개를 하는 것처럼 길드 사회주의자들도 조직사회를 이미 피할 수 없는 하나의 전제로 가정하고 그것을 받아들일 수밖에 없다

면, 그것을 민주적인 기반 위에 올려 놓아야 한다는 주장을 하고 있는
것이다.

그러면서도 사회 전체를 감싸는 거대한 조직은 내부적으로는 유기
적으로 연결될 것을 지향한다. 전국과 지방은 그 기능에 따라 적절하
게 서로 연결된다. 길드 사회주의는 길드를 전국길드와 지방길드로 나
누고 있다. 페이비언 사회주의는 공유화의 단위를 국가와 자치시로 나
누고 있다. 여기서 양 사상은 모두 조직을 그 기능에 따라 이원화하고
있음을 알 수 있다. 나아가 페이비언들이 산업의 내용에 따라 국가와
지방이 공유화해야 할 산업의 대상을 구분하듯 길드 사회주의자들은
길드가 누릴 자율성의 정도를 같은 방식으로 구분하고 있다. 즉 페이
비언들이 철도나 광산, 우편, 보험같은 부분을 산업의 성격상 중앙통
제가 필요하고 그래서 국유화해야 할[38] 대상으로 보았듯이 길드 사회
주의자들도 철도, 수송 등에서의 길드는 상당한 정도로 중앙통제가 필
요하다고 보았다.[39]

2) 자유롭고 개성적인 인간관

여기서는 세 가지를 지적하겠다. 첫째는 양 사상 모두 인간에 대한
애정과 믿음을 가진 사상이라는 점이다. 코울(Cole)은 길드 사회주의자
들이 계급적대를 인정한다고 했지만, 이러한 적대가 더욱 큰 우애에
의존한다는 점을 지적했다. 적대감보다는 사랑과 형제의 정신이 투쟁
속에서 드러나야 하는 것이다.[40] 페이비언들의 경우도 모든 인간은 생
명권, 자유권, 행복추구권을 가진 존재로 계급투쟁보다는 협동이 강조
된다. 인간에 대한 믿음도 분명하다. 길드 사회주의자들에게 인간은
사회를 수동적으로 받아 들이는 존재가 아니라 여기에 능동적으로 참
여하는 존재로 나타난다.[41] 길드 사회주의자들에게 인간은 사회를 변

화시킬 의지를 가진 존재이며, 심지어 거대한 조직사회 안에서도 자신의 삶에 대한 통제권을 상실하지 않는 존재인 것이다. 페이비언들에 대하여는 인간에 대한 믿음이 부족하다는 지적이 있기는 하나,[42] 양 사상체계의 전반적인 기초는 모두 일반적인 인간들이 역사를 만들어 간다는 믿음 위에 놓여 있다고 보아야 할 것이다. 페이비언들이 정치적 민주주의를 자신들의 사상의 단단한 기초로 간주한 점이나, 사실에 대한 보고와 설명으로 모든 사람들을 설득할 수 있다고 본 점 등은 인간들의 합리성에 대한 믿음이 없이는 불가능한 것이다.[43]

둘째는 인간의 개성과 정신적 가치를 중시한다는 점이다. 양 사상 공히 물질적인 측면을 넘어선 정신적 측면의 삶에 대하여 강조하고 있는 것을 볼 수 있다. 홉슨은 인간의 진정한 가치가 물질적인 것을 넘어서서 상상력, 믿음, 정신 등에 존재함을 밝히고 있다.[44] 그는 인간의 가치체계에서 가장 높은 곳에 위치하는 것들은 도덕적 만족, 과학적 발견, 예술적 창조와 같은 것들이라고 주장한다.[45] 그는 정신적 영역에 대한 새로운 탐구를 모색하지 않는다면 서양문명 자체가 파국을 맞을 것이라는 전망까지 제시한다.[46] 코울(Cole) 역시 사회주의는 빵과 버터의 문제만이 아니며 궁극적으로는 인간 정신의 문제라고 주장한다.[47] 길드 사회주의자들이 노동의 영역에서 자유를 추구하는 것도 결국은 노동의 미학에 대한 관심을[48] 놓치지 않기 때문일 것이다. 길드 사회주의는 문화적 목적을 지닌 새로운 사회주의 인간상에 대한 기대를 하고 있다.

페이비언들에 대하여는 그들이 개성이 상실된 인간들로 가득찬 획일화된 사회를 그린다는 비판이 있지만, 그들의 입장을 곰곰이 들여다 보면 그들 역시 다양성이 살아 있는 사회를 지향하고,[49] 인간들의 개성을 강조하고 있다는 점을 발견하게 된다. 즉 페이비언들 역시 인간의 개성을 최대한으로 발전시키고, 개인의 자유와 창의력을 고양시킬 것을 강조하였다.[50] 『소비자협동조합운동』에서 웹 부부는 사회조직이 봉사하는 최종목적은 개인의 개성을 최고도로 발전시키는 것이라고 주장했다. 민주주의의 목적은 개성을 최대한도로 확대시키는 것이라고도 주장했다.[51] 브리튼(Ian Britain)도 『페이비어니즘과 문화』(*Fabianism and Culture*)라는 그의 책에서, 웹은 항상 문화에 대해 관심을 가지지는 않았지만 문화는 페이비언들의 기본적인 관심이었다는 점을 지적한다.[52] 그러므로 사람들은 물질적 생산을 넘어서서 문화적 가치를 추구할 수 있어야 했으며 생산활동에 할애하는 시간을 줄이는 대신 문화, 예술, 과학, 미의 추구, 우정, 종교, 해학에 대해 자유롭게 시간과 정열을 소비할 수 있어야 했다.[53] 여기서 자치시는 크리킷, 골프, 보트경주 등 다양한 스포츠와 콘서트, 댄스파티 등 다양한 문화를 제공하는 역할을 맡아야 하는 것이다. 페이비언들에게 문화와 사회주의는 비례하여 증가하는 것이었다. 아름다운 경치는 풍요한 생산만큼이나 중요했으며 깨끗한 공기, 맑은 햇빛과 같은 쾌적한 환경은 새로 공장을 신설하는 것만큼이나 가치있는 것이었다.

삶에 대하여 이런 미학적 고려를 하고,[54] 새로운 혁명이 윤리적 미학적 차원의 성격을 지닌다는 점에서 즉 정치적 차원을 넘어서서 인간들의 삶의 질에 있어서의 근본적인 변화를 상정하고 있다는 점에서 이 두 사상의 유사한 측면이 지적될 수 있다.[55]

셋째는 개인의 자유라는 측면이다. 양 사상에서 개인의 가치는 집단의 가치에 선행한다. 타인의 가치를 인정하는 것도 자신의 가치를 인정하는 것에서부터 출발한다는 입장을 바탕에 깔고 있는 것이다. 그러므로 양 사상의 모든 논의와 주장은 궁극적으로는 개인에게로 회귀되는 것이다. 자유도 마찬가지다. 양 사상 공히 개혁의 궁극적 목표는 계급이나 민족의 자유가 아니라 개인의 자유를 확대시키기 위한 것에 있다. 즉 제도의 변화 그 자체가 중요한 것이 아니라 그것을 통해 개인의 삶이 행복하고 풍부해질 수 있도록 하는 것이 중요했다. 길드 사회주의자들이 사회적 권력의 분할을 주장하는 것도 이것이 개인의 자유를 보존시켜 준다는 점 때문이었다.[56] 페이비언들의 사상에도 개인의 자유추구라는 정신이 살아 있다. 쇼는 인간은 자신의 자유를 추구하는 존재라는 점을 인정한다. 그리고 그는 페이비언 사회주의가 개인의 자유를 박탈하는 사회주의를 지향하지 않음을 밝힌다.[57] 그는 단지 독점가들을 공격할 따름이라고[58] 지적하는데 여기서 독점을 반대하는 것은 바로 수많은 개인들의 자유를 추구하는 노력이 되는 것이다.

인간들의 자유의 영역을 확정하는 문제에서 다소의 차이는 인정할 수 있을 것이나 페이비언 사회주의나 길드 사회주의나 모두 그들의 표어 뒤에는 인간들의 자유를 확대시키려는 의도가 깔려 있다는 점에서 이들 사상은 자유주의의 연장선상에 서 있다. 페이비언들은 자유의 영역을 사회의 영역으로 확대시키려 하였고 길드 사회주의자들은 그 영역을 작업장으로까지 확대시키려 하였다는 점이 차이점이라 할 수 있을 것이다. 양 사상 모두 자유에 대한 생각은 구속의 부재나 제약을 없애는 것 같은 소극적 의미에서 제시되는 것이 아니라, 개인들이 자신의 삶을 지배해 나갈 때만 자유롭다는[59] 적극적 의미에서 제시되고 있다는 점도 지적되어야 한다.

3) 혁명과 개혁에 대한 입장

양 사상이 모두 이상주의나 혁명이론을 배격하고 기질적으로 효용주의적 원칙에 동조적이라는 것도 유사한 점이다.[60] 이들은 모두 역사적 단절보다는 역사적 연속성을 강조하고 있으며 그런 점에서 사회주의는 이미 자본주의 안에 들어와 있다는 입장을 가지고 있다.

길드 사회주의는 새로운 산업체제가 한 순간에 만들어질 수는 없다

40

고 보고 있다.[61] 코울은 혁명을 언급하지만 그것은 폭력적 투쟁의 형태로서가(civil war) 아니라, 현재 진행중인 모든 경향의 절정으로 혹은 완성된 제 사실들의 등록으로 나타나야 하는 것이다.[62] 따라서 진화적 발전노선에 있는 모든 세력들을 공고하게 하는 것이 중요하다. 코울은 과거의 유산을 버리지 않고도 새로운 사회를 건설할 수 있다는 신념을 보여준다. 그는 과거의 가치들을 버리지 않고도 새로운 사회를 건설할 수 있다고 보며, 자본주의하에서 발전한 제도들을 다 버리지 않고 사회주의문명을 건설하는 것이 가능하다고 보고 있다.

페이비언 사회주의 역시 혁명을 급격한 단절이나 파괴에서 찾지 않고, 비록 사회의 근본적인 변혁을 요구하지만 그것이 진화적인 방식에서 수행될 것을 요구한다. 그러한 생각에서 러시아혁명 이후에 볼세비키들의 초기 정책은 반(反)페이비언적인 것으로 간주된 반면 NEP(신경제정책)는 오히려 페이비언적인 정책으로 간주된 것이다.[63] 페이비언들의 방법론은 점진주의의 불가피성으로 대표되며 그들은 의회 사회주의의 창건자들로 간주될 수 있다.[64] 페이비언들에게 사회주의는 일상의 행위들을 민주적으로 수행해 나감으로써 실현될 수 있는 것이었다.

구체적으로 볼 때 페이비언 사회주의가 채택한 침투(permeation)의 방법론이나[65] 길드 사회주의가 주장한 잠식(encroachment)의 방법론은 모두 역사적 연속성의 바탕 위에서 진행되는 변화를 추구했다. 하지만 이들의 개혁은 현실의 부분적 수정에 그치지 않았다. 코울이 실용주의적 시각과 함께 보다 엄격한 장기적 시각을 가졌다는 라이트(A. Wright)의 주장은[66] 페이비언들에게도 그대로 적용된다고 볼 수 있다.

이런 바탕 위에서 그들의 구체적 방법론도 유사하게 나타났다. 페이비언들은 연구와 토론을 하는 모임에서 출발하여 실천적인 단체로 나아갔다. 그들은 사회가 움직이는 원리에 대하여 회의를 하는 그곳에서 출발했다. 여기에는 다분히 차가운 관찰의 눈이 시종일관 작동한다. 길드 사회주의자들은 노동자들의 활동에 보다 공감적이다. 하지만 이들의 경우 역시 노동조사부(Labour Research Department)라는 연구조사기관의 활동이 사회주의 논리 형성에 중요했다는 점을 간과할 수 없다.[67]

그런 만큼 페이비언들이나 길드 사회주의자들이나 사상의 전파수단을 강연이나 강좌개설, 소회합, 책자의 출판, 선전지의 발간, 도서대여활동 등으로 잡고 있는 것은 이해할 수 있는 일이다.[68] 즉 논리적인 설득을 우선적 과제로 삼고 있음을 알 수 있다. 예컨대 페이비언들이 펴낸 책자들 중 두 번째로 유명한[69] 『사회주의자들을 위한 사실들』(*Facts for Socialists*)이란 책에서는 베스날 그린(Bethnal Green)의 유아 사망률이 벨그라비아(Belgravia)의 그것보다 2배나 높다는 사실을 밝히고 있다. 또 『런던시민들을 위한 사실들』이란 책에서는 찰스 부쓰(Charles Booth)의 자세한 통계를 제시하면서 런던인들 중 얼마나 많은 사람들이 빈곤한 상태에 놓여 있는가를 보여주며 또 얼마나 빈부의 격차가 심해져 가는지를 드러낸다. 이런 사실들을 전달하기 위해 길드 사회주의자들은 한 달동안 26번의 강연을 영국 전역에서 실시했는가 하면 런던에선 공식적인 강좌코스를 개설하기도 했다.[70] 길드 사회주의자들과 페이비언들은 팜플렛과 소책자를 발간하는 작업을 쉬지 않고 해냈다. 페이비언협회가 1913년 잡지 『신정치인』(*The New Statesman*)을 발간했다면, 전국길드회의는 길드 사회주의 이념의 전파수단으로 1912년부터 발간된 주간지 『신시대』(*The New Age*)를[71] 가졌고, 기관지로 1919년 3월부터 『길드 사회주의자』(*The Guild Socialist*)를 매월 발간했다. 또 페이비언들이 저작물을 통해 사상을 보급하려 한 것처럼 길드 사회주의자들도 6~7년새에 30권이 넘는 많은 저작물을 출판함으로써 그들의 사상을 전파시키려 했던 것을 볼 수 있다. 이들은 다분히

사회주의 전도자처럼 활동했던 것이다.[72]

과세를 중요한 정책수단으로 삼고 있다는 점도 유사하다. 길드 사회주의자들은 길드비용과 보험 등을 제외한 잉여분에 대한 과세를 강조하며, 누진과세, 상속세, 재산세 등을 활용할 것도 제안한다.[73] 페이비언들에게 과세는 곧 사회주의정책의 수단을 의미하며 시영화와 국유화를 위해 국가자본을 늘리는 것을 의미했다. 어떤 사람은 웹의 주장을 대표와 과세로 요약하기도 했다.[74] 페이비언들은 소득세와 상속세에 대한 누진과세, 토지세의 부과 등을 주장하면서 이를 토지국유화의 실제적 프로그램으로 간주하는 것이다.[75]

점진주의를 잘 보여주는 또 하나의 부분은 공유화된 산업의 보상문제이다. 길드 사회주의는 compensation(보상)이란 용어를 쓰지 않고 compassionate allowances(위로금) 혹은 consideration(배려금)이란 용어를 쓰고 있지만 양자 모두 강제적인 몰수가 몰고올 저항에 유의하고 있다는 점에선 동일하다. 보상은 두 세대에 걸친 장기적인 과정을 통해 이루어질 것이다.[76] 길드 사회주의자는 산업이 국유화될 때 주주들에게 국가가 발행하는 채권으로 보상이 이루어져야 한다고 보고 있다.[77] 페이비언들은 수용은 점진적이어야 하며 보상은 완전해야 한다는 입장이다. 각각의 소유자는 그가 강제로 빼앗기는 것에 대해 공정한 시장가치로 보상받아야 할 것이다. 보상의 재원은 지불할 능력이 있는 재산소유자 집단에 대하여 장기간에 걸쳐 과세하는 것으로 만들어질 것이라고 본다.[78]

이들의 개혁과정에서 사유기업과 사유재산은 폐지될 것인가? 그 대답은 양쪽 다 그렇지 않다는 것이다. 왈라스는 『페이비언 논집』(*Fabian Essays*)에서 "사유기업과 사유재산은 인정된다."[79]고 못박았다. 그리고 볼셰비키혁명 후 소련에서 나타난 것과 같은 강제된 산업화 같은 생각은 제시되지 않는다. 단지 사유기업은 존속될 것이지만[80] 그것은 사회화된 산업과의 경쟁에서 자연스럽게 도태될 것이라고 보는 것이다.[81] 사유기업들이 렌트를 낮추지 않는다면 시영화된 기업과의 경쟁에서 살아남을 수 없을 것이라고 보는 것이다.[82] 양 사상 모두에서 공유화된 기업 혹은 길드화된 기업 밖에 존재하는 사유기업의 가능성은 인정되고 있다. 즉 저널리즘, 예술, 발명[83]등 공유화 혹은 길드화되기에 부적절한 영역이 있다는 점이 인정되는 것이다. 소규모 농업경영이 허용되는 것도 유사하다.[84] 이런 부분들은 공유화된 기업 혹은 길드조직 바깥에 자유롭게 남게 될 것이다.

사유재산의 유지에 대하여도 두 사상은 동일한 입장에 서 있다. 길드 사회주의자들은 사유재산은 유지될 것이나 단지 저축에 대한 이자는 사라질 것이라 본다.[85] 왜냐하면 자본의 재생산을 길드가 직접 담당하게 되면서 자본의 재생산에 개인들의 저축은 더 이상 관여할 필요가 없다고 보기 때문이다. 페이비언들은 자본주의 옹호자들이 그들의 무지로 인해 사유재산제도와 생산수단의 사적 소유를 혼동하고 있다는 점을 지적하며, 사유재산의 경우 이를 유지, 강화하고 확대시켜야 한다는 입장을 밝히고 있다.[86] 문명생활과 개인의 발전을 위하여 개인적 소유를 오히려 증가시켜야 한다는 주장인 것이다.

개혁주도 계층에 대한 전망도 유사하다. 양자 모두 육체노동자와 쁘띠부르주아의 연대를 추구하는 것이다. 길드 사회주의자들의 노동조합은 육체노동자들만의 조직이 아니며 여기에는 전문가, 기술자 등 모든 봉급생활자들(salaried employees)이 포함된다.[87] 페이비언들은 19세기 후반의 다양한 새로운 직종으로부터 파생되어 나온 쁘띠부르주아를 검은 코트를 입은 프롤레타리아, 지적 프롤레타리아, 전문직 프롤레타리아, 문학 프롤레타리아 등으로 표현하였다.[88] 이들은 홉스봄의 표현을 따르면 장인계층과 중간계급 사이로 들어온 하부 중간계급이었다.[89] 그런데 페이비언들은 인구의 2/9를 점하는 것으로 추정되는 소위 이 새로운 사회계층(nouvelle couche sociale)이 프롤레타리아와 다름없음을 강조했다.[90] 그리고 정신노동자들에게 특징적인 가치들이 육체노동자들 사이에 퍼져 나갈 것으로 믿었다. 이런 점에서 페이비언들과 길드 사회주의자들은 모두 육체노동자와 정신노동자의 결합과 연대를 추구했다.[91]

그러면서 이들은 모두 자신의 이념을 실현시켜 줄 사람들을 말단조직에서부터 내세우기를 원했다. 페이비언들은 의회든, 시의회든, 구의회든, 군의회든, 교구회든 간에 공직에 출마하는 모든 입후보자들을 자신들의 이념에 동조하는 사람들로 채우려고 노력했다. 여기에 비해 길드 사회주의자들은 작업장의 가장 하부조직에서부터 감독들을 노동자들의 손으로 뽑아 나가기를 원했다.

4) 회원들의 사회적 구성과 조직의 유사성

양자 모두 사회변혁에 대한 교육받은 중간계급의 제안이라는 점에서 유사성을 보여준다.[92] 페이비언들과 길드 사회주의자들의 사회적 구성을 분석해 보면 놀라운 유사점을 발견하게 된다. 먼저 길드 사회주의자들의 경우 펜티(Penty)는 건축가, 오라지(Orage)는 교사였고, 홉슨(Hobson)은 저널리스트, 코울(Cole)은 옥스퍼드출신의 대학 연구원임을 알 수 있다.[93] 여기에 비해 페이비언들인 쇼(Shaw)는 저널리스트, 왈라스(Wallas)는 옥스퍼드출신의 대학강사였다. 또 올리비에(S. Olivier)는 옥스퍼드출신의 식민성 관리였으며, 웹(Webb) 역시 야간대학을 나온 식민성 관리출신이었다.

길드 사회주의의 주역이었던 코울(G. D. H. Cole)이나 페이비언 사회주의의 주역이었던 웹(S. Webb) 모두가 수재라 불릴 정도의 엘리트였다는 점도 흥미로운 점이다. 코울(Cole)은 옥스퍼드에서 두각을 나타

낸 신동(enfant merveilleux)이라 불릴 정도로 우수했던[94] 수재로 22살의 나이에 옥스퍼드 모들린 칼리지(Magdalen College)에서 펠로우가 되었다. 웹(Webb) 역시 학교에서 항상 수위를 달린 수재로 야간대학을 나왔음에도 관리시험에 차석으로 합격할 정도였다. 같은 시험에서 수석을 한 사람은 옥스퍼드를 나온 올리비에(S. Olivier)로 그 역시 페이비언 초기 4인방 중 한 사람이었다.

페이비언협회와 전국길드연맹의 회원들의 경우 모두 중간계급과 지식인들이 압도적으로 많았는데, 특히 홉스봄(Hobsbawm)은 페이비언들의 사회구성에 대해 흥미있는 분석을 하고 있다. 그는 페이비언회원들을 크게 두 부류로 나눈다. 하나는 부르주아사회에 대하여 혐오감을 가지고 사회적 양심을 갖게 된 전통적 중간계급이 한 부류이며, 다른 하나는 자수성가한 전문인들로 작가, 저널리스트, 자력으로 고위공무원이 된 자들, 교사, 예술가, 전문가들이 여기에 해당되었다.[95] 그는 페이비언들이 권력을 가진 계층을 대표하는 인물들인데, 사회주의의 기치를 올린 것이 기이하게 보인다는 지적을 한다.[96] 그러나 과연 그들이 속한 계층이 부상하는 계층이었다고 볼 수 있을지는 의문이다. 설사 그렇다 해도 그들은 자신들을 지적 프롤레타리아와 동일시하고, 그 바탕 위에서 변화에의 의지를 분출시킨 생동감에 차 있는 지식인들이었다고 볼 수 있을 것이다.

양 운동 모두 수도를 중심으로 한 운동이었으며, 런던을 벗어난 지방에서 커다란 지지기반을 갖지 못했다는 점과[97] 길드 사회주의운동이나 페이비언협회나 소수의 회원을 기반으로 한 운동을 펴 나갔다는 점 등은 조직의 측면에서 찾아 볼 수 있는 유사한 부분이다. 전국길드연맹의 회원은 1921년 500명이 조금 넘을 정도였다.[98] 페이비언협회도 1909년 최고의 회원을 가졌을 때가 2,462명 정도였고, 협회창립 20주년을 맞은 1904년에는 730명 정도였다.[99] 독립노동당(ILP)이 지방조

직을 거점으로 하여 활동을 했고 세를 불려 나갔다는 점과 비교하면
흥미롭다. 이들이 모두 지방의 중요성을 강조하면서도 활동의 거점을
지방에 확보하지 못한 것은 이들 운동 모두의 한계요, 약점이라고 볼
수 있을 것이다.

3. 두 사상의 차이점들

1) 국가, 권력, 관료제에 대한 입장

두 사상은 국가의 역할에 대한 인식에서 뚜렷한 차이를 보여준다.
페이비언 사회주의는 국가의 역할에 매우 적극적인 의미를 부여한다.
그렇게 된 까닭은 페이비언들의 '렌트이론'에 근거한다. 페이비언들에
게 사회주의의 경제적 의미는 렌트소득의 이전이다. 그런데 렌트를 개
인이 아닌 국민의 손에 들어가게 해야 하는데 국민은 어디에 있는가.
갑돌이도 철수도 개인일 뿐이며, 결국 국민은 국가에서 발견된다는 것
이다.[100] 여기서 국가와 자치시는 렌트소득을 이전시키는 매개 역할을
할 중요한 기구로 간주되며, 또한 다양한 행정서비스를 제공하는 주체
로 자리매김되는 것이다.[101] 또 국가는 중립적인 위치에서 사회전체의
조화와 균형을 달성하고 유지시켜 주는 역할을 하게 될 것이다.

그러나 길드 사회주의는 국가의 존재를 인정하기는 하나 소극적인
의미를 부여함에 그치고 있다. 국가는 사회내의 다른 결사체들과도 같
이 어떤 기능을 갖는 하나의 조직에 불과한 것이다. 국가가 다른 결사
체와 다른 점이 있다면 그것은 그 기초가 기능이 아니라 영토에 있다
는 점이다. 영토적 결사체로서 국가의 적절한 역할은 특정한 영역안에
서 사는 사람들이 갖게 되는 필요를 충족시켜 주는 것이다.[102] 그러나
적어도 국가를 인정한다는 점에서는 길드 사회주의는 신디칼리즘이나

무정부주의와는 다르다고 할 수 있을 것이다.[103] 국가가 하나의 기능적 결사에 불과한 길드 사회주의에선 국가와 함께 길드회의가 사회의지의 중요한 대표기구로 등장한다. 국가가 공장법을 제정하는 대신 이제 길드회의가 그러한 법안을 통과시키게 될 것이다. 그리고 생산자와 소비자 사이의 새로운 조정기구로서 코뮌(commune)이 등장한다. 새로운 국가라는 비판을 받기도 하는 이 기구는 현대사회 안에서 여러 단체와 조직들간에 발생하는 갈등을 조정하는 역할을 맡게 될 것이다.

권력에 대하여서도 페이비언들은 비록 분권화를 주장한다고 하나 보편적 권력의 존재 그 자체를 부인하지는 않는데 비해, 길드 사회주의자들은 보편적 권력 그 자체를 거부한다. 이 점에서 길드 사회주의자들은 프루동(Proudhon)이나 크로포트킨(Kropotkin)을 연상시킬 정도이다.[104] 국가와 같은 보편적 권력에 대한 이런 입장 차이는 두 사상에서 민족주의의 위상을 가늠하게 하는 중요한 근거가 된다. 즉 페이비언들에게는 민족주의의 의미가 잔존하는데 비해 길드 사회주의에는 민족주의의 의미가 퇴화될 소지를 안겨 주고 있는 것이다. 국가의 절대성을 해체함으로써 길드 사회주의자들에게는 민족보다는 민주가 우선하는 가치가 되는 것이다.

보편적 권력에 대한 입장 차이는 관료제에 대한 견해의 차이를 낳았다. 길드 사회주의자들은 작업장에 스머드는 어떠한 관료적 통제도 거부한다는 입장이다. 즉 노동자들은 자본가의 권력으로부터 벗어날 뿐만 아니라 관료제적 통제로부터도 벗어나야 한다는 생각을 갖고 있는 것이다. 하나의 권력에 대신하여 또 다른 외부권력이 그 자리를 차지한다면 그것은 무의미한 결과를 낳을 뿐이라고 보는 것이다. 길드 사회주의자들에게 관료제는 자유의 정신을 파괴하는 것이었다.[105] 많은 사람들이 1923년 전국길드연맹으로부터 공산당에 들어가고, 소련의 민주집중제를 받아들였다. 하지만 코울은 조직의 하부로부터 대표를 선출하지만, 결정은 상부에서 이루어지고, 그 결정은 엄격히 하부에까지 부과되어야 한다는 민주집중제에 분명히 반대하는 입장을 취했다.[106] 위로부터의 관료적인 지시를 거부하는 것은 길드 사회주의의 양보할 수 없는 한 요소였기 때문이다.

반면 페이비언 사회주의에서 관료들은 민주적으로 통제받는 국가의 대리인으로서 완전히 정당화된다. 더욱이 페이비언들은 관리들을 성실한 중개인으로 간주하고 있다.[107] 또한 이들이 국유화되거나 시영화된 산업을 운영할 때에는 경영의 기능을 맡는 사람들이기도 하다. 경영은 노동을 조직하는 일이며 인간능력의 낭비를 피하기 위한 작업인 것이다.[108] 그런 면에서 이들은 산업사회의 효율적인 운영을 위해서 없어서는 안 될 중요한 존재로 간주된다. 페이비언들은 복잡한 산업국가의 산업 문제들에는 엄격한 규율, 지시에 대한 복종, 생계를 유지하기 위한 급여 등이 필요하다고 본다. 페이비언들은 경영은 종업원들이 경영자를 통제하는 식으로는 성공할 수 없다고 보는 것이다. 여기서 명령하고 지시하는 관리들에게 그 활동을 허락하는 근거는 시민들의 통제이다. 페이비언들의 대안의 작동가능성은 전적으로 이들이 가정하는 선량한 공무원들의 존재에 달려 있다고 생각된다. 이들이 시민들의 통제하에 들어온다는 가정과, 부패한 관리들이 아닌 선량한 중개자로서의 역할을 해낼 수 있다는 가정, 현대사회의 산업운영에 대한 경영전문가적인 면모를 가질 수 있다는 가정들이 모두 현실로 구체화될 수 있느냐가 페이비언 사회주의의 성공여부를 결정지을 것이다.

2) 산업통제에 대한 문제

앞에서 양 사회주의는 모두 사회주의를 '산업으로 확대된 민주주의'로 본다는 점을 지적했다. 양 사상은 모두 산업에서 나타나는 재화나

권력의 독점현상에 대한 해결책을 제시하고자 하는 것이다. 페이비언들은 산업통제권을 이전하자는 주장을 그들의 렌트이론에 근거하고 있다. 즉 한 사회에서 잉여가치가 발생하는 메커니즘에 대한 나름대로의 이론이 있다는 말이다. 이 이론을 근거로 하여 페이비언들은 렌트소득을 거두어 내기 위해 국가와 자치시와 같은 공공기구를 찾아냈고 이런 기구들에 의해 세금의 형태로 렌트를 거두어 들일 수 있을 것이라고 보았던 것이다. 그리고 한 발 더 나아가 이런 공공기구들은 산업의 각 분야들에서 그 통제권을 넘겨 받으면서 공유화의 주체로 떠오르게 될 것이다. 길드 사회주의자들은 산업통제권의 이전을 주장하는 근거로서 페이비언들과는 달리 특별한 잉여가치이론을 가지고 있지는 않다. 비록 그들이 잉여가치를 사회전체로 이전시키려 한다는 의도를 밝히긴 했지만 말이다.[109] 길드 사회주의자들은 길드조직을 통해 임금제를 폐지하는 데 이를 것을 제안한다.

페이비언 사회주의와 길드 사회주의의 최대의 차이는 산업을 통제하는 주체의 문제이다. 즉 산업을 생산자가 통제할 것인가, 소비자가 통제할 것인가의 문제이다.

페이비언들은 길드 사회주의자들의 제안처럼 노동자들이 산업을 통제하면 노동자들의 이익을 위해 산업이 운영될 것이므로 사회전체의 이익을 해칠 것이라는 주장이다. 다시 말하면 렌트는 자본가에 의해 독점이 되지는 않겠지만 회사나 산업을 구성하는 노동자들만이 렌트를 가져 가게 되므로 일종의 변형된 독점현상이 나타나게 된다는 것이다. 이러한 식으로 노동자들은 임금, 노동시간, 노동조건 등에서 모두 전체사회와 마찰을 빚게 될 것이라고 보는 것이다.[110] 따라서 산업의 통제권은 소비자들에게 주어져야 하며 소비자들을 대표하는 세 주체인 국가, 자치시, 협동조합이 산업을 통제할 것인데, 여기서는 역시 소비자들을 대표한다고 할 수 있는 관리들이 생산을 통제하게 될

것이다. 다음과 같은 웹의 주장에서 페이비언들의 의도는 뚜렷이 드러
난다.

> 각 직업의 작업자들은 자신의 경영자를 뽑고 자신들의 노동시간을
> 정해야 한다는 제안은 모두 오웬의 원칙의 생존물인 것으로 보인다.
> 이것은 근대사회주의와는 반대된다.……우리는 광산과 광산으로부터
> 의 이익이 광부들에게 이전될 것을 원하지 않고 사회전체에 이전될
> 것을 원한다.……사회주의자로서 우리가 추구하는 것은 한 직업이 스
> 스로 경영을 떠맡는 것이 아니라 정부든, 시든, 군(郡)이든, 교구회든
> 간에 이들의 감독하에 사회전체의 이익이 되게끔 산업의 공적 조직을
> 확산시킨다는 것이다.[111]

반면 길드 사회주의의 경우는 민주적인 산업통제에 무게중심이 놓
여있다. 그들에게는 산업의 국유화냐 민영화냐 여부가 중요한 것이 아
니라 민주적인 산업통제를 실질적으로 이룰 수 있느냐가 중요하였다.
그들은 육체노동자, 숙련노동자, 정신노동자, 경영자 등 길드구성원들
에 의해 이루어지는 산업통제야말로 공장과 기업을 자율적 관리라는
민주적 원칙 위에 세울 것이고, 산업에서 민주주의를 진정으로 실현시
킬 것이라고 주장한다. 그 결과 잉여가치의 전용문제는 자연스럽게 해
결되는 것이다. 문제는 두 가지다. 하나는 잉여가치의 문제를 사회전
체의 차원에서 볼 것인가, 산업을 단위로 하여 볼 것인가 하는 문제이
다. 여기서 생산과정을 노동자들이 장악하고 통제할 것이냐 아니면 소
비자들을 대리한다고 생각되는 성실한 중개인으로서의 관료들이 통제
하도록 해야할 것이냐 하는 두 가지 선택지가 발생한다. 이 점에서 페
이비언들과 길드 사회주의자들은 분명하게 갈라진다. 즉 페이비언들
은 소비자들을, 길드 사회주의자들은 생산자를 선택하는 것이다. 여기

에 따라 페이비언들은 소비자결사의 네트워크를,[112] 길드 사회주의자들은 생산자들의 조직인 길드조직의 확충을 선택한 것이다.[113] 다른 하나는 과연 두 가지 방식의 산업통제가 모두 실질적인 민주주의를 만들어 낼 것인가 하는 문제이다. 이 점에서 길드 사회주의자들은 페이비언들의 소비자의 산업통제는 실질적으로는 관료들의 통제로 귀결될 뿐이며 민주주의는 작동하지 않을 것이라고 보는 것이다.

이들의 선택은 분명하지만 이들이 마냥 외곬으로 달리고 있는 것은 아니다. 그런 면에서 이들의 차이는 인정해야 하지만 이들이 접근할 수 있는 여지가 있음도 인정해야 할 것이다. 왜냐하면 페이비언들은 비록 소비자민주주의를 주장했지만 그것이 노동조합과 전문가단체에 의해 보완되어야만 한다는 점을 인정하고 있으며, 웹 부부도 후기에 가면서 소비자민주주의와 생산자민주주의의 공존을 인정했기 때문이다.[114] 길드 사회주의자들도 그들이 노동자들의 작업통제와 산업통제를 주장했지만 생산자와 함께 소비자, 시민의 대표를 인정했다. 길드 사회주의자들의 경우는 소비자와 생산자의 공동통제라는 결론에 가깝게 접근했다. 길드 사회주의자들은 '무엇을 생산하나' 하는 문제는 소비자가 결정하고, '어떻게 생산할 것인가'는 생산자가 결정하며,[115] 가격의 문제는 생산자와 소비자가 공동으로 결정할 것을 제안하는 것이다.

이처럼 산업통제의 주체에 대해 이견이 발생하는 것은 인간의 보편적 지위에 대한 이들의 생각이 다르기 때문이다. 길드 사회주의자들은 기능에 따른 인간의 여러 지위를 인정하면서도 그 중 특정한 한 지위가 다른 모두를 누르는 보편적 성격을 갖는 것이라고 생각하지 않았다. 기능에 따른 인간의 여러 지위들은 다양한 측면을 가진 인간의 여러 관심과 이해를 동등하게 반영하므로,[116] 모두 대등한 관계에서 취급되어야 한다고 보는 것이다. 반면 페이비언들도 인간의 지위로 소비자로서의 인간, 생산자로서의 인간, 시민으로서의 인간을 인정했으나 그 중 시민의 지위와 상당부분 중첩되는 소비자로서의 인간이 갖는 지위가 보편적이라고 보았던 것이다.[117] 자연스럽게도 페이비언들은 소비자들의 조직을 높게 평가했다. 1844년 로치데일(Rochdale)의 직조공들이 협동조합을 조직한 것을 두고 웹은 그들이 얼마나 위대한 발견을 하였는지를 알지 못했다고 평가할 정도로 큰 의미를 부여했다.[118]

또 다른 차이점으로 길드 사회주의자들에게 새로운 산업통제로 나타날 결과를 들 수 있다. 그것은 임금제의 폐지였다. 길드 사회주의는 임금제도 자체의 완전한 폐지를 요구하고 있다. 전국길드협의회 헌장은 전국길드협의회의 목적을 8가지로 정리하여 밝히면서 그 첫 번째로 임금제의 폐지를 주장한다.[119] 힘든 노동, 불쾌한 노동에 대한 보상은 필요하지만 그 보상은 급여의 차이로가 아니라 노동시간, 휴일 등의 차별화로 이루어져야 할 것을 주장한다.[120] 하지만 페이비언들에게는 임금제는 유지되어야 할 가치있는 제도로 간주된다. 페이비언들은 임금제도를 폐지하기보다는 오히려 적정한 임금제도의 존속을 옹호하고 있다.[121] 복잡한 산업사회에서 임금제의 폐지를 주장하는 것은 무정부주의를 주장하는 것에 불과하다고 보는 것이다. 이러한 견해의 차이는 임금제를 '노동을 상품으로 간주하는 태도의 결과 나타난 또 하나의 노예제'라고 보는 길드 사회주의자들의 생각에 기인하는 것이다.

그러면 작업장의 의미는 무엇인가? 길드 사회주의자들에게 작업장은 주인의 역할을 배우는 학습장이었고, 민주주의의 훈련장이었으며 보다 큰 사회를 통제하는 방법을 배우는 실험장이기도 했다.[122] 하지만 페이비언들에게 작업장은 그런 의미를 지니지는 않는다. 여기에 대해 페이비언들은 작업장에서의 노동자는 주인이 되기보다는 노예가

되어야 하는 민주주의의 역설을 지적한다. 그리고 노동환경 그 자체의 의미에 대하여도 페이비언들의 견해는 상이하다. 진짜 노예상태는 작업환경 바깥에서 빈곤에 방치될 때 발생한다는 것이다.[123]

산업통제에 대한 페이비언들의 입장을 한 마디로 말하자면 계획을 지향하는 것이라는 지적이 있다. 그러나 여기에는 조심스럽게 접근할 필요가 있다. 페이비언들은 시장을 완전히 무시하거나 제거하려 했다고 말할 수는 없기 때문이다. 페이비언들은 독점을 반대한 것이지 시장을 반대한 것은 아니다. 단지 시장을 그대로 내버려 두면 독점으로 흐른다는 점을 페이비언들은 강조했던 것이다. 그러므로 페이비언들은 경쟁이 가져 오는 폐단을 지적하기는 했지만 경쟁을 거부하지 않았다. 국유화산업이나 시영화산업도 사유의 기업보다 경쟁력이 있기 때문에 선호되며, 국유화와 시영화의 경향 역시 이런 이유에서 추구되는 것이다. 페이비언들은 시장에서 나타나는 도박과도 같은 현상을 거부하였을 따름이다.[124] 페이비언들은 무질서한 시장을 거부하는 것이지, 질서있는 시장에서는 경쟁을 통해 합리성이 추구될 수 있음을 받아들이고 있는 것이다. 단지 극단적 이기주의에 빠진 이윤추구는 경쟁과 시장을 함께 왜곡하게 될 것이라고 보는 것이다. 분배기구로서의 시장의 가치도 강조된다. 시장의 기능이 거부되는 것이 아니며 시장이 사적 이익과 독점에 의해 왜곡되는 현상을 막으려 할 뿐이다. 경쟁, 시장, 민주주의는 페이비언들에게서 함께 추구되는 가치들이지 폐기된 가치들이 아니라는 점을 지적해야 할 것이다. 계획과 관리가 요구되는 부문도 모든 산업 부문은 아니며 산업화를 통해 거대 조직으로 성장한 산업 부문이라는 점도 지적되어야 할 것이다.

3) 방법론, 엘리트의 역할

(1) 개혁방법론

개혁방법론에 대한 입장에서도 상이한 부분을 지적해 볼 수 있다. 이들이 모두 점진적 진화적 방법을 택했다는 점에선 유사하다.[125] 그러나 페이비언 사회주의가 의회를 개혁의 중요한 수단으로 보았던 것과는 달리 길드 사회주의는 의회행동을 포함한 정치적 방법을 대체로 불신한다는 점에서 페이비언 사회주의와는 큰 차이점을 보여주고 있다.

페이비언들은 전적으로 정치적이었다. 그들은 모든 사회문제를 거의 전적으로 입법과 행정의 관점에서 취급하는 경향을 가졌으며, 구체적인 사회주의 정책들을 실현시키려 노력했는데, 그러다 보니 즉각 실행될 수 있는 정책들에 관심을 가지게 되었다.[126] 그들의 눈에는 모든 사회적 해악을 치유하는 것은 의회가 법안을 통과시키고 법을 잘 실행하는 것에 놓여 있는 것으로 보였다. 그러니 렌트의 재분배를 위한 공유화 역시 의회가 법을 통과시킴으로써 실현되는 것이었다. 페이비언들은 의회를 철석같이 믿고 있었다. 다음과 같은 구절을 보자.

> 의회는 항상 그 구성원의 다수가 속한 계급의 이익을 위해 통치했다는 것을 기억하라. 하원에서 젠틀맨의 대표가 가장 많았던 시절에는 지방 젠틀맨의 이익을 위해 통치했다. 1832년의 개혁법에 의해 자본가와 고용주가 다수를 획득하게 되자 이들의 이익을 위해 통치한 것이다. 그리고 만약 다수가 임금노동자계급으로부터 선출된다면 의회는 국민의 이익을 위해 통치하게 될 것이다.[127]

여기에 비해 길드 사회주의자들은 '에프프프!(경제권력이 정치권력에 앞선다)'(EPPPP! : Economic power precedes political power.)[128]로 요약

되는 정치권력에 대한 경제력의 우위를 주장한다. 그래서 정치적 민주
주의와 노동자를 약자로 떨어뜨리는 자본주의는 양립불가능하다고 생
각했다.[129] 당시의 현실이 자본주의였으므로 당시의 정치적 민주주의
는 거짓 민주주의가 될 수밖에 없었다. 이들에게는 자유의 기초는 경
제이므로 산업의 자유가 없으면 정치적 자유도 없는 것이다. 자연스럽
게도 길드 사회주의자들은 의회의 활동을 비롯한 일반적인 정치행위
에는 커다란 의미를 부여하지 않게 되었다. 그러나 그렇다고 하여 그
들의 관심이 정치적이지 않았다고 보는 것은 커다란 오해이다. 단지
그들은 정치적 관심을 정치적 영역이 아닌 경제적 영역으로 돌렸던
것이다. 즉 그들은 경제적 영역에서 권력을 쟁취하고자 했던 것이다.
이런 생각은 임금을 올려 달라거나 후생수준을 높이자는 주장이 아니
라, 노동자들이 경제조직에서의 의사결정권을 실질적으로 확보해야
한다는 주장에서 뚜렷이 나타났다. 길드 사회주의자들은 이런 주장을
관철시키기 위하여 작업장에서 직접 투쟁을 벌어야 한다는 입장이었
는데, 여기서 벌어지는 투쟁들은 경제적 행위라기보다는 정치적 행위
의 성격을 띤다고 보아야 할 것이다.

　이러한 시각의 차이는 파업에 대한 입장차이로 이어진다. 페이비언
들은 단위노조의 파업도 국가전체의 이익에 반할 경우 배격하고 있다.
이것은 1907년 철도 파업사건에서 극명하게 드러났는데 그들의 공식
입장은 철도가 철도노동자의 파업에 의해 중지되는 것은 국가적 재앙
이며 이것은 국가가 막아야 한다는 것이었다. 이에 반해 길드 사회주
의자들은 파업을 그들의 가장 중요하고 유효한 무기로 간주했던 것이
다. 따라서 길드 사회주의는 강력한 노동조합을 기반으로 할 때만 발
전해 나갈 수 있었다. 1922년 길드운동이 힘을 잃어 갈 때 코울은 길
드 사회주의의 존속가능성을 노동조합으로부터 기금을 후원받을 가능
성과 연계시켜 생각했다.[130] 길드운동은 결국 노동조합의 역량이 강화

되고 입장을 변화시키는 것을 전제로 그 힘을 키워 나갈 수 있는 것이다. 반면 페이비언 사회주의는 노동조합의 힘에 절대적으로 기대지 않는다. 그보다는 의회의 입법이나 선량한 관리들의 행위들을 보다 중요시한다.

개혁의 속도도 길드 사회주의는 빨리 진행되는 개혁을 구상한다. 코울은 개혁과 혁명을 함께 주장하며 양식있는 극단(sensible extremity), 혹은 보다 부드러운 혁명(a milder Socialist Revolution) 등과 같은 수수께끼같은 방법론을 제시했다. 레킷(M. Reckitt)이 코울을 페이비언의 입에 볼세비키의 정신을 가진 수수께끼같은 사람으로 평가한 것도 이와 같은 점에 기인할 것이다.[131] 라이트(A. Wright)는 이 문제를 단기적 시각과 장기적 시각이라는 이중 시각의 논리를 제시함으로써 해결하려 했다. 코울은 실용주의적인 시각과 함께 보다 엄격한 장기적인 시각을 가졌다는 것이다.[132] 두 개의 전망이라는 이 부분에서 페이비언들과 엄격히 구분된다고는 할 수 없으나 길드 사회주의자들이 보다 빠른 개혁을 의도했다는 점은 지적될 필요가 있다.

페이비언들은 계급전쟁이 아닌 형제애(brotherhood)를 강조한다.[133] 거기에 비해 길드 사회주의자들은 작업장에서의 투쟁을 강조한다. 길드 사회주의자들이 특별히 더 호전적인 성격을 띠기 때문일까. 그것은 아마도 이런 이유때문일 것이다. 페이비언들은 산업에서의 의사결정권을 둘러싸고 자본가와 노동자들이 대결해야 할 필요는 없다고 보았다. 왜냐하면 자본가의 자리를 관리들이 넘겨 받게 되면 노동자들은 더 이상 산업통제권의 문제를 둘러싸고 투쟁할 필요가 없어진다고 보았기 때문이다. 그러면 자본가의 자리를 넘겨 받는데는 투쟁이 벌어지지 않을까? 페이비언들은 이 과정은 선거를 통해 이루어질 수 있다고 보고 있는데 선거에 의해 일어난 변화를 수용하는 것은 영국의 정치 전통에서 이미 하나의 확립된 원칙이었으므로 이를 위해 특별히 격렬한 투쟁을 벌여야 할 이유가 없었던 것이다. 이미 확립된 선거제도를 바탕으로 하여 사회주의운동을 전개시켜 나가면 된다고 보는 페이비언들에게 계급전쟁같은 구호는 사실 필요가 없었던 것이 아닐까? 하지만 길드 사회주의자들은 사정이 달랐다. 그들은 의회를 믿지 않았고 작업장에서의 의사결정권을 직접 넘겨 받아야 했다. 그러기 위해서는 이미 확립된 선거제도로는 소용이 없었고 직접적인 투쟁이 필요했던 것이다. 페이비언들은 선거권의 확대를 통해 의회가 변화되어 나가는 과정을 역사의 진화로 보고 있는 반면, 길드 사회주의자들은 노동자들이 일터에서 자신의 권리를 깨닫고 자신들의 대표를 요구해 나가게 되는 과정을 역사의 진화로 보고 있는 것 같다.

이들의 방법론이 미친 실제적 효과는 어떠했을까? 그 효과를 놓고 볼 때 페이비언들이 대중의 도덕과 종교 감정에 호소하지 않았다는 지적에도 불구하고,[134] 페이비언들에게 보다 많은 점수를 주어야 할 것 같다. 페이비언들이 모든 계층을 대상으로 침투를 하려 했고 특히 중간계급이 중요한 대상이 되었던 반면, 길드 사회주의자들은 노동계급세계에 파고 들려 했다. 이런 전략적인 측면에서 본다면 페이비언들이 침투하려 했던 대상은 런던에 많이 존재했지만 길드 사회주의자들에겐 그렇지가 않았다. 노동조합세계의 중심은 지방이었고 그 중에서도 특히 북부지역이었던 것이다. 길드 사회주의의 운동조직이 런던에 기반을 두고 있었으므로 길드 사회주의자들은 그들이 침투해야 할 대상에 효과적으로 침투할 수 없었다는 점을 지적할 수 있다.[135]

사회주의 이념의 확산이란 측면에서 볼 때도 페이비언들의 활동에 더 많은 점수를 줄 수 있을 것이다. 그들은 1918년 노동당이 '노동과 신사회질서'라는 헌장을 채택함으로써 노동당과 연결되는 데 성공했고, 지식인들이 사회주의 정치에 참여하는 통로를 만들어 주었다. 토니(Tawney), 래스키(Lasky), 크립스(Cripps), 코울(Cole) 등의 사회주의 지식인들은 페이비언들이 만들어 놓은 통로를 따라 현실정치의 무대에 참여할 수 있었던 것이다.136) 또 페이비언들은 베른슈타인을 통해서는 대륙의 사회주의에도 영향을 미칠 수 있었다.

페이비언들은 사회주의를 시민운동으로 만들어 나가려 했고, 그 과정에서 평범하고 존경받는 영국의 시민들이 마치 자유주의자나 보수주의자가 되듯이, 사회주의자가 되는 것을 쉽고 당연한 현상으로 받아들이도록 만들려고 했다. 그런 점에서 페이비언들은 사회주의를 세속화하려 했다고 할 수 있다. 길드 사회주의의 영향은 운동으로서 지속적인 효과를 발휘하는 형태를 띠지는 못했다. 그러나 길드 사회주의 사상의 영향은 장기적 관점에서 본다면 권력에 대한 다원주의적 사고방식이나 노동자들의 권리에 대한 인식의 증대라는 형태로 남아 있다. 노동자들을 산업에서 종속된 개체로만 보지 않고 주체적인 참여자로 간주하는 태도가 나타난 것은 길드 사회주의자들의 핵심적 주장이 의미있는 경구였음을 보여주는 것이다.

⑵ 엘리트의 역할

페이비언들은 변화를 일구어내고 이념을 실현하는 과정에서 지식인 혹은 엘리트의 역할을 강조한다. 예컨대 쇼는 자격있는 통치자들이 없이는 사회주의국가는 불가능하다고 주장한다.137) 이런 측면 때문에 페이비언들은 대중에 대한 불신을 보여주며 계몽되지 않은 '보통의 감성적 인간'(average sensual man, ordinary sensual man)들을 두려워했다는 점이 지적되며,138) 이것이 페이비언들이 교육에 대해 최고의 중요성을 부여한 이유였다고 주장된다. 또 전문가들에 대한 강조가 되풀이되어 제시되는 것도 같은 이유에서라고 지적되는 것이다.139)

역시 이런 측면에서 본다면 페이비언들의 제국주의에 대한 태도도 이해가 가능하다. 즉 페이비언들이 인종주의자들이 아니었음에도 불구하고 그들이 '성숙하지 않은 인종들'(non-Adults races)에 대해 후원자적 입장을 견지한 것을 두고 그들의 엘리트주의적 의식이 국제적 차원으로 확대된 것으로 해석해 볼 수도 있다는 말이다. 다시 말하면 국내에서 노동자들에 대하여 그들이 가진 엘리트주의적 의식이 국제적으로 연장되어 나갔을 때 거기에 아직 산업화되지 않고 서구화되지 않은 나라의 국민들이 나타났던 것이다. 페이비언들을 민주주의자가 아니라고 평가할 수는 없으나 그들에게 엘리트주의적 요소가 강하다는 점을 부인할 수는 없다.

그런데 이러한 엘리트주의적 경향을 해석하는 다른 방식이 가능하다. 그것은 페이비언들이 자격있는 통치자들을 강조하거나, 작업장에서의 노동자들의 복종을 강조할 때, 페이비언들은 기능적 관계를 강조했다는 식으로 보는 것이다. 하나의 예를 들어 보자면 페이비언들은 경영자와 노동자의 관계를 오케스트라의 지휘자와 바이올린 연주자의 관계로 비유했다.[140] 물론 여기서 바이올린 연주자는 지휘자의 지시에 따르지만 그것은 기능적 차이에서 발생하는 것이지 지휘자가 바이올린 연주자보다 뛰어나서 그런 것은 아니지 않느냐는 식의 해석이 가능한 것이다. 페이비언들이 지휘자의 역할을 강조하는 것은 그들의 기능을 중요시해서이지 그들의 능력이 탁월하다고 본 때문은 아니라고 해석해 볼 수 있지 않을까. 그런 해석이 가능한 것은 페이비언들이 기능없는 자들에 대한 경멸과 비난을 되풀이해서 하기 때문이다.[141] 반면 페이비언들은 소위 지적 프롤레타리아를 그들이 자신의 기능을 잘 수행하는 사람들이라는 점 때문에 강조하고 있다.[142] 엘리트를 중시하기는 하나 그것은 그들의 꼭 필요한 기능적 측면에서 그러한 것이지 그들이 엘리트라는 이유로 특별한 혜택을 받아야 한다는 논리로 연결되는 것은 아니라는 말이다.

여기에 반해 길드 사회주의자들은 철저히 변화가 아래에서부터 자발적으로 일어날 것을 기대했다. 이 점에서 길드 사회주의자는 그 이념의 실현과정에서 엘리트의 역할에 대해 적극적인 자리를 마련해 두지 않았다. 길드 사회주의는 변화의 추진력을 끌어낼 선도적 계층이나 집단에 대한 주장이나 분석이 미흡하다. 인간의 자발성, 자율성에 대한 믿음과는 별개의 문제로 현실을 변화시키는 힘의 다양성을 무시하고 있다는 점에서 비판받을 수도 있을 것이다.

4. 누가 민주주의를 더 지향하는가?

페이비언들은 민주주의를 지향한다고 주장했다. 그러나 페이비언들의 민주주의에 의구심을 갖는 입장들도 있다. 마가렛 코울이 페이비언들은 민주주의와 합의에 대한 믿음이 있다고 지적하고,[143] 아담 울람은 페이비언 사회주의는 민주주의를 세련시킨 것이며 이것의 논리적 결론이라는 지적을 하였지만,[144] 홉하우스는 페이비언들을 비민주적이라 보며 그들의 민주성에 대하여 의문을 던진다.[145] 심지어 전체주의적 경향이 있다는 의견이 있음도 지적된다. 그리고 해리슨(Royden Harrison)과 바일하르즈(Beilharz) 등은 모두 페이비언들에게 민주주의는 무엇을 의미하는가에 대해 자못 의심스런 눈초리를 던지고 있다.[146] 그런가 하면 페이비언들로부터 조잡한 민주주의라고 비판받은[147] 길드 사회주의자들은 바로 민주주의의 이름으로 페이비언들에게 도전했다.[148]

하기야 민주주의라는 용어는 모든 사회이념들의 겉옷처럼 남용되는 용어인지라 그저 민주주의를 지향한다는 말만으로 페이비언들의 민주주의 주장을 수용할 수는 없는 노릇이다. 이들을 용어상 민주주의자로 규정하느냐 아니냐 하는 문제보다 그들이 민주주의로 의미한 것이 무엇인지를 살펴 보는 것이 사실은 중요하다.

페이비언들이나 길드 사회주의자들이나 모두 민주주의를 정치적 차원의 민주주의와 경제적 차원의 민주주의로 나누어 생각하고 있다. 그리고 그들은 모두 사회주의를 민주주의가 정치적 영역에서 경제적 영역으로 확대되어 나간 것으로, 즉 민주주의의 확대로 간주한다. 이들이 민주주의의 영역을 확대시킴으로써 이들 양자 모두 기존의 정치적 민주주의의 차원에서 "한 발 더 나아간 민주주의 개념"을 제시한다는 점은 동일하다 할 것이다.

그런데 페이비언들은 민주주의가 경제적 영역으로 확대됨으로써 일어나는 변화는 렌트가 소멸되는 것이고, 이를 실현시키기 위해 많은 산업들이 국유화되거나 시영화되는 것이라고 보았다. 그래서 그렇게 국유화 혹은 시영화된 산업을 선량한 관리들이 통제하게 되는 결과를 낳게 되는 것이 민주주의가 확대된 모습이 되는 것이다. 그러면 그들의 민주주의의 의의는 어디에 있는 것일까. 페이비언들에게 민주주의는 렌트의 독점에 반대되는 개념이다. 렌트의 독점은 곧 자본과 토지, 능력의 독점이었으며 이는 곧 자본, 토지, 능력의 독재로 연결되었다. 웹 부부는 자본의 독점은 언론과 교육을 장악하면서 사실상 자본의 독재로 연결될 것이라고 지적했다.[149] 이런 논리는 토지와 능력에도 동일하게 적용될 수 있는 것이다.

그런 면에서 페이비언들이 실현시킨 질서는 렌트를 거두어 가는 질서이므로 독점으로부터 발생하는 소득의 전용을 봉쇄하고 토지, 자본, 노동의 독점을 사실상 무력화시키게 된다. 그리고 나아가 산업의 통제권마저 자본가로부터 넘겨 받게 됨에 따라 산업의 통제권을 다수의 손으로 이전시키게 된다. 그 다수는 시민이며 소비자이다. 결국 페이비언들에게 경제적 민주주의는 경제적 독재로 이어지는 경제적 독점에 대한 반대가 되는 것이다. 이것이 페이비언들이 주장하는 민주주의이다.

그러나 이러한 민주주의의 약점은 없을까? 우선 선량한 관리자로서의 관료들이 시민과 소비자의 통제를 받는다는 전제가 충족될 것인가하는 점이다. 이 전제가 충족되어야만[150] 분명 그들의 민주주의는 산업의 영역으로 확대된 민주주의라고 할 수 있을 것이다. 그리고 아마도 페이비언들의 민주주의에 치명적인 약점이 있다면 그것은 민주적 의사결정과정이 작업장에서는 아예 보이지 않는다는 점에 있을 것이다. 그것은 아마도 그들이 권력은 단 하나의 보편적 권력이─그것은 소비자와 시민의 권력이었다─여러 부분을 관장해야 한다고 생각하였지, 여러 개의 권력이 여기저기 존재할 수 있으며 그것들이 개별적으로 통제되어야 한다는 생각을 하지 않았기 때문일 것이다. 즉 그들이 민주주의를 정의하며 "우리는 민주주의를 사회구성원 다수의 의지에 따라 사회가 통치되는 원칙으로 이해한다"고[151] 했을 때 그들은 하나의 주권을 상정한 것이다. 하나의 사회 안에 있는 여러 조직들은 하나의 민주주의를 위해 여러 가지 원리들로 움직일 수 있다고 보는 것이다.[152]

노동자 조직도 예외가 아니었다. 페이비언들은 노동자들마저 관료조직의 충실한 일꾼들처럼 상부의 지시에 따라 움직이고 행동해야 하는 존재로 간주하는 것이다. 마치 공무원들이 상부의 지시를 충실히 이행하기만 하면 되는 것처럼, 노동자들은 소비자들로부터 권리를 위임받은 공무원들의 지시에 따라 충실히 일을 하기만 하면 되는 것이다. 국가권력을 시민들이 통제하되 시민들의 대표를 통하여 관료들을 움직이듯이, 산업의 권력을 소비자들이 통제하되 소비자들의 대표를 통하여 노동자들을 움직이려고 하는 것이다.

그런데 과연 노동자들은 관료들과 같은 성질을 지닌 일을 한다고 볼 수 있을까. 노동자들의 작업을 관료들의 작업과 같은 범주에 넣기에는 노동자들의 작업은 너무 창조적이지 않은가. 즉 노동에는 단순히 기계적 노동으로 치부될 수 없는 값진 의미가 담겨 있는 것이 아닐까. 그렇다면 노동자들은 노동에 자신의 창조적 의지를 투영하는 것이며 노동과정을 통해 자신의 자아를 실현시키고 있는 것이다. 이러한 의미가 노동에 부가된다면 노동과정을 타인의 의지에 완전히 종속시키는 것이 과연 민주적 질서의 결과로 타당하다고 볼 수 있을까하는 의문이 제기될 수 있을 것이다.

결국 페이비언들이 생각한 민주주의는 단지 소비자와 시민으로서 자신의 권리를 마음껏 행사할 수 있는 질서라고 할 수 있다. 그런 점에서 그들은 소비자민주주의에 머문다.[153] 여기에는 인간의 보편적인 지위로서 소비자가 생산자에 앞선다는 전제가 깔려 있다. 따라서 생산자로서의 자신을 소비자로서의 자신에 종속시킬 수 있는 준비가 된 사람이라면 페이비언들의 민주주의는 아무런 제약없이 받아들일 수 있게 될 것이다.

그들의 민주주의의 또 하나의 약점은 그들이 일반인의 능력에 대해 의구심을 가지는 것에서 나온다. 페이비언들은 당시의 영국인들이 만들어 낸 영국의 정치질서가 민주주의를 받아들일 수 없다고는 결코 주장하지 않았다. 즉 평범한 영국인들이 영국의 정치질서를 만들어 내며 그것이 민주주의를 실현시킨다는 점에 대해 그들은 의문을 제기하지 않는다. 그러면서도 그들은 평범한 인간의 능력에 대해 의문을 제기함으로써 그들의 민주주의는 특히 공장의 문앞에서는 멈춰서서 더이상 전진하지를 못하는 것이다. 앞서 지적한 로이든 해리슨이나 바일하르즈는 모두 이러한 측면에서 페이비언들의 민주주의에 의구심을 품는 것이다. 하지만 여기에는 앞에서도 지적하였듯이 약간의 탄력적인 접근이 필요하다. 왜냐하면 페이비언들은 엘리트주의적인 경향을 보이기는 하나 엘리트만이 운동을 이끌 수 있다는 입장을 갖지는 않았기 때문이다. 그러한 점은 페이비언들이 로치데일(Rochdale) 협동조합을 높이 평가했을 때 이 운동이 천재들이 아닌 수천명의 사람들, 위원회를 구성하는 정직하고, 주의깊고, 끈질기고, 사심없는 수천명의 사람들이 일구어 낸 것으로 평가하는 대목에서 두드러진다.[154] 그러고 보면 페이비언들의 엘리트는 보통사람들 중 믿을 수 없는 부분을 메우는 역할을 하는 엘리트인 것이다. 그렇다면 페이비언들을 사회는 단지 소수의 엘리트들이 이끌고 가야한다고 보는 일반적인 의미에서의 엘리트주의자로 보는 것은 타당하지 않을 것이다. 엘리트의 역할은 인정하지만 그들은 주체적 의사결정자로서 부상해가는 일반인들을 끌어들이고 이끄는 역할을 하는 존재로서 단지 구분될 따름이다. 페이비언들이 노동자들에 의해 조직되고 지도되는 원리를 갖는 노동자 교육협회(Worker's Education Association)를 바람직한 모습으로 간주했던 것은[155] 그들이 엘리트가 이끌고 가는 지도원리를 고집하지 않았다는 점을 보여준다. 웹이 '왜 사회주의는 민주주의의 다른 면이라고 생각하느냐'는 질문을 받았을 때, 그는 전차차장은 투표권을 통해 임금, 노동시간을 변화시키려 할 것이며, 이는 곧 자신의 삶을 통제하는 행위가 될 것이라고 본 점에서, 페이비언들은 자신의 삶에 대한 통제권을 상실한 수동적 인간을 가정하고 있지 않음을 알 수 있는 것이다.

페이비언들에게서 발견되는 엘리트주의적 요소는 역설적이게도 그들에게 현실주의적인 측면이 있음을 보여준다. 완전한 민주주의로 나가기 위해서는 완전한 인간이 필요하다. 그러나 그러하지 못한 현실이 가진 한계를 그들이 깨닫고 있었다는 말이다. 그러므로 그들은 현실의 조건에서 변화를 촉진할 수 있는 효과적이면서도 보완적인 방법을 찾으려 한 결과, 엘리트의 역할을 강조하게 된 것이라고도 볼 수 있다. 페이비언들이 끊임없이 교육의 중요성을 제기하는 것은 이론이나 교리의 선전 혹은 세뇌를 위해서가 아니라 엘리트가 필요없는 사회적 조건을 만들어 내려는 노력, 곧 엘리트의 역할을 축소하려는 노력으로 간주할 수 있을 것이다.

그러면 종종 루소와 연관되고,[156] 민주주의에 크게 관심을 가지고 있는 사상으로 평가되는 길드 사회주의에서 민주주의는 어떤 의미를 지닐까? 길드 사회주의자들이 제시하는 민주주의도 정치의 영역과 함께 경제의 영역에서 민주주의가 실현될 것을 의미한다는 점에서 페이비언들의 민주주의와 일단 형식상으로는 구분이 되지 않는다. 그러나 여기서 중요한 점은 길드 사회주의자들의 민주주의를 생각할 때는 길드 사회주의자들의 ① 기능적 대표의 개념과 ② 국가를 바라보는 입장과 ③ 정치와 경제의 관계에 대한 관념을 염두에 두어야 한다는 것이다. 길드 사회주의자들은 대표를 인정하기는 하였으나, 인간의 모든 면을 대표하는 식의 대표제는 받아들이지 않았다. 이를 전제로 하여 길드 사회주의자들에게는 페이비언들이 생각하는 식의 국가주권은 존재하지 않는다. 국가는 사람들이 만들어 낸 여러 가지 기능적 조직 중의 하나이며, 여러 가지 권력 중의 하나일 뿐이다. 그러므로 대표제도는 기능에 따라 대표되는 보다 효율적인 대표제도로 수정되어야 했다. 그리고 길드 사회주의자들에게 경제력은 정치권력에 선행한다. 그 결과 민주주의는 정치적 민주주의에서 경제적 민주주의로 확대되는 순서를 밟기보다는 그 반대의 경우가 더욱 타당한 것으로 간주되었다.

경제적 민주주의는 이런 점과 연관하여 페이비언들과 다른 의미를 지닌다.[157] 페이비언들에게 경제적 독점은 토지, 자본, 능력의 독점을 의미했지만 길드 사회주의자들에게 독점은 경제적 권력의 독점을 의미했다. 그 결과 민주주의는 경제적 권력의 독점을 깨뜨리는 것을 의미했다. 그리고 길드 사회주의에서 산업통제의 주체는 산업의 바깥에 있는 어떤 사람이나 집단이 될 수가 없고, 노동자를 포함한 산업의 구성원들이 되어야 했다. 노동자들은 스스로 자신들의 손으로 작업감독을 뽑아야 하며, 위로부터의 명령을 받아 노동하기보다 자신들의 자율적인 통제를 통해 노동을 하여야 하는 것이다. 결국 작업장에서부터의 참여가 중요해지는 것이다. 결론은 경제적 영역에서 발생하는 권력에 대해 정치적 민주주의의 원리를 적용하자는 것이다. 또 경제적 민주주의가 정치적 민주주의보다도 더욱 중요한 의미를 지니므로 자연히 경제적 민주주의를 실현하는 기구가 정치적 민주주의를 실현하는 기구보다 중요해지는 것이다. 그 결과 정치적 민주주의의 실현기구인 의회는 평가절하된다.

나아가 길드 사회주의자들의 민주주의는 모든 조직에서 의사결정이 그 구성원들의 참여에 의해 이루어지는 민주주의를 지향한다. 왜냐하면 그들의 대표이론은 대표는 모든 사람들의 모든 이해를 대표하는 것이 아니라 오직 하나의 기능적 측면에서만 사람들을 대표한다는 것이기 때문이다.[158] 그렇다면 한 사람은 그가 지닌 여러 기능적 측면에 따라 자신을 대표하는 통로를 여러 조직을 통해 가질 수 있게 될 것이다. 길드 사회주의자들의 민주주의는 사람들이 관여하는 많은 조직들 모두에서 민주적 질서가 형성되어야 한다는 입장인 점에서 민주적 영역을 더욱 확장시킬 것을 의도한다고 볼 수 있을 것이다. 또 다원주의적 사회관을 전제로 하여 루소 사상이 적용된 모습이라고도 말해 볼 수 있을 것이다.

길드 사회주의자들의 문제의식은 명목적으로는 주권이 국민들에게 있음에도 불구하고 실질적으로는 아무런 권력이 주어지지 않는 현실에 대해 이의를 제기하는 것이다.[159] 이들은 이 문제를 타개하기 위해서는 사업장에서 근무하는 사람들 개개인에게 의사결정권을 보다 많이 부여하자고 제안한다. 여기서 자치가 실현되도록 함으로써 실질적으로 권력통제가 이루어진다는 것을 개개인이 피부로 느끼도록 하자

는 것이다. 우리들이 부당한 지시, 부당한 결정 등을 통해 권력을 체
감하는 것은 주로 일터에서이지 일터밖에서가 아니라는 점을 감안한
다면 길드 사회주의자들의 주장에는 설득력이 있다.

그러나 길드 사회주의자들의 민주주의에도 문제점은 있다. 그것은
만약 여러 조직들간에 마찰이 발생할 경우에는 그것을 어떻게 조정할
것인가 하는 점이다. 모든 조직들이 민주적인 원리에 따라 움직이지만
그런 조직들이 자신들의 이기주의를 내세우게 된다면 사회전체의 민
주주의는 실종되고 말 것이라는 점이다. 서로 다른 이해관계의 바탕
위에서 이루어지는 민주적 의사결정들 간에 빚어지게 될 마찰을 어떤
기준으로 해소할 것인가 하는 문제가 대두하게 될 것이다. 또 하나는
길드 사회주의의 생산자민주주의는 소비자들의 저항을 불러 일으킬
소지가 있다는 점이다. 생산자들의 민주화 요구로 인해 발생하는 갈등
은 기업내부의 문제지만 이로 인한 피해는 소비자들에게 전가된다는
점이 이 운동의 큰 문제점인 것이다. 길드 사회주의자들이 제시한 코
뮨과 길드의 합동회의가 이런 기능을 잘 소화해 내기만 한다면 길드
사회주의자들의 민주주의는 보다 우리들에게 가까운 민주주의로서 작
동할 수 있을 것이다.

결국 페이비언들과 길드 사회주의자들의 민주주의의 차이는 경제
의 독재를 깨뜨리기 위해 외부의 힘을 동원하느냐 아니면 내부의 힘
을 개발하느냐 하는 문제인 것이다. 국가주권을 인정하는 한 경제영역
에 대한 국가의 간섭은 정당화될 소지를 안고 있다. 이것이 페이비언
들의 입장이다. 하지만 국가주권을 인정하지 않는다면 국가의 간섭이
란 그것이 아무리 선의라 해도 민주주의를 실현할 수는 없는 것이
다.[160] 국가가 민주주의의 짐을 맡느냐 아니냐 하는 차이에서 민주주
의를 실현할 도구에도 차이가 나게 되는 것이다. 페이비언들은 이미
확립된 기구인 의회를 들고 나온 반면, 길드 사회주의자들은 새로운

기구인 길드조직을 수립하자는 주장을 하게 된 것이다.

그렇다면 페이비언들의 민주주의와 길드 사회주의자들의 민주주의를 놓고 볼 때 어느 쪽이 더욱 피부에 와 닿는 민주주의를 지향했다고 볼 수 있을까? 이 문제를 두 사상이 각각 어떻게 민주주의를 우리들에게 가깝게 끌고 오려 했는가를 살펴 봄으로써 한번 검토해 보자.

페이비언들은 정치권력에 대하여 국민들이 선거를 통해서 대표를 뽑고 여기서 뽑힌 대표들이 국가권력을 통제한다는 생각을 가지고 있다. 이런 권력은 이론적으로는 지금의 의회민주주의와 별 차이가 없다고 할 수 있다. 이 점에서 페이비언들이 민주주의 개념을 무비판적으로 받아들였다는 주장은 일리가 있다. 그러나 한 가지 중요한 점은 페이비언들이 권력과 일반민중들의 거리를 매우 가깝게 보았다는 것이다. 페이비언들은 정치적 민주주의를 수상이 그의 의지에 따라서가 아니라 국민의 의지에 의해 정책을 실현하는 것으로 정의했다. 이렇게 되려면 정치적 영역에서 국민들과 권력을 위임받은 자들 사이의 거리가 상당히 가까워야 하는 것은 당연하다. 그러기 위해 페이비언들은 권력이 지방을 단위로 하여 형성되어야 한다고 생각했다. 그 지방의 규모는 일반인들이 권력을 자신이 통제할 수 있고, 통제한다고 느낄 수 있을 정도의 규모여야 했다. 결국 페이비언들은 권력을 작은 단위에서 만들어 냄으로써 권력을 주민들이 통제할 수 있는 성격의 것으로 만들려고 하였다. 곧 페이비언들은 정치적 측면에서 볼 때 실질적인 지방자치 민주주의를 실현시키려 했다고 볼 수 있다.[161]

페이비언 사회주의에서는 경제적 측면에서 민주주의가 어떻게 느껴지게 될까? 산업의 통제권은 소비자를 대표하는 선량한 관리들이 맡게 될 것이다. 노동자들은 그들의 지시를 따라 노동하게 될 것이다. 그렇다면 관리들은 누가 통제하는가? 자연 소비자들이 통제해야 할 것이다. 소비자들은 자신의 의사표현을 무엇을 통해 하게 될 것인가.

아마도 그들이 그들의 대표를 뽑는 행위를 통해서 하게 될 수밖에 없을 것이다. 소비자들은 자신들이 과연 산업을 통제한다고 느낄 수 있을까? 여기에는 하나의 전제가 필요하다. 그것은 시민－소비자들이 그들의 대표와 충분히 가까운 거리를 유지해야 한다는 점이다. 이러할 때에만 민주주의는 피부로 느껴지게 될 것이다.

길드 사회주의자들에게 정치권력은 그저 하나의 권력에 불과하다. 그리고 이 권력은 경제적 권력에 종속되어 있다. 따라서 길드 사회주의자들의 민주주의는 경제적 권력의 민주화부터 시작해야 한다.162) 길드 사회주의자들은 이를 실현하기 위해서는, 산업을 통제하는 힘이 산업의 구성원들로 만들어진 길드로부터 나와야 한다고 주장한다. 길드 사회주의자들이 산업의 통제권을 전적으로 노동자들만이 행사해야 한다고 주장하지는 않지만, 노동자들이 자신들의 손으로 십장을 뽑아야 한다는 주장은 작업통제권의 자치를 요구하고 있다. 따라서 노동자들을 통제하는 힘은 노동자 자신들로부터 나오는 것이다. 그리고 그 힘은 하부 작업장의 단위에서부터 아래에서 위로 만들어져 나가는 것이므로 노동자들은 바로 작업장에서 민주적인 질서를 체감할 수 있게 될 것이다. 경제에서 형성된 이러한 민주적 질서는 정치적 영역으로 확장될 것이다. 길드 사회주의자들은 작업장을 민주주의의 실험실로 보고 있다. 여기서의 실험을 통해 민주주의를 배우게 되면 정치기구를 민주적으로 통제하는 법도 역시 쉽게 터득할 것으로 보는 것이다. 사람들은 이런 방식으로 자신이 활동하는 여러 조직들 내에서 모두 민주적인 환경을 조성하게 될 것이라 보는 것이다. 길드 사회주의자들의 민주주의는 매우 직접적인 방식으로 작동하게 될 것이라는 점을 지적할 수 있다. 따라서 길드 사회주의자들의 민주주의는 페이비언들의 민주주의보다 보다 직접적으로 피부에 와 닿게 될 것이며 사람들의 활동영역 곳곳에서 모두 민주적인 원리를 체감할 수 있게 될 것이라 생각된다.

결론적으로 이야기하자면 페이비언들의 민주주의나 길드 사회주의자들의 민주주의나 직접민주주의적인 요소가 가미되어 있다는 점에서, 권력을 위임한 사람들과 권력을 위임받은 사람들의 거리를 가깝게 만들려고 노력하는 점에서－페이비언들은 선거구민들이 대표자를 직접 알 수 있는 사이이기를 바랬고, 길드 사회주의자들은 노동자들이 십장을 자신들의 손으로 뽑을 수 있기를 바랬다－보다 피부에 와 닿는 실질적인 민주주의를 지향했다고 평가할 수 있을 것이다. 페이비언들의 엘리트적 요소가 참여를 퇴색시키는 면이 있으나 페이비언들은 시민사회의 영역에서－즉 시민과 소비자로서－참여를 경시하지 않았다. 양 사상 모두에서 참여는 매우 중요한 가치로 강조된다고 보아야 할 것이다.

우리들은 민주주의사회에 살고 있다고 하지만 실제로는 민주주의를 별로 실감하지 못한다. 예를 들어 보자면 우리는 국가권력을 민주주의적 원칙에 따라 국민들이 만들어 내었다고 하지만 권력을 우리들이 만들어 낸 것으로 실감하게 되는 경우는 드물다. 오히려 권력을 우리들 위에 군림하는 것으로 여기게 되는 경우가 일반적이다. 여러 국가기관들을 대하면서 그것을 우리들이 만들어 낸 권력이고, 실제 우리들이 통제하고 있는 기관들이라는 생각을 별로 하지 않는다. 민주주의와 관련하여 페이비언들과 길드 사회주의자들에게 공통적인 것은 이런 이론적으로만 존재하고 실제로는 우리들과 멀리 떨어진 민주주의를 우리들이 실감할 수 있고 실제로 느낄 수 있는 민주주의로 만들어 내려 했다는 점이다.

그런데 이 중 페이비언들의 민주주의는 소비자나 시민으로서의 영역에서만 민주주의가 피부로 와 닿을 것을 지향한다. 그것은 그들의 생각 곧 인간의 다른 지위는 소비자나 시민으로서의 지위에 종속된다는 생각을 전제로 하여서는 이해할 수 있고 타당할 수도 있다. 하지만 인간의 지위들이 서로 동등하게 중요하다고 생각하는 전제 위에 선다면, 페이비언들의 민주주의는 일정한 한계를 가진다고 할 수 있을 것이다. 그런 점에서 길드 사회주의자들의 민주주의는 보다 더 실질적인 민주주의를 지향한다고 할 수 있겠다. 비록 그들은 자치를 경제의 영역에서 강조하였지만 그들이 민주주의에 부여한 논리를 그대로 확대시키면 사회의 모든 조직들에 자치의 원리가 실현되어야 하는 것이다. 민주주의는 길드 사회주의자들에게 와서 생활의 모든 영역에서 자신이 느끼는 민주주의로 변화될 수 있는 것이다.

5. 자유와 평등, 민주주의의 관계

페이비언들이나 길드 사회주의자들이 민주주의를 추구한 것은 민주주의가 인간의 자유와 평등을 확대시킬 것이라고 생각하였기 때문이다. 하지만 그들이 자유와 평등이 확대되는 관계에 대해 생각한 방식은 다소 상이하다. 그렇기 때문에 그들의 민주주의에 대한 생각 역시 달라지게 된 것이라고 보여진다.

자유와 평등의 관계에 대한 생각을 단순화해서 말해 본다면, 길드 사회주의자들은 자유와 평등의 관계에서 자유를 획득하면 평등이 해결될 것이라고 본 데 반해, 페이비언들은 평등이 이루어지면 자유가 이루어질 것이라고 보고 있다. 즉 길드 사회주의자들은 자유에서 평등으로, 페이비언들은 평등에서 자유로의 형태인 것이다.

페이비언들은 생명권, 자유권, 행복추구권이 모든 개인들에게 부여되어 있다고 지적한 점에서 자유를 강조한 것을 확인할 수 있다.[163] 또 웹은 한 글에서 자유, 평등, 박애는 그 순서대로 중요하다고 지적한 바 있다.[164] 이 논리에 따르면 자유가 없이는 진정한 평등은 성취되지 않는다. 그러나 정작 페이비언들은 자유가 발휘되는 영역이 평등이 이루어지고 난 뒤 더 넓게 펼쳐져 있다고 본 점에서 웹이 제시한 자유-평등의 관계는 실질적으로는 그 관계가 역전되어 있다고 생각되는 것이다. 쇼의 경우 이런 생각은 뚜렷하다. 쇼에게 자유는 우리가 일정한 의무를 다했을 때 우리에게 주어지는 선물과 같은 것이었다. 그는 인간은 태어날 때부터 자유롭다는 루소의 주장을 받아들이지 않으며 오히려 인간은 태어날 때부터 빚을 지고 있다고 본다. 그러면 언제 빚을 갚게 되나. 적당한 세금을 내고 난 후부터라는 것이다. 인간은 의무를 다한 다음 자유의 영역을 갖는다. 그리고 그에게 자유는 곧 여가다. (What is Liberty? Leisure.)[165] 해방된 시간과 에너지는 가족의 생활과 애정을 위하여, 사회적 교제를 위하여, 예술과 과학을 위하여, 개인의 정신적 발전을 위하여 자신의 마음대로 쓸 수 있게 될 것이다. 이렇게 풍부한 자유의 영역이 펼쳐지지만 그에게 주어진 선물은 유감스럽게도 평등을 전제할 때만 의미가 있는 것이다.

페이비언들과 길드 사회주의자들의 자유-평등 관계에서 나타나는 순서의 차이는 자유에 대한 개념 차이에서도 발생한다. 페이비언들은 자유가 모든 사람이 자기자신의 주인이며 그 충동대로 행동하는 것을 의미하지 않는다고 보았다. 이런 것이 자유라면 민주주의와 문명과는 어긋난다는 것이다. 웹 부부는 자유를 "개인적 능력의 완전한 발전",[166] "개개인의 능력이 최고로 발전할 수 있는 존재의 조건",[167] 혹은 "우리의 능력을 발전시키고 욕구를 충족시킬 기회를 갖는 것"이라고 규정했다. 이는 결국 노동에서 벗어난 시간에 사회적 교제, 오락, 예술을 향유하는 일에 돈을 쓸 수 있는 상태를 의미했다. 이런 상태는 재화를 획득하는 능력과 필연적으로 연결된다.[168] 따라서 페이비언들은 경제적 평등이 실현되면 이것이 곧 자유를 실현하고 확대시키게 된다고 보았다. 그러고 보면 페이비언들의 자유는 노동의 자유가 아니라 여가의 자유였고 산업의 자유가 아니라 산업밖에서의 자유였다. 그들이 노동의 자유에 대해 특별히 고려하거나 고민하지 않는 것은 노동시간을 자유를 위해 감내해야 할 일정한 의무로 여기기 때문일 것이다.[169]

하지만 길드 사회주의자들은 산업사회의 조건을 전제하면서도 자유의 의미를 다르게 보았다. 그들은 자유를 인간이 자신의 행위에 대해 통제권을 갖는 것, 곧 인간의 주체적인 삶의 조건을 확보하는 능력으로 보았다. 그러한 자유는 인간이 규제와 통제를 받지 않고서 자신의 의사대로 행동할 수 있는 상태에서 확보되는 것이다. 길드 사회주의자들은 산업사회를 전제로 하였으므로 그 자유는 조직된 곳, 노동하는 곳, 산업에서의 자유를 의미했다.[170] 그러므로 작업장과 산업에서 자유를 실현시키기 위해서는 노동자들이 작업통제과정과 산업통제과정에 참여해야 하는 것이다. 이렇게 경제적 공간에서 자유가 확보되면 경제적 평등은 자연스럽게 확대되어 임금제의 폐지로까지 연결될 것이다.

따라서 노예상태에 대한 입장도 상이하다. 페이비언들은 진정한 노예상태는 생산을 하지 않을 때에 발생한다고 주장한다. 웹 부부의 글을 인용하면 "육체노동자들의 고통은 노동하는 시간에 있다기보다 가난해서 여가시간을 잘 보내지 못하는 것에 있는 것"이다.[171] 노동자들의 해방된 상태는 여가시간에 확보됨으로 작업장에서의 복종은 인내할 수 있는 것이 된다. 반면 길드 사회주의자들에게 노동자들의 해방은 작업장 그 자체에서 확보되는 것이다. 작업장에서 자치가 결여되면 이는 곧 노동자들의 노예화를 초래하게 된다. 페이비언들은 여가에 대해 상당한 중요성을 부여하고 있으나 길드 사회주의자들은 여가에 대해 특별한 분석을 하지 않는다.

이처럼 이 두 사상은 자유에 대한 개념을 매개로 하여 자유와 평등의 무게중심이 서로 다른 곳에 두어져 있음을 알 수 있다. 그것은 그들이 서로 다른 노동자상을 가지고 있기 때문인지도 모른다. 길드 사회주의자들은 지시받기보다 스스로 책임지며 노동하는 인간을 그렸지만 페이비언들은 지시받으면서 아무런 책임을 지지 않는 노동자상을 그리고 있다. 길드 사회주의자들은 회사 내에서 민주적 의사수렴을 통해 자율적인 통제로 나아가기를 원하는 노동자를 가정하는 반면, 페이비언들은 엘리트적인 관리자들의 기획과 관리에 의해 질서정연하게 움직이는 노동자를 가정하고 있다. 지시받기를 거부하는 노동자들과, 안락한 생활과 여가를 반대 급부로 하여 지시받으며 노동하기를 즐기는 노동자들의 모습 어느 것이 진정한 현실을 반영하는 것일까? 자유를 느끼는 것도 길드 사회주의자들의 노동자들은 노동과정에서 자유를 느끼는 것으로 보이지만, 페이비언들의 노동자들은 설혹 노동과정이 고역이라 해도 여가시간에 자유를 만끽하는 것으로 나타난다. 페이비언들의 노동자는 렌트의 재분배를 통한 경제적 이득의 확보를, 길드 사회주의자들의 노동자는 회사내의 의사결정권의 확보를 중요하게 생각하는 것이다.

페이비언들은 민주적 원리를 평등을 실현하기 위하여 관철시키려 했던 반면, 길드 사회주의자들은 자유를 실현하기 위하여 관철시키려 했다. 페이비언들의 민주주의와 길드 사회주의자들의 민주주의는 현대 산업사회의 문제를 해결하기 위해서 '자유의 확대가 우선적으로 중요한가' 아니면 '평등이 우선적으로 중요한가'하는 어려운 문제에 대해 각자가 가지고 있는 서로 다른 입장에 따라서 상이하게 평가될 수 있을 것이다. 하지만 중요한 것은 이들이 각기 길은 서로 다르지만 인간의 자유와 평등을 동일하게 추구한다는 점에서 궁극적으로는 서로의 입장이 수렴될 수 있다는 점이다. 또한 이 두 사상에서 자유와 평등을 추구하는 순서는 다를지 모르나, 이 두 사상은 모두 본질적으로 개인의 자유를 추구했다는 점도 지적되어야 한다. 그것은 페이비언들의 평등추구도 결국은 개인의 자유를 위해서라고 볼 수 있기 때문이다. 페이비언들은 민주주의를 주장하는 것은 궁극적으로는 개인의 자유를-각자의 양심, 재능, 소망에 따라 자신의 삶을 살 수 있게 하는-최고로 확대시키기 위해서라고 주장한다.[172] 길드 사회주의에서 자유는 그것이 평등을 추구하는 지름길이 될 뿐만 아니라 그것 자체를 위해 추구되는 본질적 가치라는 점을 놓쳐서는 안 된다. 스토링튼 문서의 첫머리에서 길드 사회주의자들이 자신들을 민주주의자라고 규정했을 때, 그들은 인간이 종속된 상태에서 벗어나야 한다는 점을 강조했다. 그들은 여기서 산업의 자유, 정치적 자유를 언급했던 것이다.[173]

길드 사회주의자들에게는 작업장에서의 민주주의의 결여가 자유를 구속하나 페이비언들에게는 빈곤이 자유를 구속한다. 여기서 빈곤은 정치적 민주주의를 통해 제거될 수 있다고 보았으므로 페이비언들에게 민주주의는 빈곤의 제거를 거쳐 자유의 확대로 연결되는 것이다. 그러므로 민주주의와 자유의 관계를 놓고 보면 **길드 사회주의자들의 민주주의는 직접 자유를 추구한 반면, 페이비언들의 민주주의는 평등을 거쳐 자유를 추구했다.**[174] 이 두 사회주의는 추구되는 자유의 영역에서 차이가 있기는 할지언정 결국 개인들이 자유로운 상태가 되기를 바라는 대안을 제시한다. 그러한 측면에서 이 두 사회주의는 하나의 개념으로 묶일 수 있다. 그것은 자유 사회주의라는 개념이다.

자유주의가 주창된 이후 전제권력과 자의적 통치에서 벗어나기 위해 많은 투쟁과 노력이 나타났다. 영국의 명예혁명, 미국 독립혁명, 프랑스 혁명 등을 통해 자유주의가 추구한 목표는 전제권력에 대한 저항과, 중세적 질서와 특권의 파괴였다.[175] 여기서 두 번째 목표는 자본주의사회에서 그 적합성을 상실했다. 여전히 의미있는 가치로 남는 것은 보편성을 지닌 첫 번째 목표이다. 이것은 자의적 권력과 권력독

점을 깨뜨려야 한다는 의미를 지닌다. 이러한 목표와 연관하여 자유주의는 정치적 민주주의와 연결될 수 있었다. 물론 그것이 곧 바로 정치적 민주주의를 의미했던 것은 아니다. 하지만 결국 자유주의와 민주주의는 결합했고, 정치적 민주주의는 자유주의의 논리적 연장으로서 모든 성인남녀의 보통선거권을 실현시키는 등, 인민들이 정치권력을 스스로 통제할 수 있는 정도로까지 실현되어 나온 것이다.

자유주의에서 추구한 자유의 논리적 결론이 역사과정에서 정치적 민주주의로 귀결되었다면, 그것은 자의적 권력이 정치적 영역에서만 강조된 근대 초기의 상황에 기초하는 것이다. 하지만 자의적 권력의 문제는 애초부터 정치적 영역에만 존재했던 것은 아니었다. 이러한 사정은 시간이 지나면서 차츰 드러나기 시작했는데 특히 경제적 영역에서 두드러지게 인식되기 시작했다. 페이비언들이 자본가들의 독재라는 표현을 쓴 것이나 길드 사회주의자들이 산업의 독재라는 표현을 쓴 것은[176] 이런 인식을 보여주는 한 보기라고 할 수 있을 것이다. '자의적인 권력'이 **'자의적인 권력들'**로 인식되는 단계에서 자유주의의 원리가 추구되고 적용될 때 그것은 정치영역의 민주주의를 넘어 다른 영역의 민주주의로 확대될 수밖에 없었다.

페이비언들이나 길드 사회주의자들이 추구하는 사회주의는 초기에 자유주의가 문제삼지 않았던 또 다른 자의적인 권력에 대하여 자유주의적 이의를 제기하는 것에 불과하다. 그러고 보면 이들 사회주의는 단지 자유의 영역을 보다 넓은 영역으로까지 계속 확대시켜 나가는 노력을 하고 있는 것이다.[177]

결국 두 사회주의는 자유가 경제적 영역에서 추구되면서, 여기에 민주주의가 결합된 방식으로 나타난 형태라고 할 수 있다. 이들은 비독점적 산업구조를 조직함으로써 보다 자유로운 삶을 영위할 것을 추구하거나, 독점적 의사결정에서 벗어난 보다 자율적인 노동과정을 확

보함으로써 노동의 영역에서 자유가 실현되도록 하려는 노력을 할 뿐
이다. 따라서 이 이념들은 초기 자본주의에서 변형되어 나간, 독점 현
상이 두드러진 자본주의에 대해 이의를 제기할지언정 자유주의의 기
본적 가치들과는 아무런 마찰을 빚지 않는다. 혼란이 야기되는 것은
자본주의와 자유주의가 비슷한 시기에 출현해 평행하게 발전해 나간
근대 초의 역사가 이 둘의 결합관계를 영구적인 것인 양 인식케 했기
때문이다. 자본주의가 독점으로 치달았음에도 불구하고 이런 결합관
계는 깨어지지 않았다. 또 달리 말해 본다면 자유주의를 이 두 사회주
의 사상과는 분리된 것인 양 보이게 하는 요인은 자유주의와 자유방
임주의가 동일시된 경향 외에 다름아니라는 것이다. 그러나 이러한 결
합은 자유방임의 주체가 비슷한 능력을 가진 자유로운 개인들이라는
것을 전제로 할 때만 가능한 것이다. 하지만 개인이 대자본가 트러스
트나 언론 신디케이트를 의미하는 상황에서[178] 이러한 결합은 유지될
수가 없다. 그러므로 경제적 측면에서 자유주의는 자유방임주의를 평
생의 배필로 맞이한 것이 아니다. 래스키는 J. S. 밀마저도 자유방임주
의로부터 이탈해 나왔음을 지적했다.[179] 그뿐만 아니라 이미 서구의
역사에서 자유주의는 역사적 조건에 맞추어 자유방임주의에서부터 다
양한 형태의 국가간섭주의를 허용해 온 것을 볼 수 있다. 이런 점에서
이들의 동일시 경향이 깨어진다면 비록 자유주의를 선점한 독점적 자
본가들이 이 용어를 여전히 독점하고 있는 상황이긴 하지만 자유주의
의 본래 이념을 추구하는 점에서 이 사회주의들은 자유주의와 동일선
상에 서 있다., 그렇다면 이 두 사회주의는 모두 자유주의의 바탕 위
에 서서, 기존의 자유주의에 새로운 차원을 부과하고 있는 자유 사회
주의라고 할 수 있을 것이다.[180] 즉 이미 몇몇 당대의 지식인들이 간
파하고 있었던 대로 자유주의가 내세우는 자유의 원칙을 실질적인 용
어로 당시의 산업 생활에 적용하려 할 때 다다르게 되는 귀결점이었

던 것이다.

6. 맺음말

두 사회주의에서 경제적 민주주의는 정치적 민주주의와 동전의 양면을 이루고 있다. 단지 경제적 민주주의를 페이비언들은 국가주권을 전제로 하여, 즉 확립된 제도로서의 정치적 민주주의를 통하여 확대시키려 한 반면,[181] 길드 사회주의자들은 다원주의를 전제로 하여 즉 정치적 민주주의의 원리를 경제영역에 적용시킴으로써 확대시키려 하는 것이다. 이런 주장을 페이비언들은 사회에 대한 관찰과 과학적인 사회조사의 결과로서[182] 제시하는 반면, 길드 사회주의자들은 작업장에서의 노동자의 삶에 무게중심을 두고서 제시한다. 그런 점에서 보자면 전자에서는 냉정함이, 후자에서는 열정이 느껴지는 것이다. 달리 표현해 보자면 페이비언들은 머리의 사회주의를 제시한 반면, 길드 사회주의자들은 가슴의 사회주의를 제시하는 것이다.[183] 이 두 사회주의는 물론 여러 면에서 차이가 난다.

페이비언들이 시민운동 혹은 소비자운동에서 사회주의로 나아갔다면, 길드 사회주의자들은 노동운동에서 사회주의로 나아갔다. 페이비언들이 산업에 대한 소비자─시민의 통제를 수립하려 했다면, 길드 사회주의자들은 생산자에 무게를 두며 생산자와 소비자의 공동통제를 모색하였다고 할 수 있다. 페이비언들이 선거라는 정치적 통로를 경유한 참여를 지향했다면 길드 사회주의자들은 작업장이라는 경제적 영역에서의 참여를 지향했다. 페이비언들에게 관료를 매개한 산업에 대한 간접 통제라는 요소가 짙다면, 길드 사회주의자들에게는 산업구성원들에 의한 산업의 직접 통제라는 요소가 강하다고 할 수 있을 것이다. 페이비언들이 국가나 자치시에 보다 많은 권력을 부여해 사회내에서 권력관계를 변화시키려 했다면, 길드 사회주의자들은 산업이나 기업 내부의 권력관계를 변화시키려 했다. 페이비언들이 노동조합을 전문가조직과 같은 방식으로 변화시키려 했다면, 길드 사회주의자들은 노동조합을 길드라는 산업의 근간조직으로 발전시켜 나가려 했다. 페이비언들이 생산자조직을 자기표현의 조직으로 보았다면[184] 길드 사회주의자들은 생산자조직을 권력의 조직으로 보았다. 또 전자가 조직 바깥에서 자기표현을 통한 자유를 추구한다면, 후자는 조직 안에서 주체적 참여를 통한 자유를 추구하는 것이다. 페이비언들이 인간들의 주체적인 삶의 영역을 여가에 더 할애하였다면, 길드 사회주의자들은 단연코 노동에 그것의 무게중심을 두고 있다.

그러나 이들은 또한 공통적인 특징을 가지고 있다. 페이비언들과 길드 사회주의자들은 그들의 역사관으로 볼 때, 보수적 측면을 지닌 신중한 변화를 모색하였고, 자유와 평등을 대립적 가치가 아니라 상호보완적인 가치로 간주했으며, 노동계급과 중간계급을 융합시키려 했으며―페이비언들은 '고용된 사람들'(hired men)로, 길드 사회주의자들은 '육체 및 정신노동자들'(workers by hand and brain)로,― 개인의 자유와 정신적 가치를 증진시키려 했다. 그리고 무엇보다도 경제적 영역에서 주장될 수 있는 자유와 민주의 의미를 제시함으로써 자유주의와 민주주의의 전선을 넓혔다.[185]

또 두 사상은 모두 경제적 민주주의를 주장하면서 효율성에 관심을 보이고 있다. 여기서 효율성을 담보하는 관건은 양 사상 모두 참여였다. 페이비언들은 비민주적인 경제체제가 당시의 사회를 이끌고 가기에는 비효율적이라는 점을 강조했다. 하지만 시민―소비자들의 참여에 의한 합의가 효율을 담보할 것이다.[186] 길드 사회주의자들 역시 효율성에 관심을 가진다. 그들은 자신들이 가진 효율성을 강조하며, 그 근거를 참여에 두었다. 길드 사회주의자들은 생산자들의 참여를 통하여 노동의 효율성을 촉진시킬 수 있을 것으로 보았다. 로드니 바커는 공공기금을 산업에 투자하는 결정을 내렸을 때 투자와 노동자통제를 결합할 훌륭한 이유가 있다고 지적한다.[187]

사실 이 두 사상은 서로를 비판했다. 페이비언들의 길드 사회주의자들에 대한 비판의 핵심은 길드 사회주의자들의 대안은 생산자들의 능력부족(경영능력의 부족, 작업규율의 실패, 시장조사능력의 결여 등)과 집단이기주의로 실패할 것이라는 점이다. 여기 비해 길드 사회주의자들은 페이비언들을 향해 산업에 또 다른 방식의 지배를 부과하려 한다고 주장한다. 그리고 페이비언들의 방법은 현실의 벽을 깨뜨리기에는 너무 나약하다고 지적한다. 아무리 그래 봤자 그런 방식으로는 현실은 쉽게 변화되지 않을 것이라는 주장인 것이다. 그러나 이런 비판은 오히려 서로를 보강하는 작용을 한 측면이 있다. 페이비언들은 노동조합의 역할을 더욱 중시하는 자세를 갖게 되었으며, 길드 사회주의자들은 산업에서 소비자의 통제라는 측면을 인식하게 된 것이다. 그러나 무엇보다도 이들의 서로 다른 이념이 길항적이기보다는 보완적으로 작용할 수 있는 것은 이들이 모두 민주주의를 추구한다는 점에서 함께 만나기 때문일 것이다.

사회주의는 자유주의에 남아있는 보편적 요소들과 협력하고, 여기에 의존해야 한다는 입장에 선다면,[188] 두 사회주의는 모두 여기에 잘 맞아 떨어지는 사상들이다. 이 두 사회주의는 모두 개인의 자유를 추구한다는 점에서, 그리고 자유주의 논리의 연장선상에 있다는 점에서 공통적이기 때문이다. 쇼는 『지적 여성을 위한 사회주의 안내』에서 "그의 행위가 아무리 이상하더라도 타인에게 해로운 것이 아니면 그는 그가 좋을 대로 할 신성한 권리가 있다"[189]는 지적을 한다. 그런데 이것은 바로 자유주의의 핵심적 논리이다. 그리고 페이비언들은 자유주의의 중요한 도구로서 나타난 의회, 법치주의 등을 모두 받아들이며, 정치적 민주주의를 추구한다는 점에서 자유주의의 방법론과 토대를 같이 한다. 그렇다면 비록 개인의 자유를 추구한다고는 하나, 자유주의가 만들어 낸 도구인 의회를 절대적으로 중시하지 않는다는 점에서 길드 사회주의자들은 자유주의와는 거리가 먼 사상인가? 그렇지는 않다고 생각된다. 자유주의 초기에는 경제적 자유가 개별 경제주체들의 경제활동의 자유를 보장하는 것으로 실현될 수 있었다. 당시에 경제적 측면의 자유주의는 누구라도 시장에 참여할 수 있도록 규제의 빗장을 푸는 작업을 의미했다. 경제적 영역에서 권력개념은 나타나지 않았던 것이다. 그러니 경제적 영역에서 권력을 통제하자는 생각 역시 나오지 않았다.

그러나 산업화로 말미암아 경제활동의 양상과 경제조직의 모습이 달라지면서 경제적 측면에서 자유의 확대라는 의미는 경제주체들의 시장참여만으로 해명될 수 없는 요소를 안게 되었다. 경제적 권력이 하나의 실체라는 점이 확인되고 인정된다면, 이 경제적 권력을 민주적으로 통제할 필요가 있다는 주장은 자유주의의 원리로부터 논리적으로 도출될 수 있는 것이다. 19세기와 20세기에 경제적 자유의 의미가 서로 다르다면―즉 19세기의 경제적 자유가 경제외부로부터의 억압에서 벗어나는 것이라면, 20세기의 경제적 자유는 경제내에서 생긴 권력으로부터의 억압에서 벗어나는 것이라는―길드 사회주의는 20세기라는 조건에서 추구되는 자유주의의 한 형태라고도 볼 수 있을 것이다. 그리고 19세기에는 자유주의가 그 이념의 실현기구로 의회를 찾아냈다면, 길드 사회주의자들은 20세기에 자유주의의 실현기구로 길드를 새로이 찾아냈다고도 볼 수 있을 것이다.

따지고 보면 이 두 사상의 자유추구는 결국 삶의 두 영역에서 추구되는 것이다. 즉 인간들의 삶의 두 영역이 일터와, 일터를 벗어난 공간으로서의 가정이라면, 길드 사회주의자들은 일터에서의 자유를 추구했으며 페이비언들은 가정에서의 자유를 추구했다고 볼 수 있다. 즉 길드 사회주의자들은 일터에서 주인되는 삶을, 페이비언들은 가정에서 주인되는 삶을 추구했던 것이다. 그리고 인간들의 삶의 두 영역이 상호갈등의 영역이 아니라면, 길드 사회주의자들과 페이비언들은 결국 인간들의 자유로운 삶을 위해 함께 노력한 사람들이라고 볼 수 있을 것이다.

에드워드기의 보수당과 보수주의
- 보수당의 분열과 우파의 급진화

1. 머리말

영국의 에드워드 시기에 보수당에서 나타난 일단의 우파그룹을 썰 (G. R. Searle)과 사이크스(A. Sykes)는 급진우파(Radical Right)라고 지칭했 다.[1] 이 용어가 의미하는 세력은 필립스가 분석한 다이하드(Diehard)라 는 그룹과 정확하게 일치했던 것은 아니지만 대체로 중복되는 집단을 가리켰다. 다이하드는 1911년의 의회법에 반대투표한 114명의 상원의 원을 지칭했다. 다이하드 중에는 사회적 제국주의자와 자유무역보수 주의자들이 섞여 있기는 했지만 대부분은 윌러비 드 브로크를 중심으 로 하는 토리즘의 맥을 잇고 있는 이들이었다.[2]

토리는 보수당의 전신이었으며 따라서 보수주의가 회자되기 시작 했을 때 토리즘과 보수주의는 용어상으로는 구분되었을지 모르지만 이념적으로나 제도적으로 크게 구분되지 않았다고 보아야 할 것이다. 그러나 19세기 후반 보수당이 재산가 당으로 변모하기 시작하면서 이 런 중첩 현상에 커다란 변화가 일어나기 시작했다. 보수당 내에는 산 업세력이 들어왔고 점차 자유방임과 자유무역의 원리를 신봉하는 세 력이 한 부류로 자리잡게 되었다. 이런 과정은 보수당의 원리와 보수

84

주의 그 자체에 대해 새롭게 정의를 내리도록 만들었다. 보수주의는 보다 복잡해졌고 '보수주의들'이 되어가고 있었다.

문제는 보수당 내에서 소위 원조 보수라고 할 수 있었던 토리즘이 보수당 지도부에 대한 반발세력으로 등장했을 뿐 아니라, 의회와 같은 기구에 대해 불신을 표명하고 대중과 직접 접촉하려는 시도를 함으로써 반의회 세력으로 등장했다는 점이다. 이런 현상은 일단의 우파세력을 전통적 우파에서 분리시켰으며, 이런 분리 현상은 1909년의 인민예산과 1911년의 의회법, 1912년의 3차 홈룰문제, 이 과정에서 함께 제기된 관세개혁운동과 맞물리면서 증폭되어 나갔다. 1910~14년간의 노동불안기에 의회제에 대해 정면도전한 신디칼리즘을 급진우파가 즐겁게 지켜본 태도는 이들의 관심이 혹시 좌파와 연계되었던 것은 아닌가 하는 의구심까지 야기한다.

급진우파에 따라다니는 다양한 용어들은 더욱 이들의 정체성에 혼란을 가중시켰다. 급진적 토리주의(radical toryism), 극단적 보수주의(extreme conservatism), 급진 통합당(radical Unionist),[3] 급진적 보수주의(radical conservatism)[4] 등은 뉘앙스를 달리 하면서 급진우파의 성격에 대해 의구심을 더하게 만든다.

에드워드기 급진우파의 주장들은 더욱 우리를 헛갈리게 만든다. 급진우파는 자유당의 보험법을 비판하며 자유당이 강제의 제도를 시행하고 있다면서 사람들은 강제제도를 싫어한다고 주장했다. 여기서 급진우파는 자유의 이름으로 자유당을 비판하고 있다. 그리고 비적자(unfit)를 위해 적자(fit)에게 과세하는 자유당의 과세정책을 비판했다.[5] 여기서 급진우파는 사회적 다윈주의를 끌어들여 적자생존과 자조를 외치는 전형적인 자유방임주의자인 것처럼 보인다. 마치 변질되어 가는 자유당의 이념을 빼앗아 와 자유주의 세력을 새롭게 세우고 있는 것만 같다. 그렇지만 급진우파는 관세개혁을 통한 보호무역을 주장했고 병역의 일반복무제를 주장했다. 이런 주장은 그들이 자유방임과 자유무역을 지지하지 않는다는 점을 드러내며, 특정한 부문에서 국가간섭을 요구하고 있음을 보여준다. 그들은 편리하게 자유와 간섭을 넘나들고 있다.

이들은 자유주의자들 같지만 그렇게 볼 수 없는 구석이 있고, 집단주의자들인 것도 같지만 사회주의를 배격하고 있다. 급진적이란 용어는 이들이 좌파란 생각이 들게 하지만 이들을 좌파로 간주하기도 곤란하다. 이들 대부분은 흥미롭게도 귀족 출신들이다. 그렇다면 보수의 논리를 펴야 할 것 같은데 이들은 기묘하게도 변혁을 추구한다. 어떻게 보면 급진우파의 주장들은 필요할 때마다 보수와 진보와 개혁을 자기 편리한 대로 가져다 붙이는 것처럼 보이기도 한다. 이들의 주장에서 종종 발견하게 되는 이런 이중성이 이들에 대한 이해를 혼란스럽게 만들고 있는 것으로 보인다. 하지만 이들이 출현한 것은 에드워드기이고 더욱이 특별한 사건들과 연관된다는 점을 주목한다면 이들이 정체성이 없는 집단이었다고 속단하기는 어렵다. 아울러 에드워드기의 특별한 사안들에 대한 대응방식 속에서 이들이 자신의 입장을 정리해 나가고 있는 것을 볼 수 있다. 따라서 급진우파의 정체성에 대한 해명은 에드워드기의 특별한 국면에 대한 이해에서부터 시작해야 할 것 같다. 나아가 보수당이 그 구성과 이념에서 지니게 된 다중적 성격을 검토하고, 그 가운데서 급진우파가 다른 정파와 어떤 차이를 보이는지를 검토해 보도록 하겠다.

2. 보수당의 위기

보수당은 벤자민 디즈레일리의 죽음에서 마가렛 쌔처의 사임에 이르는 약 110년 정도의 기간 동안 거의 2/3를 집권했다. 그러나 이 기간 중 보수당이 잊고 싶어 하는 시기가 있다. 1906년부터 1차대전에 이르는 기간으로, 1906년 1월 선거에서 보수당은 겨우 157석을 얻는데 그쳤으며 1910년 두 번의 총선에서 다소 기반을 회복했다고 하지만 그들은 전례없는 반 보수당 연합의 도전을 받는 상태가 되고 말았다.[6]

1906년 자유당의 압승과는 대조적으로 6년 전인 1900년 보수당은 자유당에 대해 대승을 거두었다. 보수당은 자유통합당과 함께 402명의 의석을 확보했는데 여기에 비해 자유당은 184석을 확보했을 따름이었다. 유권자의 수는 19세기 후반의 선거법 개혁을 통해 계속 늘어났다고는 하나 복잡한 선거법 규정으로 인해 선거는 여전히 보수당에 유리했다. 한 좌절한 자유당의원의 말처럼 "우리의 유권자에 관한 법이 지닌 복잡성은 문명세계의 역사에서 유래를 찾을 수 없는 것"이었다.[7] 유리한 고지를 확보하고 있었던 보수당이 1906년 크게 패배한 것에는 이유가 있었다. 그 이유는 자유당의 적극적 공세에서보다는 보수당의 실책에서 찾아야 한다.

이런 것들로 우선 들 수 있는 것이 보어전쟁이다. 보어전쟁은 광산소유주집단의 이익을 위해 영국이 군사예산을 세 배로 늘리고 국내개혁을 희생한 것으로 종종 묘사되었다. 게다가 아시아의 계약노동자들을 남아프리카 광산에 보내려는 계획에 대해 자유당 진영은 '중국인 노예제'라고 비판했다.

밸퍼(Balfour)의 1902년 교육법은 중등교육의 공립제도를 추진했는데 이것은 비(非)국교도들의 반발을 샀다. 새로운 교육법은 지방납세자들이 특정한 국교회 학교를 지원하도록 강제했고, 어떤 지역에서는 비국교도의 자녀들이 특정 학교를 다닐 수밖에 없도록 만들었다.

1904년의 주류허가법(Licensing Act)은 펍(public house)의 수를 줄이는 것이었지만 펍소유주들은 주류거래에 대한 과세로 조성될 기금에서

보상을 받게 될 것이었다. 결과적으로 이 법은 펍소유자들에게 이득이 되는 법이라고 비판받게 되었다.[8]

게다가 보수당은 당내의 분열로 어수선했다. 자유당을 분열시켰던 체임벌린이 1903년 보호주의로 돌아가자는 제안을 내놓으며 이번에는 보수당을 분열시켰다. 밸퍼는 관세개혁파, 자유무역파 그리고 자신이 이끄는 중도적 그룹이라는 세 개의 분파를 보수당이라는 외양 속에서 함께 끌고 나가야 했다.[9]

여기에 비해 자유당은 선거에서 여러 이점들을 잘 활용했다. 국민자유교회협의회(National Free Church Council)는 공공연히 자유당 편을 들었고 금주회, 자유무역협회 그리고 십만의 여성을 가진 여성자유동맹(Women's Liberal Federation)은 유세 과정에서 자유당에 크게 기여했다. 자유당은 비록 그들의 편에 언론을 가지고 있지 않았지만 커다란 빵 덩어리 대 작은 빵 덩어리, 소시지, 눈을 흘기는 중국인과 같은 강력한 상징들을 가지고 있었으며 애스퀴쓰, 그레이, 홀데인, 로이드 조지 같은 훌륭한 연설가들도 가지고 있었다.[10]

비록 윌러비 드 브로크는 자유당 내각을 '파괴자들의 연립내각'(Coalition of Wreckers)이라고 불렀지만,[11] 1906년 이후의 자유당 내각은 자신들의 승리를 사회개혁을 향한 승리로 해석했다. 여기에는 노동자들의 생활수준 향상에 대한 요구, 보다 커다란 평등을 향한 요구, 경제적 특권을 제한할 것에 대한 요구, 병자, 실업자, 노령자의 안전에 대한 요구 같은 사회민주주의적 요소들이 포함되어 있었다. 지난 30년 동안 자유당 이론가들은 정치적 자유주의를 경제적, 정치적, 종교적 특권의 폐지라는 소극적 교리에서, 빈곤한 사람들에 대한 정부의 보호, 부의 재분배를 위한 과세의 이용 등 적극적이고 '건설적인' 교리로 변화시키려 했는데,[12] 사실 이런 요구는 우파에게는 '실질적 사회주의'(practical socialism)를 의미했다.[13]

그러나 선거에 승리한 후 교육법, 음주허가, 복수투표제의 종식과 같은 문제에 이르게 되자 자유당은 바위와 같은 상원이 개혁을 하나하나 막고 있는 것을 발견하게 되었다. 캠벌 배너만의 요구로 하원은 1907년 '하원이 통과시킨 법안을 변경하거나 거부할 상원의 권력을 하원이 최종적으로 결정을 내리는 법으로 제한시킬 필요가 있다'는 것을 결의했다. 하지만 1908년 1월과 1909년 3월 사이 치러진 8번의 중간선거에서 자유당은 결과가 좋지 않았으며, 체임벌린의 관세개혁 주장은 1907~1908년 경기침체가 발생하면서부터 유권자들에게 먹혀 들어가기 시작했다. 당시의 문제는 군함과 연금을 위해 돈을 어떻게 마련하느냐 하는 것이었고 여기에 대해 관세개혁은 가장 고통이 덜한 답변을 제시하는 것으로 보였기 때문이다. 애스퀴쓰가 "나는 사회개혁이 자유무역노선에 따라 재원조달이 될 수 있다는 점을 증명하지 못한다면 보호주의로 돌아가는 것은 도덕적으로 확실하다는 점을 처음부터 알고 있었다"고 사적으로 인정했을 정도였다.[14] 그는 자유무역을 유지하면서 사회입법과 해군을 위한 비용을 만들어 낼 수 있는 방법을 찾아내야만 했다.

자유당이 1909년 인민예산을 제안한 것은 각종 과세를 통해 자유무역을 포기하지 않으면서 이 문제를 해결하려는 시도였다.[15] 알콜에 대한 과세, 토지세, 수퍼택스(누진부가세), 상속세 등이 제안되었는데 주로 간접세가 아닌 직접세로 세원을 조달하려는 의도가 나타났다. 특히 토지가치의 증액부분(increment)에 대해 과세하려는 시도는 헨리 조지의 생각을 본뜬 것으로 여겨졌고 몰수, 약탈을 의미하는 사회주의로 간주되었다.[16] 토지세력, 양조업자, 은행가 등 보수당 지지자들은 매우 분노했고 밸퍼는 총선으로 대응했다.[17]

상원은 예산을 1909년 11월 30일 거부했다. 그리고 의회는 3일 후에 정회되었다. 로이드 조지와 윈스턴 처칠은 글래드스톤의 미들로씨언

유세를 연상시킬 만큼 전국을 누비며 유세를 했다. 유세의 이슈도 자유당에 유리했다. 글래드스톤은 1909년 12월 29일 그의 탄생 백주년에 맞춰 완고한 귀족들과 싸우기 위해 무덤에서 소환되었다. 그는 상원에 대한 비평가로, 자유무역의 지지자로, 새로운 예산의 입안자로, 특권의 적대자로 그리고 아일랜드 홈룰의 옹호자로 소환되었다.[18] 자유당은 귀족들이 예산을 비토하도록 허용해서는 안 되며, 선거로 선출된 정부가 붕괴되어서는 안 된다고 주장했다. 수천 장의 자유당 포스터들이 불로소득을 얻는 타락한 귀족들을 그리고 있었다. 그러나 불리한 점도 있었다. 자유당은 1월에 공식화된 선거인 명부를 이용하고자 했으므로 선거는 1월 15일까지 시작되지 않았다. 그 결과 공식적 선거유세는 매우 길어졌다. 이 기간은 자유당이 분노감의 분위기를 유지하기에는 너무 긴 시간이었다.

보수당은 인민예산을, 사회주의를 국가에 강제하려는 당돌한 시도로 간주했다. 이런 상황에서 이제 관세개혁은 보수당을 분열시키는 힘이 아니라 단결시키는 힘으로 작용하기 시작했다. 1909년이 되면서 영국은 비록 이전 두 해 동안의 경기침체에서 벗어나기는 했지만 관세개혁은 인민예산에 대한 대안으로 선거의 주요 쟁점이 될 수 있었다.[19] 그리고 선거 막바지에 보수당은 독일이 제기한 해군의 위협을 이용했다. 『데일리 메일』의 선정적 기사에서 로버트 블래치포드는 독일이 영제국을 고의적으로 파괴하려 한다고 비난했다.[20]

1910년 1월의 선거는 자유당 275석, 보수당 273석이라는, 이전보다는 보수당에 나은 결과를 보여주었다. 하지만 여전히 노동당과 아일랜드국민당이 120석이 넘는 의석을 가지고 자유당의 편에 서 있었다.

비록 자유당이 재집권했다 하나 자유당은 보수당과 일종의 타협을 원했다. 노동당과 아일랜드 국민당의 반대에도 불구하고 자유당과 보수당 양당 지도자들은 6월과 11월 사이 15번 이상 만나 상원문제, 관세개혁의 문제, 국방문제 등에 대해 의견의 차이를 좁히려 했다. 그러나 아일랜드 홈룰의 문제에 대해 밸퍼가 더 이상 양보를 하지 않음에 따라 회의는 결렬되어 버렸다. 이것은 1910년 12월의 두 번째 총선으로 이어졌다.[21]

1910년 12월의 선거는 의석수로 볼 때 자유당은 3석에 불과하기는 하지만 오히려 의석을 상실했다. 선거는 계급에 따른 양극화현상을 보여주었다. 험버강과 디강을 잇는 선이 경계를 이루었는데 보수당 의원의 80% 정도가 이 경계선 남쪽에서 선출되었다. 당선자의 이런 지리적 분포는 자유당이 국교회를 폐지하려는 웨일즈인들, 토지법의 개혁을 추구하는 스코틀랜드인들, 비국교도들 그리고 미들랜즈 산업지역의 노동자들의 정당이란 것을 확인시켜 주었다.[22]

그러나 1910년 12월 선거는 자유당에게 커다란 이익을 안겨 주었다. 토리가 승리하지 못했다는 사실 그 자체가 이익이었던 것이다. 선거는 자유당정부의 권위를 회복시켜 주었다. 애스퀴쓰는 선거 결과가 자유당의 길을 깨끗하게 닦아 주었다고 자신감을 피력했다. 인민예산을 둘러싸고 나타난 이견에 대해 자유당은 이제 그들의 의지대로 밀고나갈 자신감을 얻은 것이다. 이제 상원을 무력화시키고 예산을 통과시키는 절차만 남아 있었다. 에드워드 7세는 1910년 5월 사망했지만 그의 뒤를 이은 조지 5세 역시 새로운 귀족을 만들어 내겠다는 약속을 확인함으로써 자유당은 상원에 의해 비토당한 의회법을 다시 통과시키려는 시도를 시작했다.

반면 보수당 내에서는 보수당 지도부에 대한 의구심이 야기되었다. 1910년 늦여름과 초가을 동안 『내셔널 리뷰』(*National Review*)의 막스(Maxse)의 글들에서 불만이 표출되기 시작했다. 관세문제 등에서 지도부에 좌절당한 바 있는 이들은 밸퍼와 랜즈다운이 1910년의 상원의 위기에서 자유당과 타협을 할지 모른다고 생각했다. 윌러비 드 브로크는 안과 밖의 적들과 싸워야 한다고 막스에게 경고했다. 이러한 불만은 1910년 10월 레블리(Reveille)그룹을 조직하는 것으로 공식화되었다. 이 조직에는 윌러비 드 브로크와 헨리 페이지 크로프트, 레오 막스 등 급진 토리의 트로이카와 관세개혁가들이 중심이 되었는데, 관세개혁과 당의 민주적 성격을 강조했다.23)

1911년 7월 21일 보수당 지도부는 왕이 법안 통과를 위해 새로운 귀족들을 만들어낼 것이라는 자유당 정부의 발표에 직면해 의회법에 대한 반대를 포기한다는 결정을 내렸다. 같은 날 보수당 모임에서 할스베리 경(Lord Halsbury)은 지도부를 비난했다. 윌러비 드 브로크 역시 강경한 입장이었다. 의회법이 통과되기 하루 전 의회기록은 윌러비 드 브로크가 의회법을 자유당이 헌법과 벌이는 전쟁이라고 보았음을 보여준다.24) 밀너는 이전에는 적극적인 입장을 갖지 않았으나 셀번에게 그는 끝까지 싸우는 어떤 귀족집단에라도 가담할 것이라고 알림으로써 다이하드(diehard)에 합류했다.25) 결국 법안은 1911년 8월 10일 112명의 비성직 상원의원과 2명의 주교가 반대했지만 134명의 의원이 찬성함으로써 통과되고 말았다.26)

다이하드들은 비록 그들이 상원에서 의회법에 반대투표한다고 하여도 결국 패배할 것이라는 점을 잘 알고 있었다. 그들은 자신들이 두 가지 방식 중 하나로 패배할 것이라고 생각했다. 우선 국왕이 500명의 새로운 귀족들을 만들어낼 것이라는 이야기가 돌고 있었다. 이들이 상원에 들어온다면 의회법의 통과는 기정사실이 될 것이다. 혹은 보수당의 귀족들이(Unionist peers) 미리 겁을 먹고 양보할 수도 있었다.

그렇지만 다이하드들은 어떤 방식이 되든지간에 결국은 그들이 승리할 수 있을 것이라고 믿었다. 만약 그들이 수에서 이긴다면 자유당은 왕으로 하여금 귀족들을 만들어 내게 할 것이다. 하지만 이런 귀족들은 새로운 방식으로 취급될 것이다. 오랜 식민상 관료였던 스탠모어

경(Lord Stanmore)은 상원은 새로운 급진적 귀족들이 생겨난다 해도 이들을 추방할 수 있을 것이라고 결론지었다. 그는 만약 자유당이 귀족들을 만들어 내게 한다면 자유당은 헌법에 위배되는 행위를 저지르는 것이라고 믿었다. 그러므로 보수당이 다시 집권하게 되면 그들은 새로운 귀족의 불법적 성격을 부각시켜 상원을 원상회복시킬 수 있을 것이라고 생각했다.27)

그리고 설사 상원에 새로운 귀족들이 들어온다 해도 이들은 곧 기존 귀족들에 동화될 것이라고 보았다. 이들은 급진주의자로 탄생하기는 했지만 이들은 이 상태로 그리 오래 가지 못할 것이라는 생각이었다. 새로운 귀족은 소위 진정효과(calming effect)를 가진다는 것이다. 레오 막스는 이들 중 대다수가 귀족이 된 지 2주내에 상원에 대한 그들의 의견에 대해 재고하게 될 것이라고 생각했다. 그는 이들이 보수주의로 급속히 개종함으로써 의회에 나타나지 않는 현상이 나타날 것을 예상했다.

다이하드들은 새로운 귀족이 만들어지지 않은 상태에서 보수당 지도부의 양보가 일어난다 해도 좋다고 생각했다. 만약 보수당의 공식 지도부가 자유당과 동조해 투표한다면 이 위기는 이중의 목적에 봉사할 수 있었다.28) 보수당은 유약하고 헌신성이 덜한 당원들을 추방할 기회를 가지게 될 것이다. 그래서 레오 막스는 쭉정이는 왼쪽으로, 알짜배기는 오른쪽으로 모이게 만들 것이라고 생각했다. 윌러비 드 브로크도 지도부가 법안에 찬성투표한다면 그것은 오히려 좋은 결과를 낳을 것이라고 생각했다. 그것은 급진주의자들을 만들어 낼 것이고 보수당을 정화시키게 될 것이다.29)

윌러비 드 브로크가 생각한 보수당의 균열과 이 균열이 미칠 영향은 맞는 것으로 드러났다. 다이하드의 패배에도 불구하고 윌러비 드 브로크는 당내에서 그의 영향력을 높일 수 있었던 것이다. 그는 의회법의 통과를 불법적이고 급격한 방식으로 진행된 헌정파괴혁명이라고 규정하고 헌정을 회복시켜야 한다고 주장했다.[30]

　균열은 보수당 지도부의 위기로 이어졌다. 보수당 내에서는 보다 강력한 지도부를 요구하는 소리가 높아졌다. 1910년 『모닝포스트』(*Morning Post*)와 『내셔널 리뷰』(*National Review*)에서는 밸퍼에 대해 불평이 터져 나오기 시작했다. 1911년 1월 레오 막스는 밸퍼가 사임하는 것이 나을 것이라고 선언했다.

　다이하드의 전략은 두 가지였다. 하나는 완전히 새로운 정당을 만드는 것이었다. 그러나 셀번이나 로밧 등을 포함한 대부분의 다이하드 지도자들은 항복거부그룹(no surrender group)이 새로운 정당을 만드는 것에는 반대했다. 다른 하나의 대안은 보수당 내에서 통제력을 장악하는 것이었다. 이 방법이 많은 사람들에게 받아들여졌다. 그 결과 이들은 어떤 방식으로든 새로운 형태의 조직이 수립되어야 한다는 데 합의했다. 로밧은 보다 적극적인 '반대파 귀족협회'(Opposition Peers Association)를 만들 것을 제안했다.[31]

　1911년 9월과 10월에 윌러비 드 브로크, 셀번, 밀너와 그리고 하원의 체임벌린(Austen Chamberlain), 윈덤(Wyndham), 카슨(Carson), 스미스(F. E. Smith), 아머리(Leo Armery) 등 보수당원들은 다이하드의 조직을 위한 계획을 만들어 냈다. 그 결과 그 해 11월까지 셀번(Selborne)은 할스베리 클럽의 의장으로 선출되었다. 윌러비 드 브로크는 할스베리 클럽의 서기로서 반대파를 끌어 모았다. 다이하드들은 1911년 가을 밸퍼를 계속 괴롭혔고 1911년 11월 8일 결국 그를 지도부에서 밀어냈다. 뒤이어 당권투쟁이 벌어졌다. 이 과정에서 타협을 통해 보나어 로(Andrew Bonar Law)가 선출되었다.

　자유당의 애스퀴쓰는 상원을 무력화시킨 지 6개월만인 1912년 4월 의회에 3차 홈룰 법안을 제출했다. 홈룰은 1910년 두 번의 선거가 자유당으로 하여금 아일랜드 의원들에 의존하게 함으로써 다시 정치 현안으로 들어온 것이다.[32] 3차 홈룰은 급진우파에게는 또 하나의 커다란 도전이었다. 만약 이 법이 하원을 통과한다면 상원은 법안통과를 단지 2년 동안 연기시킬 수 있었을 따름이었다. 보나어 로의 1912년 7월 블렌하임 연설은 홈룰에 대한 얼스터의 저항을 전적으로 지지했다.[33] 그리고 윌러비 드 브로크는 홈룰에 대한 어떤 타협도 거부하면서 1913년 3월 '얼스터와 통합(Union)을 지지하는 영국연맹'(the British League for the Support of Ulster and the Union)을 세워 그 의장이 되었다.[34] 약 만 명의 지지자들은 얼스터자원군(Ulster Volunteer Force) 만큼이나 적극 투쟁하려 했다. 윌러비 드 브로크의 단호한 태도는 만약 얼스터에서 폭력사태가 발생한다면 윌러비 드 브로크와 그의 추종자들이 런던을 덮쳐서 애스퀴쓰를 인질로 삼을 것이라는 소문이 나돌게 했다.[35]

'영국연맹'은 홈룰을 저지하기 위해 아일랜드 통합당원들(Irish Unionists)에게 군수품 지원을 할 것이라고 위협했다. '영국연맹'은 만약 자유당 정부가 폭력의 위험을 확신하게 된다면 총선을 제안할 것이라고 보았다.[36] 1914년 2월 의회가 열리기 전에 윌러비 드 브로크, 암씰(Ampthill), 아란(Arran), 스태넙(Stanhope) 등 4인의 귀족이 모였는데 이들은 내란에 대한 진정한 대안은 의회 해산이라고 주장했다. 얼스터를 제외하는 안을 받아들이는 것은 사실상 홈룰의 원칙을 받아들이는 것이라고 보았다.

1914년 3월 애스퀴쓰는 아일랜드 자치론자 지도자인 존 레드먼드(John Redmond)를 불러서 타협안에 동의할 것을 설득했다. 애스퀴쓰는 얼스터를 잠정적으로－어떤 얼스터의 주도 6년동안 홈룰에서 제외될 수 있을 것이라는－배제하는 수정법안(Amending Bill)이 제안될 것이라고 선언했다. 대부분의 통합당원들은 이 안을 혐오했고 아일랜드 남부의 지주들은 이것을 홈룰 반대세력의 단결을 위협하는 것으로 보았다. 그러나 공식지도부는 이 안이 두 번째 독회에 들어가고 이어 위원회 단계에 들어갈 것을 결정했다. 아일랜드에서 영국 정규군의 통제가 어렵다는 것을 보여준 쿠라사건(Curragh Incident)과 레드먼드의 설득 후에는 밀너, 암씰(Ampthill), 스태넙(Stanhope) 등 가장 극단적인 반대자들조차 두 번째 독회를 허용하는 보나어 로의 실용적 통일주의 전략에 동의했다.[37] 그러나 윌러비 드 브로크는 그러지 않았다. 윌러비 드 브로크는 얼스터자원군(UVF) 사령관과 1914년 3월말 교환한 편지에서 자신이 대열에 함께 서서 싸우겠다는 의지를 이미 표명했었다.[38] 윌러비 드 브로크는 할스베리에게 이 법안이 아무 것도 해결하지 못할 것이라고 설명했다. 얼스터인들(Ulstermen)도 아일랜드 자치론자들(Nationalists)도 잠정적 배제를 받아들이지 않을 것이라고 믿었다. 그는 설사 레드먼드가 이 조처에 동의한다 해도 레드먼드는 그의 추종자들을 통제할 수 없을 것이었다. 그러므로 이 법안은 내란을 막을 수 없을 것이라고 생각했다. 그는 7월 1일 2차 독회 이전에 이 법안을 거부하는 수정안을 제출했다.[39] 수정안은 부결되었지만 한 달 후 1차대전이 발발하지 않았다면 영국의 국내상황이 어디로 튈지는 누구도 예측하기 어려웠다.

3. 보수당의 분열과 급진우파

에드워드기에 보수당의 상태에 대한 평가는 갈라지고 있다. 더튼(David Dutton)은 그의 연구에서, 1910~14년 사이 보수당의 회복과정은 부분적이고 미약했다고 결론지었다. 반면 존 람스던(John Ramsden)은 수상 보나어 로 아래서 보수당이 현저하게 부활하고 있는 점들을 발견했다.[40] 그린(E. H. H. Green)은 대인저필드가 지적한 '이상한 죽음'은 자유당에서 일어나고 있었던 것이 아니라 보수당에서 일어나고 있었다는 주장을 하면서 보수당의 상태에 대해 부정적인 입장에 서 있다.[41] 상충하는 입장들은 이 시기에 보수당이 처해 있던 상황이 혼란스러웠음을 역설적으로 말해주고 있다.[42]

보수당은 19세기 후반 자유통합당원들을 흡수하면서 정치적으로는 자유주의세력을 끌어 안게 되었다. 사회경제적으로도 보수당은 19세기 후반이 되면서 농촌기반 정당에서 벗어나고 있었다. 보수당은 도시 중간계급을 끌어들이면서 '교외주택 토리주의'(villa toryism)가 특징이 되어가고 있었다.[43] 이런 과정에서 보수당은 점차 잡탕 정당이 되어갔다. 농촌귀족, 체임벌린주의자, 자유무역주의자 등이 뒤섞이면서 보수당의 정체성은 점차 혼란스러워져 갔다. '부유하는 기회주의'라는 우려 속에서, 보수당의 선거전을 지지할 논리적이고 지적인 정치철학체계에 대한 필요는 제기되었지만 보수주의는 1910년대가 되기까지도 사상적으로 일관된 체계를 개발해 내지 못했다.[44]

여기에 에드워드기 자유당에 의해 추진된 개혁들은 보수세력을 분열과 혼란으로 치닫게 하는 방아쇠 역할을 했다. 그런 현상을 잘 보여주는 것이 보수의 분파들을 지칭하는 다양한 용어들이다.[45] 뿐만 아니라 보수세력은 보수당에만 안주할 수 없는 불안감을 가지고 있었던 것으로 보인다. 반(反)사회주의동맹(Anti-Socialist Union), 중간계급방어연맹(Middle Class Defense League), 국민복무연맹(National Service League) 등이 보수당의 바깥에서 활발하게 활동했기 때문이다.[46] 보수세력이 위기를 감지하고, 보수당이 보수의 중심세력으로 확고한 자리를 굳히지 못하면서, 보수가 자신들을 다양한 용어들로 규정하는 상황이 된 것이다. 어떻게 보면 이때 보수는 파편화되는 듯이 보이기도 한다.

그러나 이런 복잡한 상황 속에서도 주의깊게 들여다 보면 보수당 안에서 몇 개의 중요한 세력을 정리해 낼 수가 있다. 먼저 전통적인 토지계급의 보수집단이 있었다. 솔즈베리의 조카였던 밸퍼를 정점으로 하는 보수당 지도부가 여기에 해당되었다. 그는 보수주의의 기능을 '국가'제도를 보존하고 무모하고 잘못된 생각에서 나온 변화들에 제동을 거는 것이라고 보았다. 관세개혁에 대한 주장이 제기되었을 때도 밸퍼가 제시한 방책은 관세를 협상무기로 쓰자는 정도였지 체임벌린의 관세개혁에 대해서는 비판적이었다.[47] 하지만 변화를 막는 방법으로 전통적 보수주의자들이 유효한 대안으로 간주한 것은 정당게임의 규칙을 지키는 것이었다. 자유당이 그들의 어리석음으로 인해 스스로를 파괴하고, 그 결과 선거에서 보수당이 승리할 때까지 기다리는 것이 이들의 대안이었다. 그러나 이런 태도가 비록 칼톤 클럽(Carlton Club)의 일반 회원들을 만족시켰다 할지라도, 구태의연한 보수주의에 항의하는 젊은 보수주의자들이 보기에는 근대적 유권자들을 끌어 안기에 너무 소극적이었다.[48]

이런 보수당 지도부의 견해에 비판을 제기하며 의견을 달리하는 그룹들이 나타났다. 이런 그룹으로 우선 보어전쟁 이래로 자신들을 '국가효율'과 동일시한 사람들을 구분해 낼 수 있다. 이들은 사회적 제국주의자 혹은 건설적 제국주의자로 분류될 수 있는데, 세계무대에서 영국이 쇠퇴해 가는 마당에 정당들 사이의 반목은 이제 부적절한 상황이 되었다고 보는 견해를 가지고 있었다. 이런 반목은 최악의 경우 국가에 위험이 되는 것이었다. 과학적 전문가와 같은 고도로 훈련받은 관리엘리트들이 책임을 넘겨 받아야 했다.[49] 이러한 입장은 조셉 체임벌린(Joseph Chamberlain)과 밀너 경(Lord Milner)에 의해 대표되었다. 체임벌린에게 당에 대한 충성은 언제나 가벼운 문제였고, 남아프리카의 고등판무관(High Commissioner)이었던 밀너는 '부패한 정당정치 제도'에 대해 공공연히 비판했다.[50]

사회적 제국주의자들은 정책에서도 보수당 지도부와 뚜렷이 구별되었다. 밸퍼는 관세개혁과 그 부수적 정책들에 대해 주저하고 있었기 때문이다. 솔즈베리 역시 관세에 대해 절제를 결여했다는 이유로 비판했다. 반면 밀너의 주장은 독일식 체제로의 변경을 의미했고, 이는 자유로부터 강제로의 이행이었다. 심지어 스트레치(St Loe Strachey)는 체임벌린과 밀너에게서 자코뱅적인 요소를 발견했다.[51] 자코뱅주의는 바로 보수주의가 프랑스혁명기에 대항했던 이념이었다. 또 하나의 차이는 밀너그룹은 보수주의 자체에 이질적인 요소를 부가했다는 것인데 바로 프로그램정치를 제안했다는 점이다. 본래 보수당은 교리, 프로그램과 같은 것을 중시하지 않았다. 그런데 자유통합당이 보수당에 들어오면서 프로그램이란 요소를 함께 안고 들어왔다. 체임벌린은 뉴카슬프로그램을 만든 자유당에서 나온 지도자였으며 사회적 제국주의, 관세개혁 등의 이데올로기적 관심을 표명했다.[52]

또 다른 그룹으로 급진우파(Radical Right)를 구분할 수 있었다. 의회법 통과 문제를 겪는 가운데서 나타난 이들은 사회적 제국주의자보다 좀 늦게 부각되었지만 체임벌린과 밀너의 추종자들과 여러 부분에서 유사한 입장을 지녔다. 관세개혁, 군대개혁, 거대한 해군, '건설적인' 사회개혁 등등 말이다. 그러나 자유당에 대한 이들의 반발은 훨씬 거세었다. 급진우파의 대표자격인 윌러비 드 브로크는 결코 자유당을 자유당(Liberal)이라고 부르지 않았다. 그는 언제나 자유당을 급진당(Radical)이라고 불렀고 이들에게는 전제, 무법상태, 무정부상태(anarchy), 자유의 파괴자(wrecker), 국가에 대한 위협, 제국에 대한 위험 등의 용어가 늘 붙어 다녔다.[53] 이들의 적은 사회주의자라기보다 급진당이었는데 급진당은 자유주의의 탈을 쓰고 있는 위선적 사회주의자들이었다. 따라서 이들의 정치전략은 자유당과의 철저한 투쟁이었다. 아일랜드문제에 대한 일종의 합의가 있다는 소문이 이들 사이에 불안감을 야기했을 때, 이들은 1910년 10월 레블리(Reveille)운동을 조직했다. 이것은 보수당을 '보다 힘차고 건설적인 계획'에 참여시키는 것을 목적으로 하고 있었다. 그러므로 이들은 밸퍼가 로이드 조지와 타협하려는 것에 대해, 즉 자유당과 강경하게 투쟁하지 않으려 하는 것에 대해 비판했다. 다음 해에 밸퍼가 의회법(Parliament Bill)에 대해 전술적 후퇴를 하려 했을 때 이런 의구심은 곧 적대감으로 변했다. 급진우파는 보수당지도부가 관세문제, 징집, 국방, 아일랜드, 상원문제 등에 모두 유약하다고 생각했다. 이들 다이하드(diehard) 귀족들은 당 지도부의 패배주의에 대해 반기를 들었던 것이다. 이들의 세력은 이들이 할스베리 클럽을 만들었을 때 미들턴 경이 보수당의 3/4이 이 그룹으로 옮겨갈지 모른다고 지적할 정도로 위협적이 되었던 것으로 보인다.54)

여기에 하나의 그룹이 추가되어야 할 것이다. 증가하는 집단주의의 파고에 반대한 자유주의적 보수그룹이 그들이다.55) 이들은 자유당의 개혁은 물론 사회적 제국주의와 급진우파의 개혁에도 반대하는 보수그룹이었다. 자유주의적 보수주의를 18세기 말에서 19세기 중반에 형성된 것으로 자리매김하려는 시도는 버크, 아담 스미스, 필에 이르는 자유주의 토리즘(Liberal Toryism)에서 이 그룹의 기원을 찾는다. 그러나 여기서 기원하는 자유주의적 보수주의는 보수당 지도부가 취한 입장으로 이미 녹아 들어가 있었다. 19세기 후반 독자적인 세력으로 존재한 자유주의적 보수그룹은 이와는 다소 다르게 19세기 후반과 20세기 초반에 걸쳐 형성된 또 다른 기원을 갖는 세력이었다. 자유 및 재산 방어연맹(LPDL : Liberty and Property Defense League), 영국헌정협회(British Constitution Association), 웨미스 경(Lord Wemyss), 허버트 스펜서(Herbert Spencer), 말록(Mallock), 다이시(A. V. Dicey), 어니스트 벤(Ernest Benn), 로 스트레치(StLoe Strachey)와 같은 조직과 사람들이 여기에 해당되었다. 이들은 다윈의 진화론 이후 나타난 사회진화론적 변형 속에서 새롭게 출현한 개인주의자들로 이들은 자유당보다 보수당에서 부각되었다. 하지만 자유재산방어연맹, 웨미스, 다이시 등이 보수당과 연합한 것은 이들이 자신들을 보수주의자로 인식해서가 아니었다. 이들은 자연도태에 간섭하는 자유당에 혐오감을 느꼈기 때문에 보수당으로 온 것이었다. 이들은 집단주의적 경향을 보이는 자유당이 자유주의를 버렸다고 생각했고 이런 상황에서 보수당이 그들의 오랜 자유주의를 지키는 마지막 희망이라고 생각했던 것이다.[56] 1880년대에 보수당 내에서 자유주의적 진영의 구분이 나타났다는 그린의 주장은 새로운 개인주의적이고 자유주의적인 보수세력의 형성에 주목하고 있는 것으로 보인다.[57] 원래의 보수주의는 반산업적 반물질주의적인 경향을 지니고 있었다는 마틴 위너의 주장을 받아들인다면[58] 이때부터 보수당 안에는 산업적이고 물질주의적인 이질적 이념과 계층에 바탕한 보수파가 형성된 셈이다. 기득권층이라는 공통의 요소가 이들을 묶고는 있었지만 이들이 기대고 있는 원리는 전혀 다른 것이었다.

세력으로 구분한 이상과 같은 분류방식과는 달리 개인주의와 집단주의로 대별되는 두 경향을 구별하는 것도 의미있는 분류가 될 수 있다. 자유무역보수파가 보수당 내에서 강력하게 개인주의적 입장을 대변한 집단이었다면, 급진우파와 사회적 제국주의자는 집단주의를 대변했다. 이런 차이는 보수당 내에서 개인주의와 집단주의의 대립을 드러냈는데 흥미로운 점은 토지세력과 산업세력 모두에게서 개인주의와 집단주의적 분파를 발견하게 된다는 것이다. 토지세력 안에서는 자유무역을 고수한 보수당 지도부와 관세개혁을 외친 급진우파가 공존했다. 산업세력 안에서는 면직, 조선, 시티(City) 등에 기반한 자유무역주의자들과 미들랜즈 강철산업에 기반하고 있었던 체임벌린의 관세개혁파가 혼재했다.[59]

세슬 경(Lord Hugh Cecil)은 홈룰에 대한 격렬한 반대자였지만 자유무역을 주장했으며, 개인적 자유에 대하여 높이 평가했다. 그는 사회 개혁과 관세개혁에 반대했는데, 그는 관세개혁이 정치생활을 부패시키고, 과세와 정부간섭이 노동계급을 타락시킬 것을 걱정했다. 그는 『모닝포스트』와 『내셔널 리뷰』로 대변되는 보수당 내 급진우파세력에 대해 경고하며 다음과 같이 지적했다.

> (『모닝포스트』와 『내셔널 리뷰』를 무기로 삼는 보수당세력이) 정치에 대해 지닌 태도는 참을 수 없다.……나는 그들의 원칙에 대해 격렬히 반대하는데……나는 민족주의에 대해 반대하며, 개인적 자유를 가치있게 여긴다.[60]

여기에 비해 관세개혁운동은 자유방임의 정신을 비판하는 특징을 보였다. 사회적 제국주의자인 밀너는 전형적인 집단주의자의 모습을 보여주었다. 그는 관세개혁주의자였는데 그는 개인에 대한 정부의 규제가 아무리 많다 해도 제국과 국가를 잘 조직해야 한다는 생각을 가지고 있었다. 그는 자유를 경시했으며 이것이 그를 전통 보수주의자로부터 떨어뜨려 놓았다.[61] 레오 아머리(Leo Amery)같은 보다 집단주의적 접근에 열광적이었던 사람들은 보수당이 단순히 자유방임의 반(反)사회주의 정당으로 흘러 들어가는 전망에 대해 통탄하고 있었다.[62] 그린은 보수당 사회개혁위원회(USRC)에서 지도적인 역할을 한 레오 아머리 및 당시의 역사주의 경제학자들이 옥스퍼드 이상주의 철학에 기반하고 있음을 지적했다. 밀너 역시 1870년대에 밸리올 칼리지의 학생이었다. 이는 보수세력 내에 새로운 형태의 집단주의가 나타났음을 지적 맥락에서 확인시켜 준다.[63]

보수당의 세력을 보수주의와 자유주의의 축으로 갈라보는 것도 흥미로운 분류법이 될 것이다. 여기서 보수주의는 토리주의와 급진적 토리주의로 분화되어 나간 반면, 자유주의는 자유방임자유주의와 급진적 자유주의로 분화되어 나갔다. 보수주의는 온정적 간섭주의를 소극적으로 주장한 세력과 이것을 적극적으로 주장한 세력으로 구분된 것이다. 자유주의세력은 보수당 밖에서 들어온 세력이었지만 글래드스톤의 개혁에 반대해 보수당에 들어온 세력과 글래드스톤의 사회개혁이 미흡하다고 생각해서 보수당을 택한 두 세력이 혼재하고 있었음을 알 수 있다. 한쪽은 개인주의적 자유주의의 형태를 띠고 다른 쪽은 국가간섭을 옹호하는 자유주의의 형태를 띠었지만 공통되는 것은 둘 다 성장의 코드를 가지고 있었다는 점이다. 전자가 사회진화론의 개인주의적 변형이라면 후자는 사회진화론의 집단주의적 변형이라고 할 수 있을 것이다.[64]

4. 급진우파의 성격

보수당 내에서 생겨난 새로운 집단주의적 경향들에 대한 하나의 해석은 인민예산이나 의회법이라는 특정한 사안에 초점을 맞추기보다 영국의 전반적인 쇠퇴와 연관지어 설명해 보는 것이다. 19세기 후반기에 영국은 여러 가지 문제를 가지고 있었다. 우선 군사적 지위가 약해지고 있었다. 이것은 1879년 제국방위왕립위원회(Royal Commission on Imperial Defense)에서 이미 발견되었지만 보어전쟁으로 인해 분명히 드러났다. 육군이 비판의 대상이었다면 해군 역시 손상을 입었다. 해군과 관련된 기술의 급속한 발전은 영국 함대의 노후상태에 대한 문제를 야기했다. 1890년대 일련의 해상연습은 영국의 군함은 안전하지 못하다는 점을 드러내었다. 해군을 유지하기 위한 비용은 끊임없이 증가했다. 게다가 독일과의 해군경쟁은 영국 해군의 어려움을 악화시키고 공개시켰다. 일련의 공격적인 저널리즘과 해군연맹(Navy League)의 활동, 피셔 제독(Admirals Fisher)과 베레스포드(Beresford)의 유명한 논쟁은 해군의 문제를 대중에게 드러나게 했다.

경제에 대한 우려도 커지고 있었다. '농업왕립위원회'(Royal Commissions on Agriculture)는 영국 농업에 대해 음울한 결론을 내놓았다. 심지어 1885년의 '상업 및 산업 침체에 대한 왕립위원회'(Royal Commission on the Depression of Trade and Industry)조차 낙관적인 보고서를 내면서 하나의 예외가 있다면서 그것을 농업이라고 지적했다.[65]

찰스 부쓰와 시봄 라운트리의 연구 같은 빈곤에 대한 일련의 연구는 런던의 이스트엔드와 요크의 인구 거의 1/3이 빈곤하게 살고 있다는 점을 드러내었다. 그러한 '사실의 노출'은 유권자가 빈곤계층으로 확대되는 것과 맞물려 사회정책을 정치의 중앙에 등장하게 만들었다.[66]

영제국이 흔들리고, 경제의 우위는 후퇴하고, 사회 진보와 번영, 평화가 더 이상 확실하지 않고, 많은 사람들이 자유주의 경제학의 무오류성에 대해 의구심을 표명하는 상황에서 기존 정책을 고수하려는 보수당지도부에 대해 여러 가지 반발이 제기될 수밖에 없었다. 관세개혁을 내건 체임벌린이나 급진우파의 지도자였던 윌러비 드 브로크는 영국의 쇠퇴를 총체적 위기상황으로 파악하고 있었다. 보수주의의 변화를 이런 환경 속에서 자리매김해 볼 수 있다는 것이다. 즉 집단주의는 영국의 위기에 대한 보수의 한 해결책이었다는 말이다. 자유당에서 출현한 신자유주의가 영국의 위기에 대한 자유당적인 답변이었던 것처럼 말이다.

그러나 이렇게 영국의 쇠퇴와 위기라는 상황에서 나온 보수의 대응이었다 해도 사회적 제국주의와 급진우파의 대응은 달랐다. 급진우파가 다른 정파들과 어떤 차이를 보였는지를 검토해 볼 필요가 있다.

우선 급진우파를 전통 귀족층 일반과 구분할 필요가 있다. 사이크스는 급진우파에 대해 급진토리라는 용어를 쓰기도 했는데[67] 그의 아이디어는 토리를 전통적 토리와 급진토리로 구분하려는 것으로 보인다. 급진우파를 전통적 토리와 구별하려는 시도는 필립스에 의해서도 제기되었다. 그는 1909년 인민예산에 반대한 귀족들과 상원의 위기를 둘러싸고 부각된 귀족들을 차별화시킴으로써 이들을 보다 적극적으로 규정했다. 다이하드 의원들은 1911년의 의회법에 반대한 이후 동시대인들과 후대의 역사가들로부터 오지사람들(backwoodsmen)이라고 규정되어 왔다는 것이다. 하지만 이 용어는 1909년 인민예산에 대한 투쟁기간 동안 압도적으로 보수당이 우세했던 상원을 폄하하기 위해 자유당 정부가 사용한 수사였다는 것이다. 자유당 정부는 상원의원들에 대해 그들은 대부분의 시간을 시골 저택에서 보내고, 국가의 정치에 대해서는 별 관심이 없고, 참여도 별로 하지 않고, 상원에는 거의 나타나지도 않았다고 주장했다. 그러면서 자유당의 법안에 반대하기 위해서 웨스트민스터에 나타났다는 것이다. 하지만 의회법에 반대한 112명의 다이하드 귀족들은 1909년 로이드 조지의 인민예산법에 반대투표했던 350명의 소위 오지사람들(backwoodsmen)이라고 불린 보수당 귀족들과는 달랐다는 것이다. 이들은 정치활동과 논쟁에 활발하게 참여한 토리귀족이었다는 것이다.

필립스의 연구에 따르면 이러한 차별은 가능한 것으로 보인다. 상원의 위원회 활동, 공직참여, 사회단체 활동, 언론 활동 등에서 다이하드 귀족들은 차별화된 활발한 활동수준을 보여주고 있기 때문이다.[68] 윌러비 드 브로크가 [국가]봉사에 대한 시험으로 상원에 참석하지 않는 사람들을 상원에서 제거할 수 있을 것이라는 주장을 하고 있는 것을 보면[69] 그들 자신도 자신들을 차별화시켜 생각하고 있었던 것으로 보인다.

전통적 보수주의자와 급진우파 사이의 차이 역시 무시할 수 없었다. 그것은 정치의 수단에서 두드러졌다. 급진우파는 의회를 무시했고 국민에 직접 호소하는 인민주의적 경향을 보였다. 전통적 보수주의와는 달리 타협을 무시하며 현실돌파의 수단으로 개혁을 내세웠다. 밸퍼에서 보다 강경한 입장의 보나어 로로 지도부가 바뀐 후에도 그 차이가 사라진 것은 아니었다. 보나어 로의 실용적 극단주의(pragmatic extremism)는[70] 1912년 블렌하임 연설에서 의회민주주의의 기초를 부인하는 강경한 모습으로 대두했지만 1913년 관세개혁을 포기하고 1914년 홈룰문제에서 타협을 하는 등 급진우파의 제안과는 차이를 드러냈다.

그러나 사회적 제국주의와 급진우파의 차이는 이들이 다이하드로 함께 묶이는 것으로 인해 혼란을 야기한다. 사회적 제국주의자와 급진우파는 국가안전과 사회적 응집, 병역제도와 해군증강, 제국과 사회개혁이라는 주장에서 유사했다. 따라서 급진우파가 전통적 보수주의자보다 사회적 제국주의자들에 더 가까웠다는 주장이 제기될 수 있다. 국가효율이란 구호도 사회적 제국주의자 못지 않게 급진우파에게서도 발견되었다.[71] 하지만 실제의 모습은 그렇게 단순하지 않았다. 사회적 제국주의자로 간주되었던 카슨(Carson)이나 F. E. 스미스(Smith)는 1913년 1월 보수당을 위해 관세개혁은 위험하다는 입장을 피력했다.[72] 자유당과는 다른 근거에서지만 F. E. 스미스는 직접세 부과에 찬성했다. 급진우파의 할스베리 클럽과 사회적 제국주의자 밀너 사이에도 그 끈은 그렇게 단단하지 않았다. 밀너그룹은 이미 1910년 여름 국민적 합의의 가능성이 나타났을 때 이것이 성공하기를 열렬히 기대했었다. 밀너그룹은 급진우파와 달리 로이드 조지에 대해 다소나마 우호적인 입장을 가졌던 것이다. 그뿐만 아니라 밀너는 홈룰문제에서 비록 초기에 강경한 입장을 지녔지만 결국 급진우파의 주장과는 달리 연방제 해결책을 모색하고 있었다. 대부분의 밀너 추종자들은 연방제를 국민적 해결(National Settlement)을 만들어낼 기초가 될 것이라고 생각했다. 반면 급진우파는 연방주의자들과는 입장이 전혀 달랐다.[73]

개혁의 철학이란 측면에서 접근해 보아도 급진우파와 사회적 제국주의자의 차이는 드러난다. 급진우파 역시 사회적 제국주의자들처럼 개혁을 외쳤다. 당시의 상황을 위기상황으로 본 윌러비 드 브로크는 돌파구는 개혁밖에 없다고 주장했다. 그는 다음과 같이 지적했다.

> 웨일즈 교회는 유린되고 국가로부터 분리될 상황에 있다. 우애조합들은 파괴당했다. 노동조합들은 타락하고 있다. 무겁고 악의적인 과세가 자본을 해외로 나가게 했다. 우리의 육군은 고갈되고 있다. 우리의 해군 우위는 희생되었다. 공무원들의 청렴성에 대한 신뢰는 무너졌다. 노동자들은 불만에 차 있다. 여성들은 필사적이며 그들을 다룰 능력이나 결의는 없다. 이 모든 것들은 정부의 변혁을 요구하는 시대의 표식들이다.[74]

이처럼 개혁을 외쳤다 해도 중요한 점은 사회적 제국주의가 개혁의 근대성을 강조한 것에 비해 볼 때 급진우파는 개혁과 사회진보의 바탕을 영국의 전통에 두었다는 것이다. 윌러비 드 브로크는 토리당의 역사는 건설적인 사회개혁으로 가득 차 있다는 점을 지적했다.[75] 그는 헌법만이 자유를 위한 유일한 보장책이며, 헌법이 사회진보에 내재하지 않으면 어떤 사회개혁도 가치가 없다고 주장했다. 개혁이라는 이름 아래 영국의 제도들을 공격하는 것이 개혁은 아니었다. 그래서 토리당만이 그에게는 자유와 진정한 진보를 위한 유일한 도구로 간주되었던 것이다.[76] 이런 차이는 급진우파와 사회적 제국주의의 구호가 비슷했다 해도 그 바탕에는 전통과 근대라는 서로 다른 요소가 자리잡고 있었음을 인식할 필요성을 제기한다.

관세개혁에 대해서도 동일한 시각으로 접근해 볼 필요가 있다. 사회적 제국주의와 급진우파는 모두 관세개혁을 옹호했다. 그러나 사회적 제국주의자는 산업과 농업 기반을 강화하기 위해 관세를 주장했지만, 급진우파는 약탈적인 과세를 회피하기 위해 관세를 주장했다.[77] 즉 전자는 관심이 근대적인 반면 후자는 관심이 전통을 향해 있었다는 것이다. 이런 논리를 연장시키면 사회적 제국주의가 성장의 논리 위에 서 있었던 우파집단이었다면 급진우파는 안정의 논리 위에 서 있었던 우파집단이었다는 주장으로 나갈 수 있을 것이다.[78]

급진우파와 사회적 제국주의자의 기반이 달랐다는 점도 이들을 구분하는 중요한 요소이다. 급진우파의 기반은 토지와 지방에 있었다. 급진우파의 대표격인 윌러비 드 브로크는 와릭셔 남부에 18,000에이커의 토지를 소유하고 있는 귀족집안이었다. 그의 선조들은 토지와 여우사냥에 관심이 있었던 완강한 토리였다.[79] 그런데 지방에서 확대되는 민주주의는 지방 지주귀족들의 전통적인 권력기반을 붕괴시키고 있었다. 선거는 더 이상 휘그와 토리지주 사이에서 선택하는 문제가 아니었다. 더욱이 부상하는 사회주의는 자본가에 대한 항의이기도 했지만 사실상 상류층 전체에 대한 위협이었다.[80] 여기에 비해 사회적 제국주의자의 기원은 토리에 있지 않았다. 체임벌린의 경우 그는 원래부터 보수당에 속해 있었던 것이 아니라 자유통합당으로 보수당에 합류한 사람이었다.[81] 그는 급진적 자유주의의 연장선에 놓여 있는 사람이었다. 체임벌린의 뒤를 이은 밀너와 그의 추종자들은 귀족과 지주그룹으로부터는 분리되는 업적주의적인 중간계급그룹을 형성하고 있었다. 밀너, 아머리 등은 군대의 정신을 따라 국가생활의 광범위한 부분을 재조직하려는 생각을 가졌던 컴패트리어트 클럽(Compatriot Club)에서 활동한 중간계급 보수파인 것이다.[82] 그리고 이들은 그들의 근대성

(modernity)을 자랑했다.83) 이들이 파시즘과 연결된다 해도 그것은 급진우파가 연결되는 파시즘과는 다른 종류의 파시즘과 연결될 것이다.

사실 급진우파의 사회적 기원이 단일하지는 않았다. 이들 중에는 이전에 자유당원이었던 사람들도 있었다. 이들은 자유당의 공공연한 '평화주의'와 '반제국주의'에 대해 항의했다. 대표적인 사람이 아놀드 화이트였다. 그는 1886년 총선에서 글래드스톤 자유주의자로 나왔지만 에드워드시기에 해군연맹(Navy League), 국민복무연맹(the National Service League), 우생학교육협회(the Eugenics Education Society) 그리고 반(反)외국인운동에 대한 그의 활동으로 인해 악명이 높아진 사람이었다. 혹자는 급진우파에 로버트 블래치포드와 같은 사회주의자들을 포함시키기도 한다. 이들의 독일에 대한 적대감이 자본주의에 대한 적대감을 능가했다는 말이다.84) 사실 윌러비 드 브로크는 종종 블래치포드를 언급하며 호감을 보이기도 했다.85)

하지만 이들의 사회적 기원이 다양했다 해도 이들은 공통의 태도를 가지고 있었다. 그것은 영국인들의 마음 속에 숨어 있는 애국주의적 본능 즉 '우리' 의식을 일깨우기만 한다면 영국민들은 제국주의적 목표로 달려가도록 설득될 수 있을 것이라는 믿음이었다. 애국주의의 본능에 대한 믿음은 급진우파로 하여금 당기구와 당지도부를 거치지 않는 방법을 통해 인민과 정부를 연결하려는 노력을 하게 만들었다.

밸퍼에 대한 비판도 다름아닌 밸퍼가 대중과 접촉이 없다는 것이었다.86) 귀족적 거만함 혹은 오만함이 평범한 사람들을 귀족들과 떨어지게 만든다고 보았다는 말이다. 급진우파는 귀족들이 인민들과 가까워질 수 있다는 믿음을 가지고 있었다. 일반인들이 이해할 수 있는 언어로 노동계급에게 설교한다면 모든 '선량한' 노동자들은 급진우파에 열렬하게 반응할 것이라고 믿었다. 육체노동자들과 자유당 사이의 현재의 동맹 역시 임시적인 현상이라고 그들은 주장했다. 노동자들은 다른 사람들과 마찬가지로 애국적이었다. 윌러비 드 브로크는 "우리는 가장 훌륭한 노동자들을 우리 편에 가질 수 있다"고 확신했다.[87]

그래서 급진우파의 특징 중 하나는 사회주의를 싫어했지만 노동자들을 배척하지는 않았다는 점이다. 당시의 노동자들의 움직임과는 무관하게 노동자들은 급진우파의 잠재적 동맹자들이었다. 노동자들과의 동맹이 이루어지지 않는 것은 이를 막고 있는 장애물 탓이라고 이들은 생각했다. 이러한 장애물에 대해 급진우파는 보수당과 자유당, 영국의 환경 모두에 문제가 있다고 생각했다.

첫째로 이들은 밸퍼를 비롯한 보수당 지도부의 유약한 지도력에 문제가 있다고 생각했다. 급진우파는 투쟁가적 정신이 결여된 보수당지도부가 노동자들을 자신의 편으로 끌어 오는데 실패했다고 생각했다.

둘째로 이들은 정치과정 전체가 부패로 얼룩져 있다고 생각했다. 그런데 이 부패의 한 가운데 자유당 각료와 세력들이 놓여 있었던 것이다. 급진우파는 이들을 콥덴 백만장자, 혹은 급진적 금권주의자라고 불렀는데 레오 막스는 호화스런 생활을 하면서 계급정치를 주도하는 부유한 자유당원들에 대해 커다란 적개심을 보였다. 언론도 제국에 대해 그리 호의적이지 않은 기구로 간주되었다. 『데일리 뉴스』(*Daily News*)의 소유주였던 조지 케드베리 같은 콥덴 백만장자들이 주도하는 신문은 여론을 공식적으로 통제하고 있었다. 거대 신문 신디케이트의 소유주들은 귀족 작위를 부여받는 것으로 부패되었다. 신문의 사설은 기업가의 이익을 위해 검열되었다. 부패세력은 언론에 광고를 매개로 해서 여러 가지 압력을 넣을 수 있었다. 막스는 애스퀴쓰를 심지어 해적과 다름없는 존재로 간주했다. 1912년의 3차 홈룰 법안은 아일랜드인들을 자기 편으로 끌어들이기 위한 부패한 거래에 불과했다. 봉급을 받아 먹으며 자기자리를 유지하기 위한 술수에 불과했다.

부패에는 엽관주의도 한 몫 했다. 보나어 로는 자유당이 미국식 모델에 따라 거대한 엽관제도를 만들어 내었다고 주장했는데, 로이드 조지의 사회개혁이 진행되면서 수천 개의 공직이 새로 생겨났고 이 자리는 시험이 아니라 지명으로 채워졌다. 1913년의 보고에 따르면 7천 개의 직위가 이렇게 채워졌다고 한다. 1913년 벨록과 체스터튼 형제는 '깨끗한 정부를 위한 국민연맹'(National League for Clean Government)을 세웠다. 로이드 조지와 알렉산더 머레이가 연관된 마르코니(Marconi) 사건까지 겹치면서 급진우파는 자유당 정부를 월폴 이래 가장 부패한 정부라고 밀어붙였다. 급진우파는 청렴을 강조함으로써 자신들의 이해를 숨기는 훌륭한 구실을 찾아낸 것으로 보인다.

셋째로 들었던 이유는 영국에는 내부의 적이 있었다는 것이다. 이런 내부의 적들은 국가의 이해에는 무관심하다는 것이다. 그런데 이들이 국가의 중요한 자리에 파고 들고 있었다는 것이다. 유태인을 인종적인 이유로 배척하는 단계까지는 나아가지 않았지만 내부의 적이라는 논리는 결국 이질적인 존재들에 대한 공격을 알리는 서막을 제공했다고 보아야 할 것이다.[88] 이런 주장은 급진우파가 노동자들을 국민 개념으로 통합시키고자 하는 의도를 보여주고 있다.

급진우파의 방법론적 특징은 투쟁을 피하지 않는 것이었다. 그들에게는 힘에는 힘으로 대항한다는 생각이 깔려 있었다. 그들은 아일랜드와의 타협을 거부했으며, 이들 모두는 반역자였을 따름이다. 만약 내란이 일어난다면 유혈사태를 얼마든지 감수할 준비가 이들에게는 되어 있었다. 사회적 다원주의의 수사를 이용하면서 이들은 국가와 인종들간의 투쟁의 필요성을 강조했다. 이를 위해 군사력을 강화해야 했으며 로버츠가 제안하는 일반군사훈련을 즉각 채택할 것을 주장했다. 따라서 이들의 사고는 전통에 기원하고 있었을지 모르나 이들의 방법은 결코 전통적인 것이 아니었다.[89]

급진우파가 원형파시스트를 구성한다는 썰의 주장은 영국에서 두 개의 파시즘을 전제할 때 가능하다. 즉 파시즘을 복고적 운동과 근대적 운동 두 개로 나누어 파악하는 전제에서 가능하다는 말이다. 이런 전제에서 보면 급진우파에 대해서는 린톤 오만이나 아놀드 리스의 파시즘과의 연계성을 생각해 볼 만하다. 그러나 급진우파는 근대적 개혁을 추구하고 사회주의 이론을 흡수한 모슬리의 파시즘으로 연결되지는 않는다.[90] 사회적 제국주의가 파시즘과 연결된다는 세멜이나 스캘리의 주장도 이런 전제에서 보면 가능해진다. 왜냐하면 사회적 제국주의는 근대성을 추구했고 이 점에서 근대성을 내세우는 모슬리 파시즘과 유사성을 지녔기 때문이다.

급진우파는 홈룰문제에서 위협적인 세력으로 등장했으나 그 세를 이어가지는 못했다. 썰(Searle)은 영국에서 급진우파가 세력을 확대하지 못한 이유로 영국에는 독일적 의미에서의 중간계급(Mittelstand)이 없었다는 점을 제시했다. 즉 산업화 이전의 농민그룹, 독립적인 장인들, 노동이나 자본으로부터 떨어져 있는 소규모 기업가들 같은 부류들이 없었다는 말이다.[91] 이들이 급진우파의 수사에 보다 즉각적으로 반응할 수 있었던 그룹들이었다는 것이다. 급진우파의 애국주의적 수사가 보다 잘 먹혀 들어갈 수 있었던 계층이 노동이나 자본과의 관계가 결여되거나 약한 집단이었다는 가정에 의문을 제기해 볼 수 있지만, 영국사회가 과연 그렇게 탈전통사회였느냐 하는 점에 대해서도 역시 의문을 제기해 보아야 할 것이다.

그보다는 의회제, 정당제도, 언론 등 영국사회가 가졌던 자유주의적 가치들이 급진우파의 주장들과 투쟁했다는 점에 보다 무게가 실려야 할 것 같다. 보수세력 안에서 의회와 같은 전통적 제도들을 깨뜨리려는 시도가 나타났다는 점은 전통적 제도 그 자체가 보수의 벽을 무너뜨리고 있었다는 상황을 반증한다. 보수의 벽이 무너지는 속도가 너무 빠르다고 생각했든 아니면 더 이상 양보할 수 없는 보수의 마지막 벽이라고 생각했든 급진우파는 그들 스스로 자신들이 만들었던 기성제도를 부정하고 깨뜨리는 시도를 감행했다. 그것이 그들을 급진적인 세력으로 보이게 하는 착시현상을 빚은 것이다. 급진우파라는 용어에 걸맞지 않게 이들은 보수적 태도를 유지했으며 기득권의 옹호자였다는 점에서 눈을 떼면 안 될 것이다.

여기서 한 가지 흥미로운 질문이 남는다. 보수당에 대한 자유당의 도전이 집단주의적 정책으로 나타났다면, 보수당 내에 이미 자유주의 세력이 들어와 있었음에도 불구하고 왜 보수당은 개인주의적이고 자유주의적인 대안으로 대응하지 않았는가 하는 것이다. 사실 자유당에 강경하게 반발한 급진우파는 자유당과 동일하게 집단주의적 대안으로 대응하였기 때문이다. 여기에 대한 설명은 아마도 당시 영국이 처한 상황에 돌려야 할 것 같다. 영국은 선발자본주의 국가였지만 이 시기에 후발산업국가의 도전을 받고 있었다. 영국은 개방과 자유무역이란 전통적 방식으로 이득을 얻을 수 없는 환경에 놓여 있었던 것이다. 그리고 국제환경은 작은 국가가 아니라 거대 국가를 요구하는 상황이었다. 사적 부문의 경쟁력이 약해지고 재정수요는 증가하는 마당에 보수층이 자신의 이익을 유지하면서 내걸 수 있는 논리는 개인주의가 아니라 또 다른 종류의 집단주의밖에 없었던 것이다. 그러나 상황이 바뀌자 70년 후 보수당의 쌔처는 전혀 다른 방식으로 집단주의에 대응하게 되었다.

5. 맺음말

보수당은 에드워드기에 다양한 세력들을 끌어안고 있었다. 그 안에는 보수주의와 자유주의가 혼재하고 있었으며 개인주의와 집단주의가 역시 혼재하고 있었다. 그 안에서 급진우파는 전통적 토리의 연장선상에 놓여 있었지만 토리와는 전혀 다른 면모를 지닌 세력으로 등장했다. 의회법 통과를 둘러싸고 나타난 급진우파의 다소 급작스런 출현은 이 집단을 우발적인 세력으로 보이게 하지만 에드워드기의 전반적 환경을 고려한다면 급진우파의 출현에는 사회적 의미가 담겨 있다.

급진우파의 입장은 농업과 산업과 노동의 삼파전에서 나타난 변화를 반영했다. 19세기를 통해 농업과 산업은 서로 이해관계가 대립되었지만 권력을 배분하고 있었다. 반면 노동은 미약했다. 여기에 맞게 농업과 산업을 각기 대변하는 보수당과 자유당이 양립했으며 노동조합이나 사회주의조직은 미약했다. 그러나 노동의 부상과 유권자의 확대는 이런 관계를 변화시켰다. 농업세력과 산업세력은 집권하기 위해서 모두 노동을 끌어들이지 않으면 안 되었다. 그 과정에서 양 세력 모두 개혁을 추구했지만 자유당이 더 멀리 나가면서 노동세력과 먼저 손을 잡았다. 그 결과 자유당에는 분열이 일어났고 일부 산업세력은 보수당과 합류했다. 자유당이 노동자들을 자기 편으로 만들기 위해 내어 놓은 개혁들은 결국 노동에 대해 맺어져 있었던 농업과 산업의 오랜 담합을 깨뜨리고 말았다. 에드워드기에 자유당이 농업세력을 희생시키면서 노동자들을 끌어들이려고 했을 때 이 담합은 결정적으로 깨어지고 말았다. 윌러비 드 브로크는 "로이드 조지가 교활하게도 농업지주들을 계급적대의 타겟이 되도록 만들었는데 만약 계급적대가 존재해야 한다면 그것은 금권주의자들을 향해야 한다"고 주장했다. 그러면서 그는 오히려 주인(master)과 하인(man) 사이의 연대를 강조함으로써 노동자와의 동맹을 시도했다.92)

거대하게 부상한 노동을 끌어들이기 위해 벌인 싸움에서 패배한 농업세력이 산업세력과 노동세력을 분리시키기 위해 고안해 낸 논리가 급진우파의 논리였다. 그것은 정당의 상위 개념으로 뭉치자는 것이었

114

다. 즉 계급보다 더 큰 '우리' 개념을 급진우파는 대안으로 제시했다. 하지만 그 우리 개념은 근대적 의미의 우리 개념이 아니라 전통적 의미의 우리 개념이었다. 계급 개념이 분리되기 전의 공동체적 유대를 원용하려 한 것이 급진우파의 논리였다.

급진우파를 파시즘의 선구로 보는 썰의 견해, 토리주의의 부활로 보는 아인스틴의 견해, 보수주의의 연장선상에서 보는 사이크스의 견해, 위기상황에서 나온 보수주의의 나름대로의 합리적인 대응으로 보는 그린의 견해 등은 조금씩 차이는 있지만 결국 상호 보완적이다. 급진우파는 전통적 보수주의와는 다르게 움직였지만 그들의 목적은 그들의 기득권을 유지하는 것이었을 따름이다. 그들은 기득권을 유지하기 위해 보수의 논리를 찾아냈고 그것을 고수하려 했다. 하지만 위기의식이 그들에게 어떤 유연성도 허용하지 않았다. 그것이 마치 그들이 특별한 이념에 따라 움직이는 운동세력인 것처럼 나타나게 만들었다. 이후의 역사는 노동계급을 국민 개념으로 끌어들이려 했던 급진우파의 시도가 실패했음을 보여주었다. 보수당은 그들이 노동계급과 구분되는 정당임을 드러내는 것으로 노동당과 차별화될 수 있었기 때문이다. 결국 그들이 그렇게 싫어하던 계급정치의 출현이 그들을 구원하게 되는 아이러니가 발생했던 것이다. 윌러비 드 브로크가 그렇게 경멸했던 '급진적'이란 용어가 바로 자신에게 붙여졌다는 것이 아이러니듯이 말이다.

급진우파에 대한 또 하나의 시각은 집단주의라는 프리즘을 통해 제공될 수 있다. 우리는 Collectivism(집단주의)으로 표기되는 운동을 사회주의자의 전유물인 것으로 대체로 생각한다.[93] 그러나 이러한 집단주의는 사회주의세력만이 아니라 자유주의세력, 보수세력 모두에게서 발견될 수 있다. 이 말은 노동계급만이 아니라 산업자본가, 농업귀족 등 서로 다른 계층적 기반 위에서 각기 자신들의 집단주의가 나타났다는 의미이기도 하다. 특히 보수세력의 집단주의 버전은 보수세력 안에 농업귀족과 산업자본가가 공존하는 형태가 됨으로써 두 개의 상이한 버전이 나타났다는 점을 지적할 수 있다. 집단주의는 개인주의, 자유방임주의, 자유무역의 원리로 돌아가는 사회질서가 더 이상 안정과 번영을 약속하지 못하는 상황에서 제시된 대안적 원리였다. 그러나 동일한 집단주의의 외양을 쓰고 나타났지만 그 바탕에 깔려 있는 각 집단주의의 이해관계와 사회에 대한 전망은 모두 달랐다는 점에 유의해야 한다. 따라서 급진우파는 집단주의를 제시함으로써 자유주의나 사회주의 혹은 동일한 보수파 내에서 나온 집단주의와 유사한 의상을 걸친 것처럼 보였다 해도 그 바탕에서는 커다란 차이를 지니고 있었다는 점을 잊어서는 안 될 것이다.

에드워드기 급진우파와 윌러비 드 브로크

1. 머리말

『옥스퍼드 영국사』에는 1911년 의회법의 통과에 대해 '모든 의원들이 동의한 것은 아니라는' 간단한 언급이 있을 뿐[1] 여기에 대해 반대한 보수 그룹의 존재는 언급되지 않는다. 그러나 실재는 그렇게 단순하지 않았다. 왜냐하면 사실 백 명이 넘는 상원의원 상당수가 이 법안에 반대했기 때문이다.[2]

에드워드기는 좌파의 도전뿐만 아니라 우파의 도전도 거세게 제기된 시기였다. 에드워드기가 위기 국면이었는가 아닌가에는 논란이 있으며 위기로 보는 대인저필드 같은 전통적인 시각에서, 안스틴과 딘 같이 에드워드시기의 활력을 강조하는 상반된 견해들이 존재한다.[3] 그러나 어느 견해를 따르더라도 이 시기에 우파의 강한 반발이 있었으며, 그 과정에서 우파 안에서 진통이 나타났던 점을 부정할 수 없다. 에드워드기에 보수당은 자유당이 추진한 여러 개혁에 대응하는 과정에서 분열되었다. 보수당은 보수주의와 자유주의 사이에서 분열되었고, 개인주의와 집단주의 사이에서 분열되었다. 국가에 대한 보수당의 태도는 간섭 국가에 대해 개인의 자유를 보호해야 한다는 주장과 그와는 반대로 국가가 강제력을 사용해야 한다는 주장에까지 걸쳐 있으면서 혼돈을 야기했다.[4] 경제원리에 대한 입장도 자유방임주의를 지지하는 입장에서부터 국가간섭을 옹호하는 입장까지 다양하게 표출되었다. 무역에 대해서도 자유무역을 고수해야 한다는 입장과 보호무역으로 전환해야 한다는 입장으로 나뉘어 상이한 견해가 표출되었다. 그러나 이런 파편화 과정은 보수주의에 대한 이론화 작업을 수반했다. 특이하게도 에드워드기에는 이전 시기와 달리 보수당의 정책에 대한 책들이 많이 출간되었고 소책자, 팸플릿, 신문사설 등이 쏟아져 나왔으며 휴 세슬(Hugh Cecil), F. E. 스미스(F. E. Smith), 윌러비 드 브로크(Willoughby de Broke) 같은 토리들이 보수주의의 성격에 대하여 책을 펴냈다.[5]

이런 다양한 입장 가운데 하나로 자리매김되는 급진우파의 이념은 에드워드기에 보수가 도전받는 상황에서 나온 하나의 대응 논리였다.[6] 흥미롭게도 이 보수는 '급진적'이라는 평가를 받았다. 국민예산과 의회법을 둘러싼 보수당 내의 갈등 과정에서 이들이 보인 강경한 태도가 다이하드(diehard)와 디처(ditcher)[7]라는 별명을 얻게 하였고 그것이 이들을 급진적이라고 평가받게 만든 것이다. 어울리지 않는 '급진'(radical)과 '우파'(right)라는 두 단어의 조합은 우리를 혼란스럽게 만든다.

급진우파의 논리를 제공한 가장 중요한 사람으로 윌러비 드 브로크를 들 수 있다.[8] 그는 대인저필드에 의해 그의 선조들이 타던 말들의 얼굴을 닮은, 시대에 뒤떨어진 사람으로 조롱받았는가 하면, 존스(J. R. Jones)에 의해서는 정의, 단결, 자유, 의무, 책임, 애국심의 원칙을 용감하게 고수한 사람으로 재평가받기도 했다.[9] 혹자는 그의 사상이 모순적이며 따라서 급진우파라는 개념 자체가 회의적으로 취급되어야 한다는 주장을 하기도 한다.[10] 그의 사상을 어떻게 이해해야 할 것인지는 하나의 흥미로운 과제이다. 에드워드기 우파 반란의 성격에 대해서 대인저필드나 로난 패닝처럼 급진우파가 보수당에 강력한 영향을 미첬다는 입장에[11] 서지 않는다 해도 보수의 한 변형물로 나타난 급진 우파의 사상은 나름대로 의미를 지닌다. 에드워드기 우파 반란의 선두에 섰던 윌러비 드 브로크의 사상을 검토해 봄으로써 영국 보수파와 보수주의의 한 단면을 살펴 보는 것이 이 글의 목적이다.

2. 윌러비 드 브로크의 국민 토리주의

알란 사이크스는 영국 보수주의가 두 개의 상이한 전통을 가졌다고 지적했다. 그는 이 두 개의 전통이 소문자 c로 시작되는 보수주의와 대문자 C로 시작되는 보수주의의 차이 혹은 경험적 보수주의와 직관적 보수주의의 차이 등으로 불려진다고 보았다. 그는 이런 구분에서 본질적인 차이는 합리적인 접근과 초월적인 접근(divine view) 사이에 놓여 있다고 주장했다. 전자의 경우에는 최대다수의 최대행복이 추구되며, 권력은 행복을 유지하기 위해 필요해진다는 것이다. 반면 후자의 경우에는 사회, 정치 질서는 보다 큰 초자연적 질서의 일부라고 여겨진다는 것이다. 그는 솔즈베리를 전자에, 윌러비 드 브로크를 후자에 위치시켰다.[12]

그런 면에서 본다면 보수당내 그룹들 사이에서도 이런 구분을 해 볼 수 있다. 모리스 우즈(Maurice Woods)와 보수당 사회개혁위원회, 라운드 테이블(Round Table) 운동을 벌인 밀너주의자들(Milnerites) 등은 지적인 성향에 의존하는 경향이 있었다. 반면 급진우파는 합리적인 설득에 기대는 것보다 의지적인 성향에 기우는 특징을 가지고 있었던 것이다.[13] 윌러비 드 브로크는 자신이 생각하는 토리의 특징을 다음과 같이 지적했다.

일반적인 토리는 추상적인 이론보다는 전통에 의해 이끌리고, 시대정신보다는 경험에 의해 이끌리며, 지성보다는 본능에 의해 이끌린다. 토리는 통합당에 투표하는데 특정한 사람에 대한 열정이 있어서가 아니라 통합당이 국가제도들의 보호자이기 때문이다. 이 국가제도들에 그 자신의 편견과 감정(sentiment)이 구현되어 있는 것이다.……그리고 법에 대해서보다 관습에 대해 생각한다. 그는 외국 이름을 가진 대부분의 것들을 불신한다. 그는 모든 새로운 입법은 아마도 좋지 않을 것이라고 생각한다.14)

여기서 윌러비 드 브로크는 토리가 본능과 국가제도, 관습과 경험에 의존하고 있음을 밝히고 있다. 이러한 그의 생각은 '국민 토리주의'(national toryism)라는 용어로 제시되었는데 여기서 가장 강조된 개념은 '국가'였다. 그는 국가에 대한 사랑은 부유함이나 곤경이 파괴할 수 없는 자연적인 성장물이며 이것은 모든 사람에게 잠재된 본능과도 같은 것이라고 주장했다.15)

이런 근거에서 그는 국민정당의 출현을 정당화시켰다. 국민정당은 의회적 의미에서는 존재하지 않지만 수많은 영국인들의 마음 속에 존재하는 것이다. 그는 '모두를 위한 각자, 각자를 위한 모두'라는 구호를 기회주의 정치에 대비시켰으며 이러한 본능은 정치가들이 점화시켜 주기를 기다리고 있다고 보았다.16) 그래서 그는 자유당과 보수당을 '분파적인 정당'과 '국민을 대변하는 정당'으로 상징적으로 대비시킬 수 있었다.

윌러비 드 브로크는 국민 토리주의의 목표를 성, 계급, 정당과 관계없이 모든 시민들이 국민과 제국에 대한 관념을 확립하는 것이라고 규정했다.17) 그 바탕에는 그들이 이제까지 알았던 것 중에 가장 진정하고 숭고한 애국심이 깔려 있을 것이다. 그는 진정한 애국심을 수립하기 위해서는 특정한 원칙에 입각해서 문명의 모든 자원을 동원해야 한다고 주장했다. 그는 이런 원칙으로 두 가지를 들었다. 하나는 영원하고 교조적이며 신의 권능에 의해 확인되는 원칙이었다. 그러한 것으로 그는 사유재산에 대한 양도할 수 없는 권리를 들었다. 다른 하나는 기원에 있어서 교조적이지 않으며 상황에 따라 수정될 수 있는 원칙이었다. 그러면서 그는 국민 토리주의가 전통에만 의존하지 않으며 인간 삶의 가장 좋은 자질 및 가치들을 고려하는 이념이라고 주장했다. 그리고 각 개인들이 자유롭고 고상한 삶을 살아갈 수 있는 기회를 부여하는 이념이라고 주장했다.[18] 이런 구분을 통해 윌러비 드 브로크는 국민 토리주의가 교조적 이념이 아니라는 점을 지적하려 했다.

이러한 '국민'은 윌러비 드 브로크에게는 영국사회에 당연히 부여되어 있으면서 보수당의 편에 서 있는 것으로 간주되었다. 그래서 그는 하원의 독재를 언급하면서 이를 막을 방법으로 국민에 직접 호소하는 방법을 제시했다.[19] 그러나 윌러비 드 브로크는 국민을 강조하며 국민 토리주의의 '통합 논리'를 주장했지만 인종주의와 엘리트주의, 국교주의를 그의 사상의 바닥에 깔고 있었다. 그는 다음과 같이 지적함으로써 인종주의를 당연한 것으로 제시했다.

우리는 건전한 종(stock)을 만들어 내도록 해야 하며, 불건전한 종을 기르는 것을 억제해야 한다. 그렇게 길러진 인종들에 번영의 기회가 부여될 것이다. 이것은 우생학이라고 알려진 과학이다. 인간의 육체적 부분을 주로 책임지는 학문이다. 그리고 국민의 건강이 정치가의 첫 번째 고려사항이 되어야 한다는 디즈레일리에 의해 놓여진 토리의 원칙을 확인한다.[20]

그는 영국의 복지에 관심을 가진 누구도 인종재생에 대해 말하는 것을 부끄러워 할 필요가 없다고 지적했다. 윌러비 드 브로크는 제국은 육체적 정신적으로 건강한 남녀를 가장 많이 키워내는 방식으로 달성된다고 주장했다. 윌러비 드 브로크는 생물학에서 이루어진 새로운 발견을 자신의 논리에 끌어들이는 것을 주저하지 않았다. 이런 생각이 엘리트주의로 이어지는 것은 너무나도 당연하다. 그는 통치직이 계승되어야 한다는 주장을 하며 만델과 골튼, 커즌을 언급했다.[21]

국민을 결합시키기 위한 방편으로 종교가 활용되어야 하는 것도 당연했다. 정치와 종교는 결합되어야 하는데 정치가 종교로 들어가기보다는 종교가 정치로 들어올 것을 주장했다. 그는 어떤 정치적 분파도 종교적 원칙에 의해 고취되어야만 '국민적'이 될 수 있다고 보았다.[22] 물론 여기서 종교는 영국국교를 의미했다.

이렇게 놓고 보면 그의 국민 개념에는 한계가 있음을 알 수 있다. 그는 국민을 근대 시민혁명 이후에 형성된 정치적 공동체로서의 국민으로 보지 않았다. 계급적 이해를 초월하기 위해 근대 공화정 체제가 만들어 낸 파시스트적 국민 개념과도 상이하다. 한편에서는 엘리트주의적 위계질서가 고수되면서 다른 편으로는 분파적 이해를 초월하는 국민 개념이 추구되는 현상은 이들의 국민 개념이 전근대적 바탕 위에 놓여 있음을 보여준다. 아울러 그의 국민 개념의 작동 가능성에도 의문이 제기된다. 체임벌린이나 밀너 같은 사회적 제국주의자들의 경우는 노동계급에 대한 경제적 혜택을 애국심과 결합시키려고 했지만, 윌러비 드 브로크의 경우는 그런 실용적인 측면이 결여되어 있었기 때문이다.

3. 국민 토리주의의 세 개의 가치

월러비 드 브로크는 국민 토리주의에 세 개의 지배적 가치가 있다고 지적했다. 그것은 정의, 단결, 자유였다. 그는 이것들을 평화, 수축, 개혁이라는 구호에 대비시키면서 전자가 보다 나은 구호라고 주장했다.

정의에 대한 생각은 그가 권리와 의무의 균형에 대해 관심을 가지고 있음을 보여준다. 그는 다음과 같이 지적한다.

정의는 인류애나 애국심처럼 정직하게 노동할 준비가 되어 있는 모두가 생계비, 건강한 가정, 기본적 시민권을 향유해야 할 것을 요구한다. 노동자들의 착취는 용인될 수 없다. 정의는 노동에 대해 권리와 함께 의무를 가정한다. 좋은 임금을 받았으므로 그것에 대한 좋은 노동을 요구하는 것이다. 이것이 노동계급 다수가 받아들이는 합의점인 것이다. 노동자들은 노동자가 그의 생산력을 해칠 정도로 자신의 힘을 과도하게 쓰지 말아야 하고, 세 사람이 할 수 있는 일을 다섯 사람이 하는 식으로 노동을 적게 쓰지도 말아야 한다는 점에 동의한다. 이 두 생각은 다 틀렸고 좋은 성격(character)을 만들지 않는다. 사실상 나태함은 부자에게나 빈자에게나 빈곤보다도 더 다루기 어려운 문제이다.[23]

그가 제시하는 정의는 부당한 고용주에 대하여 국가의 간섭을 정당화할 수 있는 근거를 제공한다. 흥미로운 것은 그의 생각을 보다 앞선 역사주의 경제학자들의 사고에서 읽을 수 있다는 점이다. 커닝엄은 고용인을 과도하게 부려먹는 공장주가 단기적으로는 이익을 얻을 수 있다고 보았다. 그러나 결국 노동자들은 건강을 해쳐 일찍 퇴직하게 될 것이며, 그렇게 되면 그의 가족과 공동사회는 모두 짐을 떠 안게 된다는 것이다. 커닝엄은 공장주의 착취를 사회주의와는 다른 근거에서 거부하고 있다.[24) 흥미로운 점은 고용주의 착취에 대한 간섭을 사회적 제국주의자들이 효율의 원리로 주장했던 반면 급진우파의 경우 정의의 원리라는 바탕에서 주장했다는 점이다.

월러비 드 브로크가 모범으로 여기는 사람은 미들랜즈의 농사꾼이었다. 그는 69세의 나이에 밭에서 일하지만 읽지도 쓰지도 못하는 사람이다. 그는 헛포셔의 농장에서 소를 키우는 일을 하면서 농사일을 시작했다. 그리고 결국 그의 고용주가 그에게 백 파운드의 돈을 남겨줌으로써 자신의 축사를 세우기에 충분한 돈을 저축하게 되었다. 그의 사업은 그가 오래 아팠던 이유로 인해 실패했다. 그의 얼마 되지 않는 자본은 점차 사라져갔다. 하지만 그가 그들을 위해 평생 일했던 주인집이 그에게 충분한 연금을 주었다. 그러나 이 노인은 단순히 나태할 수 없었다. 그는 항상 먼저 나가고 항상 가장 늦게 돌아온다. 그는 매일 아침 5시 30분에 일어나고, 2마일을 걸어서 밭으로 나간다. 그리고 농장에서 가장 훌륭한 최고의 노동자인 것이다. 바로 이런 사람이 제국에 기여하는 사람이었다.[25) 여기서 강조되는 미덕은 근면이었다.

그의 정의 개념은 권리를 위해 다투는 당사자들의 의무에 대해 주의를 환기시키는 강점을 가지고 있다. 그러나 비록 귀족의 의무가 강조된다 해도 그것은 봉건적 질서를 유지하기 위한 원리로 기능했음을 간과해서는 안 될 것이다.

그가 제시하는 단결은 다름 아닌 계급과 성(性)과 교회와 국가와 제국의 단결이다. 그는 다음과 같이 지적했다.

> 단결은 생각, 말, 행동에 있어서 제국의 강화를 포함한다. 연합왕국의 단결이다. 교회와 국가의 단결이다. 다니엘 웹스터의 말처럼 좋은 크리스천을 만드는 것은 무엇이나 좋은 시민을 만든다는 것이다. 그리고 무엇보다 모든 계급 사이의 단결이다. 계급간의 대립이나, 성간의

대립이나, 교리간의 대립이나 어떤 대립도 완전히 해로운 것이다. 단결이란 생각은 국민 토리주의에 핵심적인 개념이다. 부자와 빈자 모두가 국가에 봉사하게 하기 위해 부자는 빈자에게 봉사해야 한다. 이런 생각은 책임에 기초한 봉건주의의 중요 교리이다. 이것의 본질을 해치는 어떤 것도 징계를 당했다. 급진주의자들은 농업지주와 소작인, 노동자들 간의 이익을 분리시키기 위해 최선을 다하고 있다. 그들은 언제나 그랬던 것처럼 지주들을 공격하는 것으로 시작했다. (하지만) 결과는 소작인을 불안하게 만드는 것이었다.[26]

그가 강조하는 단결은 결국 국가 구성원들을 하나로 결합시키는 것이다. 그의 단결에 대한 강조는 영국의 위기와 국제사회에서 벌어지는 사회적 다윈주의에 영향을 받은 결과라고 볼 수 있지만, 한편으로는 지배층의 편견을 숨기고 있다. 윌러비 드 브로크는 단결을 외치지만 교회와 계급과 국가와 제국이 내부에 지닌 갈등에 대해서는 말하지 않았다. 단지 그 갈등들 위에 있는 상위의 가치가 갈등을 해소할 수 있을 것이라고 보고 있을 따름이다. 그리고 단결의 구체적 단위인 국가와 제국의 실체에 대해서도 말하지 않는다. 국가와 제국은 추구되어야 할 당위성을 지닌 것으로 전제되어 있을 따름이다.

자유에 대한 생각은 보다 특이하다. 윌러비 드 브로크는 상원을 자유를 구현하는 기관으로 간주했다. 따라서 그에게 있어 자유는 상원의 귀족 지배가 유지되어야 가능했다. 그는 당대의 상황을 상원의 귀족 지배가 무너짐으로써 급진주의자들이 지배하는 절대주의 통치로 넘어간 것으로 보았다.[27] 그는 이러한 상황을 헌정질서의 파괴와 연결시켰다. 헌법은 국민을 위해 존재하는 것인데 이것이 파괴당했으므로 자유를 위한 보장책이 파괴되었다는 것이다.[28] 암씰(Ampthill) 역시 상원은 국민들이 어떻게 자유를 상실당해 왔는지를 설명해야 한다고 촉구함으로써 동일한 시각을 드러냈다.[29] 아울러 재산이 헌법의 한 부분을 구성하고 있다는 믿음은[30] 재산권에 대한 침해를 헌법의 파괴로 간주했다. 윌러비 드 브로크는 하원에서 토론의 자유가 상실되고 있다는 주장도 했다. 그에 따르면 자유는 헌법이 회복되고, 왕의 압력과 정당의 배후조종자들로부터 자유로운 강력한 상원이 다시 만들어지고, 하원에서 토론의 자유가 회복되지 않는 한 실현될 수 없었다.[31] 그리고 그의 자유는 상원과 하원에서 귀족들의 헤게모니가 상실된 순간 함께 상실되어 있었다.

그가 외친 자유는 '외국의 적들과 군주로부터 보호해야 할 자유롭게 태어난(free-born) 영국인들의 자유'로 표현되었지만,[32] 그가 이런 자유를 외쳤을 때 그는 사실상 자신의 계급의 자유를 외치고 있었던 셈이다. 귀족의 수를 늘리겠다는 상원에 대한 왕의 압박은 전제주의 통치로 회귀하는 현상으로 파악되었다. 국왕만이 아니라 급진주의자들과 사회주의자들도 하원의 독재를 기도하는 세력으로 간주되었다.[33] 그들이 장악한 하원만이 자유로운 하원이었던 셈이다.

국가기관의 간섭은 개인의 자유를 침해한다는 이유로 배격되었지만,[34] 윌러비 드 브로크는 공동체적 관점에서 국가간섭을 지지하는 태도를 견지하고 있기도 하다. 그러므로 그가 국가간섭을 배한 이유는 국가가 자신들이 속한 계층의 이익을 침해하였기 때문이라고 보아야 한다. 결국 윌러비 드 브로크에게 자유는 보편적 자유를 의미하지 않았으며, 자유는 귀족계층의 특권을 유지하기 위한 도구적 개념으로 원용되었을 따름이다.

비록 윌러비 드 브로크가 제시하는 정의, 단결, 자유라는 개념들이 애매한 점을 가지고 있고 비판받을 수 있다 해도, 이런 가치들이 표명된 것은 급진우파의 보수주의가 '태도'가 아닌 '이데올로기'로서의 성격을 지닐 수 있다는 점을 시사한다.

4. 윌러비 드 브로크의 정책 대안

윌러비 드 브로크의 사상은 구체적인 정책들로 표명되었다. 급진우파가 의회법에 반대하는 과정에서 표면화된 만큼 우선 상원을 복원시키는 문제가 중요했다. 상원을 복원시킨다는 것은 파괴된 헌정질서를 회복시킨다는 의미를 지니고 있었다. 로이드 조지는 상원을 밸퍼의 푸들 강아지로 간주했지만 급진우파에게 상원은 헌법의 수호자였다.[35] 윌러비 드 브로크는 의회법의 통과로 말미암아 헌법은 소멸된 것으로 보고 있었다. 이런 상황에서는 수상이 전권을 가지고 있으며 독재가 초래된다고 보았다.[36]

윌러비 드 브로크는 상원의 권력을 회복시키는 방안으로 네 가지를 제시했다. ① 현재 상원의 축소판으로 귀족들 자신에 의해 선출된 사람으로 상원을 구성하는 것이다. ② 지명으로 상원을 구성하는 것이다. ③ 외부에서 선출된 사람들로 상원을 구성하는 것이다. ④ 위의 세 가지 안을 혼합하여 상원을 만드는 것이다. 그는 지명과 혼합 방식은 명백하게 거부했고, 귀족들 자신이 선출하는 상원 구성방식은 현실적으로 어려울 것으로 보았다. 결국 그가 가장 적극적으로 고려한 방법은 '선출'로 상원을 구성하는 것이었다.

선출에 의해 상원을 구성할 경우, 상원은 지방의회(county councils)에 의해 선출되거나, 하원에 의해 선출되거나, 혹은 제한된 선거권자들에 의해 선출될 수 있었다. 하지만 처음 두 개의 방법은 선출된 귀족들에게 합당한 권력을 부여하지 않을 것이라고 보았다. 하원에 의한 선출은 당기구의 문제를 야기할 것이며 이것은 바람직하지 않았다. 귀족들이 보다 제한된 선거인들에 의해 선출된다면 '왜 다수가 소수에 의해 통치되어야만 하는가' 하는 반발을 불러 일으킬 것이다. 귀족들은 소득세 납부자들에 의해 선출될지 모르지만 이것은 "가진 자"와 "빈곤한 자"들 사이의 전쟁을 불러올 것이다.

윌러비 드 브로크가 제안하는 방법은 하원의원을 뽑은 사람들이 상원의원을 뽑도록 하는 것이었다. 그러면 의문이 제기될 수 있다. 하나의 선출된 기구가 또 다른 선출된 기구의 결정을 통제할 권리에 대한 의문이 그것이다. 여기에 대해 그는 상원의원이 하원의원과 다른 시기에 선출되며, 보다 큰 선거구에서 선거가 치러지고, 의원은 보다 긴 임기를 가지며,[37] 무보수 의원을 뽑는 것으로 상원을 차별화시킬 것을 제안한다. 유권자들은 하원과는 다른 후보를 뽑는다는 것을 쉽게 알 수 있어야 하며 그 결과 의원직으로서 얻을 것이 없는 사람들이 뽑히게 된다는 것이다. 이들은 공적 봉사를 위해 그들의 여가를 포기할 준비가 되어 있는 사람들이어야 했다.[38]

윌러비가 제시한 상원 개혁 방안은 나름대로 합리적인 측면을 지니고 있다. 하원과 임기가 다른 의원을 상이하게 배치된 선거구에서 뽑는 것으로 하원이 지닌 대표성의 한계를 보완할 방책을 제시한 셈이다. 귀족계층의 부활을 기도하는 의도만 배제된다면 하원의 한계에 대한 의미있는 대안이 될 수도 있을 것이다.

급진우파의 대안 중 가장 현실적인 의미를 지녔던 부분은 경제적 측면에서 제기된 관세개혁에 대한 주장이었다. 사실 자유무역의 원칙은 너무나도 뿌리깊어 관세개혁 주장은 보수당과 자유당 지도부 모두에게 커다란 위협이었다. 보수당 각료들은 관세개혁을 극좌파에 비견할 수 있는 위협으로 간주했고,[39] 자유당은 자신의 적을 맑스가 아니라 관세개혁파라고 생각했다.[40]

윌러비 드 브로크는 관세개혁의 근거를 흥미롭게도 인간다운 삶의 보장에서 찾았다. 모든 외국 상품에 대하여 관세를 부과하는 것은 자신의 의무를 다하는 사람들이 건강하고 품위있는 삶, 인간다운 삶을 영위할 수 있는 환경과 임금을 보장하기 위해서였다.[41] 자유무역이 무한한 번영을 가져다 준다는 자유당의 주장은 인구의 3분의 1이 기아 선상에 있다는 스스로의 지적에 의해 자기 모순에 빠져 있다고 지적했다. 윌러비 드 브로크는 보호주의를 택한 독일의 예를 들어 독일인들은 남부 유럽의 모든 휴양지를 뚫고 들어가고 있다면서 영국에서 블랙풀(Black Pool)로의 여행같은 것에 비할 바가 아니라고 주장했다.[42]

관세개혁은 통합당 노동대표연맹(ULRL), 보수당 노동자연합(CWMA), 보수당 사회개혁위원회(USRC), 영국노동자전국연맹(BMNL) 등이 모두 내세운 보수당의 논리였다.[43] 그러나 이러한 여러 단체들이 관세개혁을 주장한 이유와 관세개혁과 연관하여 의도한 것들은 동일하지 않았다. 관세개혁을 둘러싸고 나타난 여러 입장들은 각기 자기 논리를 가지고 있었다. 이들 상이한 입장은 보호와 자유를 선택적으로 내세웠지만 상이한 이해관계가 깔려 있었던 것으로 보인다. 어떤 사람들은 제국특혜(imperial preference)를 주장하면서 제국의 경제권역을 만들어 내는 것에 관심을 가졌지만, 어떤 사람들은 특별한 산업에 대한 보호에만 관심이 있었다. 식민지에 대한 특혜관세를 주장한 사람들 안에서도 의견은 갈라졌다. 어떤 사람들은 영국이 제국체제 안에서 제조업의 중심국으로 남을 것을 가정한 반면, 어떤 사람들은 산업을 백인 식민지에 확대시킨다는 생각에 찬동했다. 이들에게는 제국의 중심이 시드니든 오타와든 그런 것은 문제가 되지 않았다.[44] 식민지와의 교역 증진 같은 것에는 관심이 없고 특별한 산업에 대한 보호에만 관심이 있었던 사람들 사이에서도 입장은 갈라졌다. 미들랜즈의 철강업자들은 독일과의 경쟁에서 산업이 보호받기를 희망했다. 그런가 하면 농업가들은 해외로부터의 싼 곡물에 대해서 보호받고 싶어했다. 이들은 제국특혜에 대해서도 반대했다. 이들은 유럽만이 아니라 식민지로부터도 영국 농업이 보호받기를 희망했던 것이다. 관세를 받아들이긴 하지만 단지 이를 보복의 수단으로 간주한 사람들도 있었다. 이들은 관세를 통해 세계 자유무역의 양을 증가시키려는 것이 궁극적인 목적이었다. 밸퍼 같은 사람은 자신의 보복주의가 자유무역과 조화를 이룬다고 선언했다.[45]

관세의 경제적 효과에 대해서도 여러 가지 논리가 제시되어 관세가 태동하는 산업을 보호하자는 것인지, 낡은 산업을 보호하자는 것인지에 대해 논란이 이어졌다. 하지만 급진우파의 관세개혁 주장은 이런 복잡한 논의의 논리적 귀결로 제시된 것이라기보다는 지주층의 이해를 보전하는 가장 단순한 방법이라는 데서 찾아야 할 것이다. 급진우파는 인민예산으로 인해 지주층에게 부과된 토지세를 회피할 대안을 관세에서 발견한 것이다. 급진우파는 관세에는 관심이 있었지만 특혜나, 경제권역의 형성같은 것에는 관심이 없었다.

결국 관세개혁 문제는 보수당 내의 급진우파와 사회적 제국주의를 가르는 중요한 지표가 되었다. 이 두 파는 관세개혁을 동일하게 주장했지만 급진우파는 이것을 사회개혁과 연결시키지는 않았다. 두 파 모두에서 제국은 강조되었지만 밀너의 사회적 제국주의는 관세를 통해 형성될 제국 경제권이 만들어 낼 경제적 효과를 중시하고 있었다.[46] 사회적 제국주의자들은 관세와 연결된 사회개혁으로 산업노동계급을 끌어들일 의도를 가지고 있었지만 급진우파는 그런 효과에는 별 관심이 없었다. 제국은 함께 강조되었지만 누구의 이익을 유지하며 제국을 추구할 것인가의 문제에 대해서는 서로 의견이 달랐던 것이다.[47]

윌러비 드 브로크는 국방을 강화하기 위해 정규군을 만들고 일반병역제도를 실시할 것도 제안했다. 그는 모든 일급의 권력들은 보통 군사교육(Universal Military Training)을 필요로 한다고 주장했다.[48] 해군력의 강화도 중요한 부분을 차지했다. 정부의 해군 방위공약과 피셔 제독에 대한 불신은 제국해양연맹(Imperial Maritime League)의 창설로 이어졌는데, 윌러비 드 브로크가 이 조직의 의장직을 맡은 점은 급진우파가 군사력을 강조하고 있음을 보여주었다.[49] 국가와 제국의 강화를 위해 군사력을 증진시키는 것이 급진우파가 제시하는 국가정책의 중요한 한 부분이었다.

급진우파를 파시즘과 연결시키는 정책은 인종적 차원에서 나타났다. 윌러비 드 브로크는 그의 인종주의를 당시에 태동하고 있던 우생학에서 찾았다. 그는 모든 진보와 안전은 '인종의 질'을 유지하는 것에 달려 있다고 주장했다.[50] 윌러비 드 브로크의 '영국 국민의 건강과 힘'에 대한 관심은 흥미롭게도 그로 하여금 여성 선거권운동을 지지하도록 만들었다. 그는 여성 선거권운동이 일반 복지와 연결되는 문제라고 믿었다. 그는 의회의 임무는 최대 다수의 건강한 남녀가 잘 성장할 수 있는 환경을 만드는 것이라고 주장했다. 그러기 위해 미래에 존재할 영국 국민을 탄생시킬 어머니들로부터 조언을 얻어야만 할 것이었다.[51] 우생학과 인종주의, 여성의 권리를 연결시키는 논리는 영국에서 발생하는 두 종류의 파시즘과 미묘하게 연관된다. 아놀드 리스류의 파시즘에서는 인종주의가 강조되었지만, 모슬리의 파시즘에서는 인종주의는 부각되지 않으면서도 여권에 대한 관심은 강하게 부각되었기 때문이다.

한편으로 윌러비 드 브로크는 귀족들의 의무를 강조하는 정책을 제안했다. 그는 의원들의 세비지급에 반대했는데 왜냐하면 이것은 보수 없이 행해질 의무이며 특권이었기 때문이다. 그는 의원의 세비의 성격에 대해 다음과 같이 지적했다.

주(shire)의 기사들, 시민들, 자치도시 대표(burgess)들은 집으로 그들의 보조금 칙서(writs de expensis levandis)를 가지고 갔다. 그래서 고대의 관습이 인용된다면 순전히 호주머니돈(out of pocket expenses)이 단독으로 고려되어야만 하는 것이다. 윌리암 안슨(W. Anson) 경에 따르면 기사에게는 하루 4s., 시민이나 버제스에게는 하루 2s.이 관례적이었다. 보조금 칙서는 회기가 끝나면 집으로 가져가는 것이었으므로 그것은 의회가 열리는 날들에만 적용되는 일당이라고 추정된다.[52]

하지만 그는 국가에 대해 아무런 금전 혜택을 받지 않고 봉사하는 원칙이 이제는 공적 생활의 가장 훌륭한 전통의 하나가 되었다고 주장했다. 돈을 벌기 위해 정원사나 운전사가 되는 것은 타당한 행위였지만 소득을 얻기 위해 하원의원이 되는 것은 혐오스런 행위였다.[53]

그는 반면에 신흥 부유층을 신랄하게 비난했다. 보수당 내에서 부자들에 대한 공격은 윌러비 드 브로크에게서만 나온 것은 아니었다. 비판은 막스(Maxse)의 급진 금권주의 조사(Radical Plutocracy Inquiry)에서 윈덤(Wyndham)의 동방금융가(oriental financier)에 대한 비평과 가빈(Garvin)의 약탈연합(Plunderbund) 등에 이르기까지 다양했다. 그러나 윌러비 드 브로크가 이들을 비판한 이유는 이들의 부패에 대한 것만은 아니었다. 오히려 비판의 이유는 부자들이 지역사회에서 공적 책임을 맡는 것과 같은 자신들의 자연스런 의무를 다하지 않는다는 것에 있었다.[54] 소위 노블리스 오블리제(noblesse oblige)를 실천하지 않는 것에 있었다는 말이다. 그는 다음과 같이 주장했다.

> 여우사냥(foxhounds)에 가장 적게 기부하는 사람들보다 더 오만하고 이기적인 사람은 없다.……반면 그들은 돈을 향락과 사치에 쓰는 것이다. 이들은 공적인 생활에 대해서는 아무런 관심을 갖지 않는 사람들인 것이다.[55]

1914년에 도입된 육군수정법안(Territorial Forces Amendment Bill)은 이런 생각과 연관되어 있음을 보여준다. 이 법은 특권층이 군사훈련에서 지도적 역할을 맡아야 한다는 생각을 바탕에 깔고 있었다. 약 115개의 사립학교 소년들이 의무적으로 예비 군사훈련을 받아야 하며, 이어서 18세에서 21세까지 신병훈련을 받아야 했다. 25개 대학의 모든 졸업생들이 학위를 받기 전에 동일한 훈련을 받아야 했다. 변호사, 공무원, 의사, 치과의사, 은행, 증권회사 혹은 연 400파운드 이상의 수입을 얻는 직종에는 누구도 같은 방식으로 훈련받지 않는 한 종사할 수 없었다. 이들은 모든가 신병훈련에 이어 30세가 될 때까지 매년 훈련을 받을 것이다. 그리고 국가 위기의 경우에는 45세가 될 때까지 소환될 것이다.[56] 급진우파는 자신들의 역할을 전사계급 엘리트에서 찾았다. 지주귀족들은 육군 장교의 삼분의 일을 차지하고 있었으며 해군의 중요 직책들을 맡고 있었던 것이다.[57]

윌러비 드 브로크가 가장 강경한 입장을 드러내 보인 정책은 제국과 관련된 부분이었다. 제국이란 단어는 급진주의자의 귀에는, 메피스토펠레스의 귀에 울려 퍼지는 교회 종소리와도 같이 거슬리는 것이었다.[58] 특히 그는 1912년 4월 이후 3차 홈룰 법안을 둘러싼 문제에서 어떤 양보도 하지 않고 끝까지 제국의 결속과 유지를 고집했다. 집단주의에서 궤를 같이 한 사회적 제국주의자들도 홈룰문제에서 차츰 연방제로 돌아섰다.[59] 1912년 7월 블렌하임 연설에서 얼스터의 저항을 전적으로 지지했던 보나어 로도 시간이 지나면서 총선 실시를 위한 수단으로서 강경책을 구사하는 실용적 통합주의로[60] 돌아섰다. 그러나 급진우파는 홈룰문제에서 한 발도 물러서지 않았던 것이다. 윌러비 드 브로크는 얼스터자원군 사령관에게 자신이 앞장서 싸우겠다는 의사를 밝혔으며, 1차대전이 발발하기 한 달 전인 1914년 7월까지 그는 수정안을 제출하며 홈룰 통과를 저지시키려 했다.[61] 이 점에서 그는 완고한 보수성을 드러내면서, 의회와 같이 영국에 수립되어 있던 오래된 제도들마저 희생시키려 했다. 이 부분에서 윌러비 드 브로크는 보수의 이름으로 보수의 원칙을 깨뜨리는 이중성과 경직성을 보여주었다. 급진우파가 보수이면서 급진적일 수 있었던 것은 이런 연관관계에서였다.

이런 여러 정책들은 윌러비 드 브로크가 개인의 자유와 국가간섭을 넘나들었음을 보여준다. 그는 국가의 개입이 중요한 시대로 접어 들었음을 알고 있었던 것으로 보인다. 그는 보수당이 국민의 조건을 향상시키려는 의욕과 능력을 보여주어야만 권력을 장악할 수 있을 것이라고 생각했다.[62] 그러나 여기에는 제약이 있었다. 간섭정책들은 언제나 토리 원칙 안에서 추구되었으며, '토리주의의 역사' 속에 자리매김되었다.[63] 따라서 입법 계획을 위해 헌법의 어떤 한 부분이라도 풀어 놓는 것은 잘못일 뿐 아니라 어리석었다.[64]

윌러비는 국민의 일반 복무를 주장하면서도 의무교육, 사회보험의 문제에 대해서는 사회적 제국주의자들과 달리 여기에 반대했다.[65] 의무교육에 대해 윌러비는 '자유에 대한 중대한 위반'이라고 간주했다. 그는 사회보험법에 대해서도 유사한 이유로 폐지할 것을 암묵적으로 약속했다.[66] 국민예산에 대한 태도는 과세를 국가에 의한 재산권의 침해로, 즉 국가의 부당한 간섭으로 간주하고 있음을 보여주었다. 하지만 관세개혁에 대한 태도는 이와 반대로 관세를 국가의 정당한 간섭으로 간주하고 있음을 보여주었다. 그들이 보기에 부당한 국가간섭을 주장하는 사람들은 콥덴주의자−급진주의자−사회주의자로 하나의 카테고리로 묶여졌다.[67]

얼핏 보면 자유와 간섭은 급진우파의 주장에서 함께 드러나며 그래서 때로 모순되는 것처럼 보인다.[68] 하지만 이런 상이하게 보이는 주장들이 근본적 충돌을 야기하지는 않았다. 왜냐하면 그들은 근대적 간섭과 전통적 간섭을 구별했으며, 그 중에서 근대적 간섭에는 반대하면서 전통적 간섭에는 찬성했기 때문이다. 그래서 근대적 간섭행위가 일어났을 때 그들은 자유의 논리로 여기에 반대할 수 있었던 것이다. 급진우파에게 자유와 간섭은 편의에 따라 선택적으로 채택되었음을 알 수 있다.

5. 맺음말

20세기에 접어 들면서 자유방임주의, 자유무역주의, 개인주의에 대한 반발은 사회주의 진영에서만이 아니라 자유당과 보수당 진영 모두에서 제기되었다. 19세기에 보수당과 자유당은 이데올로기와 계층적 기반의 차이에도[69] 불구하고, 기본적으로 영국 자본주의의 중요한 원칙에는 합의하고 있었다. 그러나 '영국사회의 쇠퇴'와 '유권자의 확대'라는 두 가지 변수가 두 정당으로 하여금 자신들의 원칙을 수정하도록 만들었다.[70] 두 정당은 쇠퇴가 야기한 문제들에 대해 사회정책을 내어 놓아야 했고,[71] 민주주의가 만들어 낸 계급정치에 대처해야 했던 것이다. 그 과정에서 개인주의의 원칙은 수정되었으며 집단주의적 주장들이 등장했다.[72] 자유당의 '로즈베리 그룹'과 보수당의 '체임벌린 그룹'은 집단주의의 시작을 알렸으며,[73] 각 정당 내에서는 여러 형태로 집단주의적 변형이 일어나게 되었다.

보수당 내에서는 보수주의 그룹 내에서 집단주의적 변형이 여러 갈래로 나타났다. 그 가운데는 윌러비 드 브로크의 급진우파, 밀너의 사회적 제국주의, F. E. 스미스의 보수당 사회개혁위원회 등이 열거될 수 있었다. 이런 상황에서 에드워드기에는 집단주의의 도전이 연속적으로 집단주의적 대응을 불러왔다. 사회주의적 집단주의의 도전에 자유당은 집단주의 방식으로 대응했으며, 자유당에 대해 보수당은 역시 자신의 집단주의로 대응했다. 이 과정에서 보수당 내에서는 상충하는 이해관계로 인해[74) 상이한 집단주의적 대응방식들이 나타났고 보수당 내 그룹들은 분열되었다. 어떤 그룹은 '자유무역주의의 원칙'을 훼손시키려 한 반면 어떤 그룹은 '자유방임주의'를 훼손시키려 했다. 그런가 하면 사회적 제국주의자들처럼 양 원리를 다 훼손시키려 한 그룹도 있었다.[75) 이 과정에서 급진우파는 보수당 내 자유주의 그룹뿐만 아니라 보수주의 그룹들과도 마찰을 빚었다.

에드워드시대의 보수당은 토지 정당에서 벗어나고 있었다. 기업가 출신이었던 보나어 로가 보수당을 이끌고 있었으며 보수당 의원들은 전문직이나 다양한 사업가 계층으로부터 나오고 있었다. 지방에서는 지주만이 아니라 하부 중간계급과 노동계급의 표에 의해 보수당이 유지되고 있었다. 보수당은 영국 농촌의 정치적 표현이었을 뿐 아니라 산업도시인 리버풀과 버밍엄의 당이기도 했다. 이런 상황에서 보수당은 선거에서 승리하기 위해 자신들이 지주의 이익과 동일시되는 현상을 넘어서야만 했다.[76) 보수당이 1910년 1월 선거 결과를 분석한 이후 '토지세'를 폐지하겠다는 공약을 거부했을 때[77) 이런 의도는 분명해졌다. 그러나 보수당 내에서 전통적인 지배그룹이었던 지주귀족들은 자신들의 이익과 보수당 전체의 이익을 동일시하지 않는 보수당 지도부의 태도를 묵인할 수 없었다. 재산에 대한 침해를 거부하기 위해 급진우파가 제시한 집단주의 논리는 자유당에 대한 반박일 뿐 아니라 지주들의 이익을 침해하는 정책을 제시한 보수당 그룹에 대한 반박이었다.

따라서 윌러비 드 브로크의 사상은 기본적으로 보수주의의 틀을 벗어나지 않는 것으로 보인다. 그는 추상적 정치이론보다는 구체적 사례와 관행을 가치있는 것으로 간주했고,[78) 계획이란 것 자체를 선호하지 않았다.[79) 그는 프로그램이 자유당의 뉴카슬프로그램 같은 조치들을 의미한다면 프로그램을 갖는 것은 불필요하다고 주장했다.[80) 그는 계획이나 법률보다 보수주의의 원리로 돌아가는 것으로 국가를 구할 수 있을 것이라고 확신하고 있는 것이다.[81]

월러비 드 브로크는 영국의 오랜 무역관행을 깨뜨린 관세개혁을 지지하고, 의회를 무시하는 태도에서 '급진적'이라고 평가받게 되었다.[82] 하지만 관세개혁에 대한 급진우파의 지지는 사회적 제국주의자들의 지지와는 달랐다. 관세개혁이 새로운 원리를 표방했기 때문이 아니라 이것이 오래 전에 나타났던 보호주의의 기억을 떠올렸기 때문에 이를 지지했던 것이다. 관세개혁의 목적도 달랐다. 사회적 제국주의자는 사회개혁 비용을 만들어 내고, 제국 경제권을 만들어 내려는 것이 목적이었지만 급진우파는 약탈적인 직접세에 대한 대안을 찾으려는 것이 목적이었다. 의회를 무시하는 태도도 의회가 지주귀족의 이해를 침해한 결과 나타난 대응일 따름이었다. 결국 급진우파가 표명한 가치는 전통적 가치였으며 그 정책은 전통적 엘리트의 입장을 보존하기 위해 고안된 것이었다.[83] '급진적'이란 수식어는 변화만을 강조함으로써 변화의 내용을 숨기고 있는 셈이다.

월러비 드 브로크는 "내가 국가로부터 벗어나기 위해 무엇을 할 것인가?"가 아니라 "내가 국가를 위해 무엇을 할 것인가?"를 물어 보아야 한다고 주장했다.[84] 자유주의적 개인주의에서 벗어나기 위해 구사한 이런 표현은 급진우파가 그들의 집단주의를 제시하기 위해 내세운 전형적인 구호였다. 그러나 급진우파의 집단주의는 새로운 환경이 만들어 낸 근대적 공동체주의 혹은 사회주의라는 개념틀에서 나온 것이 아니었다. 그와는 달리 과거의 가부장적 사고의 틀에서 나온 것이었다. 따라서 이것을 급진적이라고 부르는 것 자체가 혼란을 야기할 수 있다. 월러비의 주장과 노력은 구 기득권층의 질서를 복원하고 유지하려 했던 것으로 해석해야 할 것이다. 급진우파 운동은 보수당을 통해 관리되던 귀족지배질서가 보수주의의 유연성으로 인해 무너지기 시작하자 보다 전통에 집착하는 토리즘을 전면에 부상시키려 했던 과정에서 나온 운동이었다고 보아야 할 것이다. 사라져 가는 토리즘의 마지막 절규는 위협적이었지만 그러나 강조되어서는 안 될 것이다. 공동체주의를 되살리려 한 노력은 이들을 집단주의자로 보이게 했지만 그 집단주의는 근대적 환경의 필요에서 나온 새로운 공동체주의에 바탕한 것은 아니었다. 각 정당에서 제각기 출현한 집단주의자들의 목소리가 때로 유사해 보였다 해도 그 근거는 서로 다를 수 있었다는 점을 간과해서는 안 될 것이다.

보수당 사회개혁위원회와
프레드릭 에드윈 스미스

1. 머리말

20세기 초 영국의 보수당은 위기에 직면해 있었다. 1906년 선거 패배는 이런 인식을 더욱 확대시켰다. 보수당 내에서는 위기에 대응하는 과정에서 대체로 3개의 분파가 형성되었던 것으로 보인다. 첫째는 실용적 기회주의자들이었다. 둘째는 자유무역과 자유방임을 주장한 사람들이었다. 셋째는 사회개혁과 국가간섭을 주장한 사람들이었다.[1] 밸퍼 등 보수당 지도부는 기회주의적 입장을 취했던 것으로 보인다. 이들은 정치적 실용주의의 노선을 추구했다. 자유를 강조한 사람들은 자유무역과 자유방임이라는 큰 원칙을 견지하면서도 완전한 자유방임을 주장한 쪽과 사회문제에 대해 자선과 같은 방식의 개입을 허용한 쪽으로 입장이 나뉘어졌다. 전자에 웨미스, 로 스트레치 같은 사람이 있었다면 후자에는 휴 세슬 경이 있었다.[2] 개혁을 주장한 사람들은 국가 개입의 방식과 정도에 따라 다시 토리 민주주의, 관세개혁파, 급진 우파 등으로 나뉘어졌다.[3] 세 번째 부류가 얼마나 영향력이 있었는가에 대해서는 논란이 있으며,[4] 포어드 같은 사람은 1차대전 전 우파가 간섭주의를 상당한 정도로 수용했다는 주장을 역사적 신화라고 지적

140

하기도 한다. 하지만,5) 국가간섭 현상은 디즈레일리에서 솔즈베리를 거치는 동안 이미 나타났으며 이 과정에서 보수당 내에서 집단주의6) 의 배아가 성장해 나가고 있었던 것으로 보인다.

이러한 세력 중에서 보수당 사회개혁위원회를 이끌면서 토리 민주주의의 계승자로 등장한 사람으로 프레드릭 에드윈 스미스(Frederic Edwin Smith)가 있었다. 그는 사회개혁을 거대 기업을 세우기 위한 초기 자본지출에 비유할 만큼 사회개혁에 대한 입장이 분명했다.7) 이런 그에게 존 캄벨은 '토리 민주주의자인가 사회민주주의자인가' 하는 질문을 던졌다.8) 그는 국가효율의 추구라는 측면에서 F. E. 스미스와 로이드 조지의 친화성에 대해서도 지적했다. 그는 F. E. 스미스가 토리 민주주의라고 부른 것은 사실상 로이드 조지가 성취하려고 했던 것과 매우 가까웠다고 주장했다.9) 제인 리들리는 F. E. 스미스가 의장으로 활동했던 '보수당 사회개혁위원회'의 입장이 로이드 조지보다 더 사회주의적이었음을 주장했다.10) F. E. 스미스는 보수당원이었으면서도 급진주의자 혹은 심지어 사회민주주의자의 면모를 보여주었던 것이다.11)

사회개혁에 대한 관점은 사실 당대의 사람들에게도 혼란스럽게 여겨졌던 것으로 보인다. 윌리엄 하코트는 19세기 후반 '우리 모두가 사회주의자'라는 말을 했는데12) 이는 개혁과 사회주의가 혼동되고 있었음을 보여준다. 로이드 조지가 사회주의를 비난하는 와중에 정작 자신이 사회주의자라고 비난받는 현상이 벌어졌으며, F. E. 스미스가 자신의 사상을 로이드 조지와 구별하였음에도 불구하고 그의 주장은 로이드 조지의 주장과 동일하다는 의견이 제시되기도 했다. 다양한 집단주의 그룹들은 자신을 제외한 다른 집단주의자들을 사회주의자라고 비판하였으므로 이런 혼란은 더욱 심해졌을 것으로 보인다.

사회개혁을 강력히 주장했을 뿐 아니라 개인주의에서 벗어난 집단주의적 대안을 제시한 F. E. 스미스의 사상은 얼핏 보면 보수주의에서 일탈해 있는 것처럼 보인다. 과연 F. E. 스미스는 보수당 내의 사회주의자였을까? 아니면 보수당 내의 신자유주의자였을까? 그가 제시하는 통합주의와 집단주의적 정책을 살펴보면서 이런 문제에 대해 답변을 찾아 보도록 하겠다.

2. F. E. 스미스의 통합주의

F. E. 스미스는 보수당을 통합당이라고 부르는 것에 특별한 의미를 부여했다. 그는 통합주의[13]가 보수당의 이념이 되어야 한다고 주장했기 때문이다. 마치 노동당이 이념으로서는 사회주의를 주장하듯이, 보수당은 그 이념으로서 통합주의를 채택해야 한다고 주장하는 것이다.[14] 그는 보수당의 이념인 보수주의[15]를 인정했지만 보수주의를 소극적 개념으로, 통합주의를 적극적 개념으로 사용했다.

여기서 그는 통합당이란 용어의 기원이 아일랜드 문제에 기인하고 있음을 인정하고 있다. 그러나 통합당의 의미는 체임벌린이 제국의 단결을 강조한 운동과정에서 크게 부각되었다고 주장한다.[16] 따라서 F. E. 스미스는 통합주의가 자신의 시대에 출현했으며 자신은 그 출현의 연장선상에 있다고 보고 있다.

통합당과 통합주의자(Unionist)라는 용어는 쓰여졌지만 통합당 내에서 이 용어들에 대한 상세한 설명이나 분석은 시도되지 않았다. F. E. 스미스는 바로 이 통합주의를 하나의 이념으로 격상시키고 여기에 대한 분석을 시도하고 있다. 그는 자신이 주장하는 통합주의를 다른 이념들과 대비시켰다. 그가 대비시킨 첫 번째 이념은 개인주의였다.[17] 그는 개인주의자들의 논리는 루소와 벤담, 다윈의 기묘한 복합체라고 주장했다. 즉 루소에서 빌려온 **프랑스 혁명의 자연인**과, 벤담의 **철학적 자유주의자**와, 다윈의 **생존경쟁의 승리자**가 함께 만난 셈이었다. 자연인은 완전했으며, 자신의 본성을 자유롭게 발휘하기 위해 기성교회와 중앙정부는 폐지되어야 했고 자유경쟁에 대한 규제는 사라져야 했다. 이런 상태에서 경쟁이 이루어지고 여기에 적응한 자연인만이 살아남을 것이다. 이런 과정에서 최대다수의 최대행복이 증진되어야만 했다. 루소와 벤담의 논리에 다윈의 논리가 부가되었다. 정부는 투쟁에서 진 사람들에게 어떤 보조도 해서는 안 되었다. 이러한 보조는 적자를 희생시키면서 부적자를 살아남게 할 것이며 적자의 생산성을 저하시킬 것이다.[18]

F. E. 스미스는 이러한 논리를 한 마디로 난센스라고 일축했다. 그는 누가 자연인이며 누가 잘 적응한 사람인가에 대한 질문부터 제기했다. 그는 석기시대에 생존한 자연인은 석기에 정통한 사람이었을 것이며, 만약 벤담주의가 그 시대의 유력한 사상이었다면 문명은 그 시대에 머물러 버렸을 것이라고 지적했다. 그리고 당대 영국에 존재하는 경찰, 군대와 같은 조직들은 모두 빅토리아 개인주의에 반대된다고 주장했다. 만약 독일인이나 프랑스인들이 보다 나은 사람들이고 따라서 그들이 적자라면 그들이 투쟁에서 살아남는 것에 대해 논리적으로 어떤 이의도 제기되어서는 안 되었다.[19]

F. E. 스미스는 결국 군대를 만들어 낸 논리 속에는 연합(combination)이 고립된 경쟁보다 낫다는 생각이 스며들어 있음을 지적했다. 그래서 그는 인간에게 존재하는 자조의 자질과 함께 연합과 희생의 능력도 중요하다는 점을 주장했다. 연합의 사회적 본능은 부족, 도시국가, 왕국, 제국을 만들어 나간 역사적 과정 속에서 교회와 국가를 조직하는 힘으로 작용했으며 이러한 힘은 자기발전, 약자를 누르는 본능만큼이나 역사의 진보에 공헌했던 것이다.[20]

　나아가 F. E. 스미스는 개인주의의 경제 논리인 자유방임의 논리에 대하여 반박했다. 자유방임의 논리는 생존경쟁을 통해 부적자는 제거되고 우월한 사람들이 성장하게 된다는 것이었다. 그러나 이런 논리는 모순을 지닌다고 그는 주장했다. 그는 자유방임주의가 아예 부적자의 생존을 부정하는 것인지 반문했다. 여기에 대해 그는 그렇지 않다고 대답했다. 왜냐하면 영국에서는 튜더시대 이래로 사람들이 기아로 굶어 죽지는 않게 되었기 때문이다. 영국의 정책은 부적자를 굶어죽게 만드는 것은 아니었다. 그렇다면 자유방임주의는 사회적 골칫거리들을 양산하는 결과를 지향할 뿐이다. 그리고 이런 결과는 결국 감옥, 요양소, 정신병동, 병원, 경찰서, 산업훈련원, 원외 부조 등으로 이들에게 비용을 지불하게 만든다. 자유방임주의는 낡은 구빈법제도와, 임시 노동자들의 저임금, 착취노동과, 열악한 주거와 위생상태, 미비한 교육제도에 대해 비용을 지불하는 결과를 낳을 수밖에 없었다.[21]

　F. E. 스미스가 보기에는 국가가 이렇게 불가피한 대가를 치르기보다는 경제에 간섭[22]하는 것이 보다 나았다. 그리고 적절하고 타당한 간섭은 경쟁력의 회복과 효율이라는 적극적 효과를 낳는다는 측면에서도 바람직했다. 그는 국제관계와 사회내부의 문제를 동일한 시각에서 바라보면서 동일한 논리를 적용했다. 그는 독일이 1878년 자유무역 원리를 버리고 관세를 부과함으로써 독일 산업에 준 역동적 효과를 지적하면서, 만약 관세를 부과하거나 자본을 투입한다면 영국에서도 어떤 산업들은 경쟁력을 곧 회복할 수 있을 것이라고 주장했다.

　그리고 산업에 적용된 논리는 개인에게도 적용되어야 했다.[23] 빈곤한 개인들은 '현명한 도움'에 의해서 회복될 수 있지만, 절대 빈곤은 노동에 대한 개인들의 모든 의욕을 파괴해 버릴 것이다. 산업이나 개인들은 공정하게 출발하고 적당한 희망을 가질 수 있다면 경쟁력을 회복할 수 있을 것이다. 구빈법과 자유무역의 원리는 모두 약자를 돕는 것은 무의미하다는 주장에 근거하고 있었지만 이는 ‘현명한 도움’이 지닌 가능성에 대해 무시하는 오류를 범하고 있었다. 그는 자유방임(laissez-faire)이라는 용어에 대해 요령(savoir-faire)이라는 용어를 대조시켰다. 그는 자신의 ‘요령(savoir-faire) 정책’을 시민들의 창의력을 키우고 시민들이 국가재정에 기여할 기회를 부여하는 정책이라고 정의했다.[24)]

그가 통합주의와 대비시킨 두 번째 이념은 사회주의 및 급진주의였다. 그는 자신의 주장이 사회주의와 급진주의에 불과하다는 공격에 대해 오히려 자신의 주장은 이것들을 파괴하고 있다고 강변했다.[25)] 사실 F. E. 스미스의 사상은 신자유주의 및 사회주의와 공유하는 부분이 있었다. 사회주의는 말할 것도 없고 신자유주의도 국가의 간섭을 수용했는데,[26)] 여기서 국가는 개인들에게 적대적인 존재가 아니라, 개인들이 공유하는 정신과 사회의 일반적 이익을 표현하는 존재였다. 아울러 사회를 유기체로 바라보는 관점에서도 이들 사이에는 공통점이 있었다.[27)] 이런 공통점에도 불구하고 그는 사회주의자와 급진주의자를 여러 측면에서 비판했다. 첫째 이들은 국가가 모든 것에 간섭할 것을 요구한다는 것이다. 둘째 이들은 국가가 잘못된 방식으로 개입할 것을 원한다는 것이다.[28)] 셋째 이들은 국가의 연속성과 안정성을 파괴하려 한다는 것이다. 넷째 이들은 계급 적대와 대결의 정책을 추구한다는 것이다. 계급 적대는 정치에 대해 살인행위를 저지르는 것과 같은 범죄행위였다. 예산 캠페인에서 로이드 조지는 바로 그런 범죄적 행위를 저지르고 있었다.[29)] F. E. 스미스가 사회주의자와 급진주의자의 가장 큰 잘못으로 지적하는 점은 이들이 국가의 역할을 강조하면서도 현존하는 국가의 연속성을 파괴하려 하고, 국가가 계급의 기초 위에서 개입할 것을 주장한다는 점이었다.

통합주의는 F. E. 스미스가 대비시킨 두 이념들의 중간에 존재했다.

통합주의는 개인주의의 극단과 사회주의의 극단 사이에 존재했다. 개인주의자들은 **자기 향상의 본능**만을 가진 인간을 바탕으로 국가를 조직한 반면, 사회주의자들은 **조직의 능력**만을 가지고 있는 인간을 바탕으로 국가를 세웠다는 것이다. 그러나 두 이념 모두 해악을 끼쳤는데 개인주의는 협동과 희생을 무시했으며, 사회주의는 경쟁의 욕망을 무시했다.[30] 통합주의는 이 두 이념 모두를 배격하면서도 한편으로 이 두 이념의 일정 부분을 받아들였다. 예컨대 F. E. 스미스가 모든 계급에 대해 '직업의 안전'을 내세웠을 때 그는 사회주의의 주장을 받아들이고 있는 셈이다. 그렇지만 인간이 자신의 잠재력과 재능을 개발할 기회를 가져야 함을 강조했을 때 그는 개인주의의 편에 서 있었다.

두 이념의 중간 지점에 서서 양쪽의 요소를 함께 안고 있었지만 통합주의를 이 두 이념과 구별하는 요소들이 몇 가지 있었다. 첫째 국가의 단결이 강조되어야 했다. 국가를 단위로 한 단결 개념은 특히 강조되었는데 이 점에서 통합주의는 다른 이념들과 뚜렷한 차이를 보였다. 이 생각은 국가는 상충하는 개인들의 우연한 집합을 넘어선다는 인식으로 나아갔다. 국가는 어떤 대가를 치르고라도 강화되고 보존되어야 했다. 이런 인식은 소박하게 표현한다면 애국심에 대한 본능을 강조한 것이라고 볼 수 있을 것이다. 이런 인식의 기초 위에서 국가 단결의 구체적 표현물로서의 왕조, 정신적 삶의 구현체로서의 교회 그리고 국민 전체를 대변하는 기구로서의 상원이 강조되었다.

F. E. 스미스는 국교회를 지지하고 고파 교회와 저파 교회를 결합시키려 했지만, 그가 국교회를 지지한 것은 종교적인 이유에서가 아니라 사회적인 이유에서였다. 그는 스스로 '자신이 교인이 아님'을 인정하였음에도 불구하고 종교와 국가의 연관성에 대해 강조했다. 따라서 정부가 국교회와 특별한 관계를 고수하는 것이 중요하기보다 국가가 모든 종교의 수호자가 되는 것이 중요했다. 그에게는 자유당이 비국교도

와 동일시되는 것도 편협하게 여겨졌다.[31]

그는 상원을 방어하려는 다이하드(diehard)의 노력에 동참했지만 그가 상원을 수호하려 한 것은 상원이 귀족의 이익을 방어하는 기구였기 때문이 아니었다. 의회법이 통과된 후 많은 상원의원들은 세습귀족의 안전을 확보하기 위한 방안을 찾는 것에 관심을 돌렸지만 그는 계속 상원 개혁을 주장했다. 그에게는 '귀족이 지배하는 상원'은 보수당이 빠져 나와야 하는 또 다른 분파적 기구였다. 상원은 국민 전체의 이익을 대표하는 기구로 하원과 차별화된 기구로 존속되어야 할 기구였으며 그런 기구로 재편되어야 했던 것이다.[32]

둘째, 국가의 연속성과 안정성의 개념이 중시되어야 했다. 국가의 연속성과 안정성의 논리는 사회개혁에 대한 관점에 스며들었다. 따라서 통합주의의 개혁은 단절을 의미하지 않았다. 개혁은 현재 제도들의 바탕 위에서 진행되는 것이며 과거와 현재, 현재와 미래를 부러지지 않는 연속성 위에서 연결시키고자 했다. 여기에 비해 사회주의와 급진주의 개혁은 현존하는 제도와 기구들을 파괴하고, 사회의 전체 구조를 뿌리부터 흔들려고 했다.[33]

셋째는 인간에 대한 관점이었다. 인간에 대한 관점은 개인주의와 사회주의를 모두 비판하는 근거가 되었다. F. E. 스미스는 국민의 진정한 성향에 대한 연구에서 개인주의와 사회주의는 모두 실패했다고 주장했다. 그는 인간은 짜여진 형태로 존재하지 않는다고 보았다. 즉 인간은 미리 짜여진 교리에 맞추어져, 햄머와 끌을 가진 존재로 만들어진 것이 아니라 사업기질, 자기 이익, 애국심, 자기 희생, 용기 등 복잡한 동기들에 의해 움직이는 존재로 만들어 졌다는 것이다.[34]

통합주의는 자유방임주의와 사회주의를 당대의 두 가지 중요한 사회 원리로 인정했다. 그러나 이 이념들은 모두 약점을 지니고 있었다. 여기에 비해 통합주의는 개인과 계급을 넘어서서 국가라는 요소를 중시했다. 자유방임과 자유무역주의에 대해 사회주의가 가장 격렬한 반대논리를 제기하였으므로 자유방임과 자유무역 모두를 반박한 통합주의는 얼핏 보면 사회주의와 한편에 서 있는 것처럼 보일 수 있다. 자유방임주의와 사회주의가 각기 개인주의와 집단주의를 대변하고 있었다는 점을 주목한다면 더욱 그러한 혼란에 빠질 수 있다. 그러나 통합주의는 사회주의와는 다른 갈래의 집단주의였다는 점에 유의해야 할 것이다. 비록 당시에 사회주의가 집단주의를 대변하는 역할을 했다 해도, 집단주의는 사회주의를 포괄하는 보다 큰 개념으로 존재했다. 통합주의는 보수주의를 기초로 하여 파생된 또 하나의 집단주의였다고 보아야 한다.

3. F. E. 스미스의 집단주의적 정책─관세, 노동, 국방

F. E. 스미스는 19세기를 걸쳐 영국의 지배적 경제원리로 작용했던 자유주의 경제에 대해 비판했다. 그는 국내적으로는 자유방임주의에 대해, 대외적으로는 자유무역주의에 대해 반대하는 입장을 견지했다. 그런 논리가 구체적 정책에서 표현된 것들 몇 가지를 살펴 보기로 한다. 그 중의 첫 번째 좋은 보기는 관세문제였다. 그는 관세개혁이 영국의 시장을 확보하고 보호하는 수단이라고 주장했다. 그리고 관세개혁은 여기에서 한발 더 나아가 제국을 공고히 하고 제국 단결을 도모하는 보다 넓은 정책의 한 부분을 구성한다고 생각했다.

그는 관세개혁에 쏟아진 자유무역주의자들의 비판에 대해 대답했다. 관세개혁 비판자들의 가장 중요한 논리는 관세가 빵값을 올릴 것이고, 그렇게 되면 노동자들의 생계비가 올라갈 것이라는 점이었다. 이런 논리는 자유주의자들에 의해 '값비싼 아침식사'라는 구호로 포장되어 관세개혁 주창자들을 비난하는 선전으로 탈바꿈했다. 여기에 대해 F. E. 스미스는 다음과 같은 논리를 제시했다.[35] 외국의 밀에 대해 쿼터 당 2실링의 관세를 매기는 것이 빵값을 올릴 것이라는 주장은 근거가 없다는 것이다. 그는 실증적인 자료를 들었는데 우선 밀과 빵의 가격은 곡물법 폐기 이후 30년 동안 떨어지지 않았다. 곡물에 1902년 4월 관세를 부과하고 1903년 7월 관세를 폐기한 과정에서도 곡물가격은 조금도 변동이 없었다. 곡물관세를 부과한 기간 동안에는 가격에 별 변동이 없다가 오히려 곡물관세를 폐기한 후에 갑자기 오르는 현상이 나타났다. 빵값 변동에 대한 통계를 보면 1913년 이전 18년 동안 밀 1쿼터(28파운드)의 가격이 쿼터 당 14실링 변화하는 동안 같은 기간의 빵값은 빵 4파운드의 경우 겨우 1페니 변동이 있었을 따름이라는 것이다. 그러니 밀 1쿼터에 2실링의 관세를 부가하는 것은 빵값에 대해서는 전혀 변화를 주지 않는다는 말이다. 밀 1쿼터 당 2실링의 관세를 부과하는 것이 빵 1파운드 당 가격에 별로 영향을 미치지 않는다면, 2실링의 관세를 단지 물량 일부에 대해서만 부과한다고 할 때 빵 가격에 미치는 영향은 극히 미미할 것이라는 결론이 나오게 된다.[36]

관세는 빵값을 올리지 않을 것이다. 오히려 어려운 경제환경을 변화시킬 수 있을 것이다. F. E. 스미스는 영국의 나빠진 경제환경을 지적했다. 인구는 영국에서 계속 빠져 나가고 있었다. 영국의 자연적 인구 성장이 연간 42만 명인데 이것의 62%에 해당하는 인구가 이민으로 영국을 빠져 나갔다. 여기에 비해 독일은 자연적 인구 성장이 연간 85만이고 이민에 의해 상실하는 인구는 이것의 3%가 채 안 되었다. 세계시장에서 차지하는 영국 무역의 비중도 점점 줄어들고 있었다. 1894년에서 1912년 사이 세계무역에서 차지하는 영국의 무역은 65%에서 32%로 줄어들었다. 반면 독일은 18%에서 36%로 증가했다. 실업은 증가하고 있었다. 1910년 75만 명의 실업자가 일자리를 찾아 헤매고 있었다. 그리고 실질임금은 떨어지고 있었다. 주요 식료품 가격은 1912년 6월까지 계속 증가하는 추세를 유지했는데 여기에 상응하여 임금이 오르지는 않았다. 1901∼1915년의 상황과 비교해 볼 때 식료품 가격은 26.5% 오른데 비해 임금은 겨우 3% 올랐을 뿐이었다.[37]

F. E. 스미스는 이런 경제환경의 차이가 독일이나 미국과 같은 나라에 비교해 볼 때, 주로 금융제도의 차이에 기인한다고 결론지었다. 그래서 그는 영국에 '제국 금융제도'를 수립할 것을 촉구했는데, 여기서 관세제도가 중요한 부분을 차지했다. 그는 '제국 금융제도'를 '제국을 구성하는 국가들이 자신의 필요에 가장 잘 맞는 관세를 독립적으로 결정하고, 제국의 특별한 이해가 적절하게 보호되는 제도'로 정의했다. 나아가 관세는 제국의 상업적 단결을 위해서도 중요한 역할을 한다고 보았다. 그는 특혜관세가 자치령(dominion) 사이에서 지속적으로 성장하고 있음을 지적했다. 1903년 캐나다만이 영국 무역에 특혜관세를 부여했지만 이후 뉴질랜드, 오스트레일리아, 남아프리카 등이 유사한 특혜관세를 도입했다. 이러한 조처들은 모두 특별히 영국의 무역을 촉진시키기 위해 고안된 것이었다. 이러한 특혜관세는 영국과 자치령들 사이에서만이 아니라 자치령 사이에서도 확대되고 있었다.

관세정책은 노동자들에게도 직접적인 이익을 주게 될 것이다. 우선 관세로 인한 수입 규제는 영국의 제조업자들을 보다 안전하게 만들 것이다. 그렇게 되면 해외에 투자될 자본을 국내 투자로 유인할 수 있다. 국내에 보다 많은 자본이 투자되면 보다 싼 가격으로 보다 많은 물건을 생산할 수 있게 될 것이다. 그 결과 영국은 해외시장에서 보다 나은 조건으로 경쟁할 수 있을 것이다. 결국 노동에 대한 수요가 늘게 되고 노동자들은 보다 높은 임금을 받을 수 있게 된다.[38] F. E. 스미스는 관세제도가 노동계급에게도 유익한 변화를 가져다 줄 것이라는 자신의 논리를 독일, 미국, 벨기에의 사례들을 열거함으로써 실증했다.

나아가 관세정책은 제국 경영과 연결되었다. 관세정책은 영국의 이익을 확보하기 위한 관세정책과 제국의 이익을 확보하기 위한 특혜관세정책간의 적절한 조화를 추구한다. 따라서 F. E. 스미스는 관세정책은 진정한 의미에서 제국 정책이라는 점을 분명히 했다. 한발 더 나아가 관세개혁 조치는 국내의 사회개혁과 연결됨으로써 국내의 문제들과 유기적으로 연결되는 효과를 낳게 될 것이다. 관세개혁은 사회개혁을 위한 새로운 수입원을 제공할 것이며, 구빈법 개혁, 지방세의 조정, 도시와 농촌의 주택 개혁 등이 모두 관세정책으로 해결될 수 있을 것이다.[39]

두 번째의 정책은 노동과 관련한 것이었다. F. E. 스미스는 자유무역의 원칙과 함께 자유방임의 원칙에 대해서도 수정이 필요하다고 생각했다. 자유무역의 원칙이 경쟁하는 산업들에 적용된 원칙이라면 자유방임의 원칙은 경쟁하는 개인들에 적용된 원칙이었다. 관세개혁이 산업에 대해 국가가 방패를 제공하려 한 것이라면 사회개혁은 개인에 대해 국가가 방패를 제공하려는 시도였다.[40] 무역의 보호와 사회의 보호는 동일한 원리의 보완적 표현이었다. 이런 문제의식은 노동불안 (Labour Unrest)에 대한 그의 태도에서 잘 나타났다. 그는 노동불안기에 나타난 현상을 관찰하면서 시장의 원리에 따라 노동자와 농민들의 임금과 소득이 결정되는 문제를 지적했다. 그는 농민들이 고통받아서는 안 되며, 노동자들이 착취당해서도 안 된다는 입장을 견지했다. 그리고 정부는 이런 문제에 대해 방임해서는 안 되며 개입해야 한다고 주장했다. 정부는 이들의 노동과 서비스가 국가의 존속에 필수적이란 점을 인식해야 하며, 그런 인식 위에서 이들에게 합당한 조건으로 삶을 보장해 주어야 했다.[41]

그렇지만 국가는 파업에도 개입해야 했다. 저임금이 자유방임의 결과라면, 파업은 노동자들 쪽에서 나타난 자유방임의 또 다른 결과였다. 그러므로 저임금의 문제에 국가가 개입하듯이 파업에 대해서도 국가가 개입해야 했다. 저임금과 파업에 대한 국가 개입의 명분은 저임금과 파업이 모두 국가 전체에 해로운 영향을 미친다는 것이었다. 개입의 방법은 강제조정이었다. F. E. 스미스는 산업의 한 부분에서 강제조정이 성공한 이후 이것이 곧 다른 직종들로 확대되어 나갈 것을 기대했다.[42]

관세 및 노동과 함께 F. E. 스미스의 집단주의적 요소를 잘 드러내는 또 하나의 부분은 군사문제와 관련한 것이었다. 그는 영국의 국방력을 강화할 것을 끊임없이 주장했다. 그는 평화를 유지하기 위해서는 강력한 힘이 필요하다는 논리를 폈다. 만약 영국이 자신의 군사력을 소홀히 한다면 전쟁은 불가피했으며, 영국의 패배는 필연적이었다. F. E. 스미스는 국제관계에서 도덕의 역할이나 국제법의 실효성도 믿지 않았다.[43] 그가 영국의 국방을 위해 구체적으로 제시한 것은 다음과 같은 네 가지 항목이었다. 첫째 해안을 지켜줄 강력한 해군, 둘째 해군력을 뚫고 침공하는 세력을 물리치기에 충분한 방어력, 셋째 전쟁이 발발했을 때 제국 혹은 영국군이 유럽의 어떤 곳으로도 보낼 수 있는 파견군, 넷째 상륙을 확보하고 교통을 안전하게 만들기에 충분한 해군력이 그것이었다.[44]

그는 이러한 요구를 충족시키기 위해서 일종의 징병군대(National Service Army)가 필요하다고 생각했다. 이런 군대의 모델을 그는 스위스와 노르웨이에서 발견했는데 이런 군대를 지향하는 국민병역연맹(National Service League)의 제안이 현실성이 있다고 생각했다.[45] 국민병역연맹은 18세에서 21세 사이의 모든 건강한 젊은이들이 1년에 4개월의 군사훈련을 받을 것을 제안했다. 그리고 이들은 다음 3년 동안 매년 2주간의 병영훈련을 받은 후 30세까지 국가가 필요로 할 때 소환

될 수 있는 예비군으로 편입된다. 이런 제안은 매년 훈련을 받게 될 15만 명의 신참 병력, 40만 정도의 상비 병력, 60만에서 70만 정도의 예비군을 확보하게 할 것이다.[46]

F. E. 스미스는 4개월 정도의 초기 훈련만 받는 것으로도 군대를 유지하기에 충분하다고 생각했다. 일단 군사기율을 익히게 하면 매년 짧은 기간 동안 훈련을 받는다 해도 병사로서의 자질과 효율을 발휘하는 데는 별 문제가 없을 것이라고 생각했다. 만약 동원이 되어 소집된다면 그는 한두 주 안에 그가 처음 훈련을 받았을 때와 같은 상태에 도달하게 될 것이다. 그는 나폴레옹을 물리치고, 세당에서 승리한 독일군대의 기초는 바로 이와 같은 것이라고 주장했다. 국민병역제도로 인한 징집이 산업을 간섭하고, 결국은 노동력 부족을 초래할 것이라는 반박도 있었지만 F. E. 스미스는 이런 주장을 배격했다. 그는 노르웨이와 스웨덴, 스위스의 예를 제시했는데 스위스의 경우 신참훈련으로 인해 산업체에서 잃게 되는 노동력의 평균비율은 3%정도라는 것이다. 많은 경우에는 1%에 그친다고 주장했다.[47]

영국이 1815년 이후 오랫동안 전쟁을 겪지 않은 것이 영국 국민들에게 국방에 대한 관심을 멀어지게 했다. 새로운 산업들과 이를 기초로 해 나타난 사회체제는 이기적이고 비애국적인 사고 위에 세워졌고 산업귀족들은 국민적 이해에 관심을 갖지 않았다. 고용주가 국민적 의무에 대해 관심을 갖지 않는데, 피고용자들이 그런 관심을 가질리 만무했다. F. E. 스미스는 이런 모든 상황에 대해 주의를 환기시키면서 군사력의 확보를 강변하고 있다.

F. E. 스미스가 자유무역의 원칙, 자유방임의 원칙, 느슨한 군사력 등에 이의를 제기했을 때 그의 논리는 모두 하나의 초점을 향해 있었다. 그것은 국가의 유지와 국가의 이익이었다. 산업과 개인의 경쟁력 회복과, 개인과 국민의 안전의 확보는 모두 국가라는 단위를 둘러싸고

의미를 지녔다. 국가 활동의 확대는 사회주의적 조치로 간주되지 않았고, 국가가 주도하는 사회개혁은 오히려 사회주의에 대한 해독제로 간주되었다.[48] 그의 집단주의는 국가라는 단위를 핵심에 두고 있는 공동체주의를 향해 나아가고 있었다고 보아야 할 것이다.

4. 보수당 사회개혁위원회의 제안을 통해서 본 집단주의

F. E. 스미스는 보수당 사회개혁위원회(Unionist Social Reform Committee : USRC)의 의장으로 활동했다.[49] 그러므로 보수당 사회개혁위원회의 제안을 살펴보는 것은 그의 사상을 이해하는 데 매우 중요하다. 보수당 사회개혁위원회는 1911년 4월 5일 『더 타임즈』(*The Times*)에 공표되면서 조직되었다. 이 조직은 1910년 실시되었던 두 번의 선거에 그 기원이 있었다. 여기서 활동한 사람들 중 많은 사람들이 1910년 선거에서 처음 당선된 사람들이었다. 즉 당시 용어로 소위 '젊은 사람들'에 속했던 것이다. 이들 중에는 기업이나 토지세력에 기반한 사람들도 있었지만 법률가, 저널리스트 등 전문가 그룹에서 나온 사람들이 많이 있었다는 점이 이 조직의 성격을 특별하게 했다.

보수당 사회개혁위원회는 노동불안기에 해당하는 1911년에서 1914년의 기간에 걸쳐 활동하면서 6개의 사회정책 영역에 대해 보고서를 작성했다. 이 보고서의 내용은 1914년 선거에서 활용되었는데 보수당 사회개혁위원회의 소위원회들은 6개의 분야에 걸쳐 정책대안을 제시했다. 그 분야는 구빈법, 농업, 노동, 주택, 교육, 의료 등이었다.[50] 보수당 사회개혁위원회에서 제시된 개혁은 F. E. 스미스가 관세개혁만으로는 사회개혁이 부족하다고 생각하고 있었음을 보여준다. 그가 로이드 조지의 노령연금, 의료보험, 고용 보험 계획들에 대해 찬성한 것은[51] 전술적 기회주의에서 나온 것이 아니었다. 보수당이 사회문제에 대해 국민들과 함께 하지 않는다면 관세개혁, 홈룰 등은 모두 헛수고가 될 것이라는 시각이 보수당 사회개혁위원회의 입장이었다.[52] 보수당 사회개혁위원회의 개혁안은 1차대전 후에 나온 애디슨 주택법, 1918년 맥린(MacLean)에 의해 제안된 구빈법개혁계획, 1919년의 지방정부의 의료국 설립 등에 반영되는 성과를 보여주었다. 보수당 사회개혁위원회의 사회정책 제안 중 구빈법과 농업, 노동 분야에 대해 살펴봄으로써 F. E. 스미스의 사상에 접근해 보기로 한다.

구빈법 소위원회를 주도한 사람은 힐스(Hills)였다. 그는 1912년 우즈(Woods)와 함께 「구빈법개혁」(Poor Law Reform)이란 보고서를 발표했다. 힐스는 관세개혁가였는데 그는 관세개혁가들이 1910년 12월의 선거운동 기간에 사회개혁안을 제시하지 못한 것에 대해 환멸감을 가지게 되었다. 그는 웹의 '빈곤 방지를 위한 국민위원회'의 회원이기도 하였는데, 관세개혁가들이 개혁을 지지하는 것처럼 말하다가도 막상 개혁을 촉구하면 "그것은 사회주의다!"라고 말하면서 꽁지를 빼는 것에 불만을 토로했다.[53]

빈곤에 대한 접근에서 다수보고서와 소수보고서는 모두 실업자가 구빈법에서 제외되어야 한다는 점, 구빈법 감독관을 없애고 주를 사회행정의 기본단위로 수립하려 했다는 점 등에서 공통되었지만 소수보고서는 다수보고서와 달리 '빈곤'을 폐지할 것을 주장했다. 이들은 구빈법을 아예 없애고 그 기능들을 각각의 주가 운영하는 개별 기관들(교육, 의료, 연금, 정신병동 등)로 이전시키자는 제안을 했다. 힐스의 보고서는 이러한 소수보고서에 가까웠다. 그의 보고서는 구빈법을 없애고 병자들을 시의회의 공공의료 당국으로 넘길 것을 제안했다. 구빈법 의료서비스는 더 이상 존재하지 않을 것이며 이를 대체하는 통일된 공공의료서비스를 갖게 될 것이다. 이러한 개혁이 의미하는 것은 병자들은 그들의 필요에 따라 치료받게 된다는 것이었다. 빈곤한 자들은 무상으로 치료받게 될 것이다.[54] 어린이들은 구빈법에서 벗어나 지방교육 당국의 영역으로 넘어가게 될 것이다.

농업문제에 대한 터너(Turnor)의 보고서는 다소 특이했다. 그는 위너(Wiener)테제를 연상시키는 농촌 부흥의 의지를 가지고 있었는데,[55] 잉글랜드의 침체된 농업이 전적으로 자유무역에 기인한다는 점을 부인했다. 그는 농업불황은 상당한 정도로 영국농민들의 경제활동에 기인한 것이라고 주장했다. 즉 영국의 농민들은 값싼 농산물을 생산하는 국가들과 경쟁하는 문제에 정면으로 대처하지 않았다는 것이다. 이 문제에 대한 그의 답변은 자유무역주의와 보호주의의 문제를 떠나 "이제까지보다 더 높은 생산성을 올리는 법을 가르치고, 협동을 최대한 이용하고, 향상된 농업교육을 제공함으로써"라는 것이었다.[56] 터너는 비록 관세개혁을 지지했지만 그는 관세가 만병통치약이라는 생각을 부인했다. 그는 개혁의 범위를 보다 넓혀 관세를 포함하는 광범위한 토지개혁을 추구하고 있었다.

터너는 농업개혁안에서 자유당의 입장과는 차이를 드러냈다. 자유당은 토지세력을 공격하고 있었다. 로이드 조지가 벌인 토지 캠페인의 핵심은 임금국(Wage Boards)이 시행하는 농업 최저임금제였다. 이런 제안은 대륙과 같은 농민층을 가지고 있지 않은 영국의 경우 농업경영자(farmer)의 불만을 야기시키게 될 것인데,[57] 이 경우 농업경영자들은 임금증가로 인한 손실을 지대의 환급으로 보상받게 될 것이다. 즉 자유당의 전통적 적대자인 지주들이 보상비용을 부담하게 된다는 것이었다. 여기에 비해 터너는 임금증가로 인해 발생하는 비용을 납세자에게 넘길 것을 제안했다. 로이드 조지가 농업노동자와 농업경영자에게 돌아가는 혜택에 대해 지주를 희생시키려 했던 반면, 터너는 이러한 혜택이 부과하게 될 부담을 모든 납세자에게 고르게 분배시키려 했던 것이다. 어쨌든 소위원회는 임금 증가에 대한 보상을 전적으로 지주에게 부과시키지 않았다. 이런 주장은 보수당 사회개혁위원회의 입장이 지주귀족에게 기울어져 있는 것처럼 보이게 할 수 있다. 그러나 보수당 사회개혁위원회의 농업개혁은 로이드 조지의 편에 서 있지 않았던 것만큼이나 급진우파의 편에 서 있지도 않았다. 즉 산업부르주아의 편에도 지주 귀족의 편에도 서 있지 않았다. 왜냐하면 지주귀족과 산업부르주아는 함께 부담을 저야 했기 때문이다. 바로 이런 점에서 보수당 사회개혁위원회의 집단주의는 로이드 조지의 집단주의나 급진우파의 집단주의와 구별되었다.

이러한 과정에서 보수당 사회개혁위원회는 국가간섭의 원칙을 다시 확인했다. 계약의 자유는 다음과 같이 재해석되었다.

토리즘은 계약의 자유는 어떤 상황에서도 간섭받지 않아야 한다고 주장하지 않는다. 계약의 자유를 허용하는 정책이 국가의 관점에서 바람직한 결과를 낳는다면 그렇게 해야 한다는 것이다. 농업임금의 경우 자유방임정책은 공장법의 경우에서처럼 사람들에게 해로운 결과를 낳았고 그래서 국가는 자기 보존을 위해 개입하게 된 것이다.[58]

계약의 자유는 국가에 바람직한 결과를 낳는 한도 내에서 간섭받지 않을 뿐이다. 거꾸로 말한다면 계약의 자유는 국가에 바람직한 결과를 낳지 않을 때 간섭받아야 한다는 말이 되는 것이다.

노동문제는 노사불안에 대한 소위원회가 맡았는데 1912년 힐스가 의장으로 지명되었다. 힐스(Hills), 우즈(Woods), 애쉴리(W. J. Ashley) 등이 쓴 『노사불안, 실제적인 해결책』이란 책자가 1914년 6월 출판되어 이 문제에 대한 보수당 사회개혁위원회의 입장을 제시했다. 이 보고서는 농업문제에서와 같이 노동에 대한 국가개입을 옹호하는 입장을 표명했다. 노사분규가 일어났을 때 '사회의 이익을 보호하기 위해 고용주와 피고용인 사이에 국가가 개입하는 것은 국가의 권리이자 의무'였다.[59]

국가가 개입하는 방법은 두 가지가 제시되었다. 하나는 강제중재였는데 소위원회가 처음에 기대했던 해결책이었다. 다른 방법은 당시의 중재절차를 강화하는 것이었다. 1896년의 조정법(Conciliation Act)에 의해 상무성(board of trade)은 양 당사자의 신청에 따라 중재자(arbitrator)를 지명할 권한과, 양 당사자 중 한쪽의 신청에 따라 조정자(conciliator)를 지명할 권한을 갖게 되었다. 그러나 어느 한쪽이 동의하지 않는다면 중재는 일어나지 않았다. 그리고 만약 어느 쪽도 조정을 요청하지 않는다면 상무성은 조사를 하는 것 이상의 일을 할 수 없었다. 여기에 대해 보수당 사회개혁위원회의 보고서는 산업위원회의장(Chief of Industrial Commissioner)이 조정국(board of conciliation)을 지명할 권한을 부여함으로써 개입의 정도를 강화하는 대안을 제시했다.[60]

보수당 사회개혁위원회의 보고서는 최저임금의 원칙도 받아들였다. 특별한 산업들의 경우 임금국이 최저임금을 정할 것을 제안했다. 고용주들은 임금이 가장 싼 시장에서 노동력을 사는 원칙을 포기해야 한다는 주장도 나타났다. 비록 거부되기는 했지만 이윤분배와 공동경영제(co-partnership)에 관한 계획도 검토되었다.[61] 보고서의 전반적인 경향은 노동의 편을 들고 있었다. 필립 스노우든은 이 보고서가 노동자들에게 무언가 실질적인 것을 내어 놓으려 하고 있으며, 노동자나 노동조합주의자들이 반대할 내용을 담고 있지 않다는 평가를 내렸다.[62]

그러나 F. E. 스미스는 노동운동이 국가를 향한 정치적 성격을 띠는 것에는 우려를 표명했다. 그는 신디칼리스트 운동에 대해 부정적 입장을 취하면서 다음과 같이 지적했다.

어떤 정부도 자살을 하지 않는다. 만약 신디칼리스트의 총파업 시도가 그들의 논리적 결론으로 치닫는다면 두 가지 중 하나가 일어날 수밖에 없다. 파업자들이 국가의 주인이 되거나, 국가가 특정 분파의 지배에 반대해 자신을 조직하는 것이다.[63]

즉 국가는 노동조합 위에 서 있으며 국가의 이익은 노동조합의 이익보다 중시되어야 하는 것이다. 그는 보수당이 노동조합주의의 부모이며, 19세기에 노동조합주의가 맨체스터학파의 억압에 대항해 도움을 요청한 곳도 보수당이었다고 강변했지,만 노동조합주의는 국가 안에 갇혀 있어야 했다. 노동은 국가 안에서 가장 우월한 집단이 될 것을 주장해서는 안 되었다.[64] 이상에서 살펴본 빈곤, 농업, 노동에 대한 보수당 사회개혁위원회의 제안에는 모두 국가우위와 공동체주의라는 관심이 관통하고 있음을 확인할 수 있다.

5. 맺음말

에드워드기의 보수당이 보여준 분파 현상은 보수당의 이데올로기적 기반이 단일하지 않았다는 점을 보여준다. 보수당은 보수주의를 기반으로 하는 세력과 자유주의를 기반으로 하는 세력으로 분열했다. 이런 분열은 보수당이 직면한 문제에 대하여 보수당을 구성한 세력들의 이해관계가 서로 달랐음을 보여준다. 분열은 보수주의를 기반으로 하는 세력들 사이에서도 일어났다. 급진우파는 헌정질서를 수호한다는 명목으로 정부에 폭력적이 되어간 반면, 보수당 사회개혁위원회는 국가주도의 사회개혁이란 방법을 통해 사회문제에 접근하려 했기 때문이다. 이런 구도를 놓고 본다면 F. E. 스미스는 사회개혁을 추구하고 재산권의 양보를 허용하는 대안을 제시한 보수주의 분파였다고 볼 수 있겠다.

재산권에 대한 방어는 보수당과 보수주의의 오래된 특징이었다. 이것은 디즈레일리, 솔즈베리, 보나어 로에 이르기까지 보수당의 중요한 역할이었으며,[65] 그래서 휴 세슬은 보수주의에서 재산에 대한 태도보다 더욱 확실한 것은 없다고 지적했다.[66] 재산권에 대한 방어는 개인의 재산과 부에 대한 자유로운 사용과 처분에 국가가 간섭하고 제약을 가해서는 안 된다는 주장을 낳는다. 여기에 비추어 보면 국민적 통합을 위하여 재산권에 대한 집착을 거부할 것을 요구하는 F. E. 스미스의 사상은 보수주의의 영역에서 벗어난 것처럼 보인다. 그러나 그러한 제안은 보수주의의 또 다른 오랜 특징인 공동체주의의 바탕에서 발생하고 있는 것이다. 공동체주의에서 사회는 비록 위계적 질서를 갖고 있지만 사회 구성원들은 하나의 유기체처럼 긴밀하게 연결되어 있으며 서로 의존하고 있다. 공동체주의는 공동체의 보호와 유지를 중시한다는 점에서 집단주의로 연결되었다.

보수주의 안에서 공존하던 원칙들은 도전의 시기에 서로 충돌했다. 원칙들이 충돌하면서 보수주의자들도 분열했다. 어떤 분파는 '재산권의 수호'라는 원칙을 어떤 다른 원칙보다 상위에 놓았다. 그러나 다른 분파는 '공동체주의'라는 원칙을 다른 원칙보다 상위에 놓았다. F. E. 스미스는 공동체주의를 강조함으로써 보수주의의 다른 원칙들을 손상시킨 것처럼 비쳐졌을지 모르나 그의 사상은 결코 보수주의에서 벗어나지 않았다. 그가 제시한 집단주의는 외양은 사회주의와 유사했을지 모르나 그 기원은 전혀 달랐다는 점을 인식해야 할 것이다. 그가 다른 집단주의의 도전에 대해 집단주의라는 동종요법을 채택한 점 때문에 이념의 기초마저 동일하였다고 간주되어서는 안 될 것이다.

영국 자본주의와 모슬리의 파시즘

1. 머리말

파시즘에 대해서는 여러 가지로 해석되어 왔다. 계몽주의 이래 대체로 보존되어 왔던 서구의 윤리적 연속성의 단절로 보는 베네데토 크로체와 프리드리히 마이네케와 같은 자유주의자들의 견해,[1] 파시즘은 자본가들에 의해 조종되며 노동운동과 모든 형태의 민주주의를 파괴하는 것이라는 맑스주의자들의 해석,[2] 파시즘의 기원을 부르주아 사회의 억압이나 소외에서 비롯되는 개인들의 병리학적 성향에서 찾으려는 라이히나 프롬의 해석,[3] 하부중간계급과 중간계급의 정치적 경제적 위기에 대한 반응이라는 립셋의 해석,[4] 나치와 소비에트국가들간의 평행선을 강조하는 아렌트의 전체주의론, 개발독재를 의미하는 것으로 해석하는 근대화이론, 공산주의적 국제화에 대한 이데올로기적 역공이며 이성과 진보에 대한 이데올로기적 역공으로 해석하는 놀테의 견해, 파시즘을 반맑시즘, 반자유주의, 반보수주의, 반합리주의, 반실증주의, 반유물주의 등 부정의 이데올로기로 보는 알란 카셀스(Alan Cassels)의 견해, 1990년대의 새로운 합의이론 등이 여기에 해당된다.[5]

그리고 이러한 해석은 파시즘을 둘러싼 여러 가지 문제들과 얽혀 있는 실정이다. 즉 '파시즘을 좌파의 운동으로 볼 것인가 우파의 운동으로 볼 것인가', '파시즘은 논리적 일관성이 있는 사상인가', '파시즘을 근대적 운동으로 볼 것인가, 반근대적 운동으로 볼 것인가', '파시즘을 전간기의 산물로 볼 것인가, 그 이전으로 소급시킬 것인가' 등이 그런 문제들에 해당한다.

영국 파시즘의 주류라고 할 수 있는 오스왈드 모슬리(Osward Mosley)의 파시즘 역시 이런 문제거리들에서 자유롭지 않다. 모슬리 파시즘에 대한 일반적인 해석은 이를 대륙의 파시즘에서 파생되어 나온 사상으로, 즉 하나의 수입품으로 보는 것이다. 즉 모슬리 파시즘을 영국적 전통과는 유리되어 있는 일탈과 단절의 사상으로 파악하는 것이다.[6] 아울러 영국 내 좌파 사상가들에 의해서는 파시즘에 대한 코민테른의 전통적 해석이 그대로 적용되었다.[7] 그러나 스키델스키 이후로[8] 모슬리 파시즘에 대한 새로운 평가는 모슬리 파시즘의 독자성과 영국적 속성, 좌파 해석에 수용될 수 없는 반(反)자본가적 성격들을 부각시켰다. 여기에 모슬리를 혁명가로 보는 썰로우의 입장이나[9] 한발 더 나아가 모슬리의 사상을 유토피안주의로 파악한 쿱랜드의 견해[10]와 같이 파시즘을 적극적으로 해석하려는 시도도 나타났다. 그러나 이런 입장에 대해 격렬한 비판을 가하며 모슬리의 사상을 디스토피안으로 규정하는 렌튼의 견해도[11] 있어 모슬리 파시즘의 성격에 대하여는 의견이 갈라져 있는 상태다.

모슬리 개인에 대한 견해도 다양해 그를 돈키호테로 보는 입장에서 예언자로 보는 입장까지 상반된 견해들이 제시된다.[12] 모슬리 파시즘을 긍정적 입장에서 평가하려 한 스키델스키는 모슬리의 성격은 역사가의 분석적 방법으로는 해결되지 않으며 창조적인 예술가의 손을 요구한다는 색다른 견해를 제시하기도 했다.[13]

하지만 상반되는 주장들과는 별개로 모슬리의 파시즘이 논리적으로 잘 개발되었으며,[14] 매우 일관된 모습을 보여주고 있다는 점에 대해서는 대체적인 합의를 보고 있다.[15] 모슬리 파시즘의 운동조직이었던 영국파시스트연합(BUF : British Union of Fascists) 역시 유럽에서 가장 계획적인 파시스트조직이었다. 모슬리의 검은셔츠단은 조합국가에 대한 전망이 이탈리아 파시스트들의 전망보다 더욱 완전하다는 사실에 자부심을 가졌다.[16]

파시즘은 영국에서 실패한 운동으로 간주되고 있지만 마틴 퓨는 영국에서 파시즘은 종종 인정하고자 하는 것보다 사람들에게 더욱 가까이 다가가 있었다는 주장을 하고 있다.[17] 크로닌도 1930년대의 영국파시스트연합이 1970년대의 국민전선(NF : National Front), 1990년대의 영국국민당(BNP : British National Party)과 함께 대중적 지지를 받은 파시스트 운동이라고 지적하면서 1차대전 후 파시즘은 영국에 늘 존재했다는 견해를 제시했다.[18] 사실 이러한 논의 자체가 또 다른 하나의 문제거리를 제공한다. 즉 영국사회가 파시즘에 수용적이었느냐 아니냐 하는 문제이다. 여기에 대한 전통적인 입장은 베니윅(Benewick)의 주장에서처럼 영국 정치문화는 파시즘에 저항적이었다는 것이다.[19] 그러나 최근에는 이런 주장에 대해서도 이견이 제기되고 있다.[20]

모슬리의 파시즘 역시 영국 역사의 특별한 한 시기를 반영하는 사상이라고 할 수 있을 것이다. 모슬리가 이의를 제기한 20세기 초 영국의 현실이 모슬리의 눈에는 어떻게 비쳤는가를 살펴 보는 것은 그의 사상을 이해하는 매우 중요한 열쇠가 될 수 있을 것이다. 그가 영국의 역사와 문명, 정치, 경제적 상황에 대해 파악한 방식을 살펴 봄으로써 모슬리 파시즘 사상이 출현한 배경과 아울러 그의 대안이 나오게 된 과정을 이해할 수 있을 것이라 생각된다.

2. 모슬리 파시즘의 역사관

모슬리의 파시즘은 영국 자본주의에 대한 맹렬한 비판에서부터 시작된다. 모슬리는 영국의 당대 상황을 매우 비관적으로 바라보았다. 모슬리는 영국의 현실은 쇠퇴해 가고 있으며 한 때의 영광스러웠던 지위에서 밀려나고 있다는 점을 강조했다. 사실상 통계를 보면 영국의 산업은 1870년에 비해 볼 때 1차대전 전야에 상대적으로 현저히 쇠퇴해 있음을 알 수 있다.[21] 그럼에도 불구하고 많은 역사가들은 에드워드시대를 상대적 안정기로 보고 있다. 모슬리의 비관적 인식은 에드워드 사회가 그 표면 아래에서 사회적 모순을 확대시켜 가고 있었음을 보여주고 있다.

모슬리의 현실인식은 직접적으로는 에드워드시대와 1차대전이 만들어 낸 환멸에 대한 반응이지만 그 밑바닥에서 우리는 역사철학적인 인식을 발견할 수 있다. 이런 주장의 밑바닥에는 쉬펭글러의 서구의 몰락이라는 생각이 자리잡고 있었던 것이다. N. 모슬리는 그의 아버지에 대한 회상에서 모슬리가 초기 강연에서 쉬펭글러를 파시스트사상에 밑그림을 제공한 위대한 철학자로 자리매김했음을 지적하고 있다.[22] 쉬펭글러에 따르면 각각의 문명은 살아있는 유기체와도 같이 하나의 일생을 가진다. 여기서 서구문명은 예정된 종말을 향해 접근해 가고 있었다. 서구인들이 성숙한 문화의 황금정상에서 태어나는 대신 만개한 문명의 초겨울의 사람들로 태어났다면 그것을 어찌할 수 없다는 것이 쉬펭글러의 주장이었다. 쉬펭글러는 젊음을 되살리고 문명의 새벽을 다시 잡으려는 파우스트적 인간의 노력은 실패할 것이라는 음울한 결론을 끌어냈다.[23] 그러나 하나의 차이는 쉬펭글러의 음울한 운명론과는 달리 모슬리는 니체적 의지를 발휘할 것을 주장했다는 점이다.[24]

모슬리는 쉬펭글러의 사상에 영향을 받았지만 그의 오류를 지적하는데 주저하지 않았다. 모슬리는 1933년의 한 연설에서 쉬펭글러의 비관주의는 근대과학과 기계적 발전에 대한 완전한 무지에서 나오는 것이라고 주장했다.[25] 근대과학으로부터 나오는 능력의 하나는 쇠퇴의 힘에 대해 작용할 수 있는 하나의 종합을 만들어내는 힘이었다. 모슬리는 종합할 수 있는 상대적 세력으로 기독교와 니체주의를 들었다. 모슬리는 니체의 교리와 기독교의 교리가 어떻게 종합될 수 있는가를 보여주려고 했다.[26]

파시즘이 기독교에서 취한 것은 봉사의 전망, 자기를 버리는 정신(self-abnegation), 다른 사람들과 세상의 대의와 자신의 나라를 위한 자기희생이었다.[27] 그래서 영국파시스트연합에 들어오는 신참들은 봉사와 자기부정, 심지어 자기희생에 대한 훈련을 받았던 것이다. 다른 한편 니체에게서 취한 것은 역동성, 인류의 전진을 방해하는 것들에 대한 도전, 굴종의 교리의 완전한 부정 등이다.[28] 모든 장애물들과 싸우고 이를 극복해 내는 확고한 능력을 말하는 것이다. 그러므로 파시즘은 자기희생과 자기긍정의 두 요소가 혼합되어 있다고 볼 수 있다. 이런 종합은 사실 매우 역설적인 면이 있다. 전체를 위해 자기를 부정하는 부정의 교리이면서 자신을 가로막는 어떤 것도 극복해 내는 긍정의 교리가 되기 때문이다.

이런 긍정의 교리를 안고 있는 모슬리의 사상에서 볼 때 당대 영국의 현실은 비록 음울하다 해도 영국의 미래마저 음울하지는 않았다. N. 모슬리는 모슬리가 좋아했던 니체의 경구를 회고했다. 그 경구는 『짜라투스트라는 이렇게 말했다』의 시작 부분에 있었는데 인류발전의 세 단계를 언급하고 있다. 낙타의 단계, 사자의 단계, 아이의 단계가 그것이다. 모슬리는 "낙타는 오직 당근이나 채찍으로만 움직이고, 사자는 우리 안의 원숭이들에게 명령하기를 원하지만 아이는 그럼 무엇으로 움직이나” 하는 질문을 던진다는 것이다. 파우스트가 찾으려고 한 것이 바로 아동의 단순성으로 포용될 수 있는 어떤 상태였다면 그것은 바로 자발성과 같은 것이었다고 하면서 모슬리는 미소지었다는 것이다.[29]

모슬리의 이런 긍정의 교리는 계속 이어져서『우리가 살게 될 미래』에서 그는 맑스와 프로이트를 비판하면서 유물론과 결정론을 배격했다.[30] 모슬리에게 인간은 물질을 넘어서 정신에 의해 움직일 수 있으며, 운명을 넘어서 스스로 자신의 미래를 개척해 나갈 수 있는 강인한 존재였던 것이다. 모슬리는 파시스트들이 단연코 역사에 개입할 수 있다고 믿었다.[31]

비관적인 현실에 대해 낙관적인 미래를 보장하는 매개물은 근대과학과 함께 새로운 인간들이었다. 창조적 진화론의 철학에 기원하는 새로운 파시스트 인간들이었다.[32] 모슬리는 정책을 넘어서서 삶에 대한 새로운 개념을 다루고 있었으며 거기에는 변화된 파시스트 인간들이 놓여 있었다. 사회주의자들이 사회를 변화시킴으로써 변화된 인간을 만들어 낼 수 있다고 믿었던 반면 모슬리는 새로운 인간을 만들어 냄으로써 사회를 변화시킬 수 있다고 믿었다.[33] 이 새로운 인간들은 새로운 정신으로 무장하고 있으며 그 정신은 부르주아 사회의 도덕성 이전으로 돌아가는 것이었다. 이들은 새로운 귀족이며 휘그역사 속에서 오래 전에 사망한 인간들이다. 이들은 르네상스시대의 콘도티에레 (Condotierre : 용병대장)처럼 영웅적인 정신을 가지고 사회를 변화시킬 사람들이다. 아울러 규율과 훈육, 의무와 충성을 중시하는 스파르타인의 도덕을 추구하는 사람들인 것이다.[34]

모슬리의 모델은 카이사르(Caesar)였으며 그는 한 때 파시즘을 ‘집단적 카이사르주의’라고 묘사하기도 했다. 그러나 삶에 대한 이러한 영웅주의는 전쟁을 위한 영웅주의가 아니라 운명과 투쟁하기 위한 영웅주의였다.35) 모슬리에게는 과학과 결합된 영웅주의가 서구문화의 젊음을 회복시키는 열쇠였던 것이다.

모슬리에게 있어서 음울한 현실과 여기에 대비되는 낙관적 미래를 연결하는 또 하나의 매개물은 영국의 화려한 과거였다. 모슬리는 미래의 준거점으로 영국이 번영을 구가했던 튜더시대를 강조했다. 특히 엘리자베스의 영국을 강조하면서 이 시대를 미래에 투사하고자 했다. 화려한 과거가 소멸된 것은 17세기에 일어난 청교도혁명의 결과였다. 청교주의는 정신과 영혼의 차고 어두운 질병이었으며, 명랑하고 활기차고 남성다운 영국의 정신을 뒤틀고 변형시켜 버렸다. 청교주의는 심지어 영국의 불굴의 용기가 획득한 제국마저 전복시켰다.36) 모슬리는 옥스퍼드와 케임브리지에 역사학과가 수립된 것은 하노버왕조를 정당화하기 위한 곡예의 일환이었다고 해석하면서 이들은 휘그역사를 쓰기 위한 권한을 부여받았다고 보았다. 이런 맥락에서 1931년의 거국내각은 또 하나의 월폴식의 무기력함을 보여주는 부활한 휘그정치에 불과했던 것이다.37)

여기서 자연스럽게 모슬리가 왜 국가를 강조하는 논리적 귀결점에 도달하게 되었는가를 알 수 있게 된다. 영국의 황금시대는 강력한 왕정이 영국이란 국민국가를 형성해 나가던 때였다. 16세기에 영국은 국가라는 단위로서 유럽의 다른 국가들과 경쟁하는 상황이 벌어졌으며 그 가운데서 영국은 훌륭하게 중심국가로서 부상해 나가는 영광을 맛보았다. 국가가 번영을 이루어 내는 어려운 일을 해내었던 것이다. 그 국가적 번영 속에서 영국민들은 고양된 공동체적 정신 및 국가와의 일체감을 가지고 개인적 번영을 함께 실현시킬 수 있었던 것이다. 모슬리는 바로 그런 영광을 20세기라는 근대 속에서 과학과 영웅주의를 무기로 하여 다시 실현시키고자 했던 것이다. 과학은 준비되어 있었지만 과학을 끌고 나갈 영웅적 인물들은 준비되지 않았다. 그런 인물들의 출현을 방해하는 것이 바로 영국의 현실이었던 것이다. 그것은 바로 의회며, 자유주의며, 개인주의였으며 보다 넓게는 현재의 정치질서를 고수하려 하는 기득권층이었던 것이다. 물론 여기에는 자본가들도 포함될 것이다. 이들 모두는 19세기의 산물이었으며 19세기를 위해 만들어진 제도들이었던 것이다.[38] 그러나 이런 세력과 제도들은 쇠퇴해 가고 있는 영국의 현실에 대해 어떠한 처방도 내리지 못하고 있었다.

영국이 자유로운 사회라는 주장에 대해서도 모슬리는 일축했다. 모슬리는 영국은 공적으로는 무정부상태에 놓여 있으며 사적으로는 억압된 상태에서 살고 있다고 주장했다. 영국민을 이끌고 나갈 효율적인 공적 조직이 없는 반면 개인생활의 사적인 부분들에서는 간섭이 이루어지고 있었다는 것이다.[39] 모슬리는 잘 조직된 국가와 공적 영역의 확대가 사적 영역에서의 자유도 확대시킬 수 있을 것이라고 보았다. 그는 실업과 장시간 노동, 산업의 붕괴와 불안정이 있는 한 자유는 하나의 환상이라는 입장을 표명한 것이다.[40]

그러므로 모슬리는 서구문명의 전반적 쇠퇴 속에서 전개되는 영국의 쇠퇴와 자유의 후퇴를 기정사실로 받아들인다. 그리고 쇠퇴를 역전시키지 못하는 정신적 약점 즉 개인주의적 도덕의 약점을 지적한다. 그러나 쇠퇴를 극복해 나갈 수 있다는 확신에 찬 의지를 보인다는 점과, 그러한 의지를 투사할 모델로 스파르타적 인간과 과거의 화려한 황금시대를 환기하고 있다는 점에서 나름의 응전태세를 가지고 있었던 것이다.

3. 모슬리 파시즘의 영국 자본주의 인식

모슬리의 현실인식은 문명적, 정신적 차원에서 경제적 차원으로 확대되면서 보다 구체적인 모습을 띠게 된다. 사실 1932년 이전의 모슬리의 주장은 본질적으로 경제적인 것이었고 경제학은 그의 사고의 중심에 놓여 있었다.[41] 쉬더코프(Schüddekopf)는 모슬리가 뚜렷한 경제정책을 가지고 있었던 파시스트 사상가였음을 지적하고 있다.[42]

모슬리는 영국 경제를 경기순환의 사이클로 파악하지 않고 파국으로 치닫는 과정으로 파악했다. 경기순환 이론가들에 대해 그는 1921년의 위기를 경기순환 과정의 한 정점으로 파악한다면 장기파동 과정에서의 경기회복은 1931년에 일어났어야만 한다고 지적했다. 그러나 그러하지 못했으므로 당대의 상황은 번영의 정점들 사이에 있는 중간기가 아니라 깊이 뿌리박힌 위기였다는 것이다.[43]

이런 전제에서 모슬리는 영국의 경제적 상황에 대해 매우 논리적인 분석을 가하고 있다. 그에 따르면 영국의 경제적 상태는 대증요법으로 대처할 수 없는 근본적인 모순에 처해 있었다. 구태의연한 이론가(Old Gang)들은 당대의 위기를 잠정적인 것으로 파악했지만 모슬리에게는 그렇게 보이지 않았던 것이다. 그들이 위기를 잠정적인 현상으로 보는 것은 다음과 같은 논리에 입각해 있었다. 불황은 이전에도 종종 발생했다. 그리고 산업의 합리화는 이미 오래 전부터 진행되어 왔으며 그 결과 점진적인 임금인상과 점진적인 노동시간 감소 현상이 나타났다. 전자는 소비능력을 증가시켰고, 후자는 생산력을 감소시켰다. 그리고 해외시장이 열렸으며 이것이 잉여생산물을 흡수했다. 예전에 자전거를 타지 않던 흑인들이 자전거를 타게 되었으며 이 자전거를 만들기 위해 코벤트리에서 노동자들이 고용되었다는 것이다.[44]

모슬리는 이런 주장을 하는 기성 이론가들에게 '흑인과 자전거 학파'라는 명칭을 붙였다. 그리고 이들의 주장을 일부 받아들이면서도 근본적으로는 이 논리의 허점을 지적했다. 모슬리는 지난 세기동안 지속되어온 생산의 증가가 자동적인 수요에 의해 조정되었다는 점을 인정했다. 그리고 잉여생산물의 문제는 산업화되지 않은 나라들에 상품을 판매함으로써 처리되었음도 인정했다. 그러나 '흑인과 자전거 학파'는 두 가지 점을 간과하고 있음을 지적했다. 첫째는 과학 발전이 놀랍도록 빠른 속도로 생산력을 증가시키고 있다는 것이다.[45] 둘째는 산업화되지 않은 해외시장은 매일 그 영역이 줄어들고 있다는 것이다. 영역이 줄어드는 이유 역시 두 가지로 요약되었다. 산업화되지 않은 나라들이 산업화되어 가고 있을 뿐 아니라, 이들 나라가 보호관세의 장벽 뒤에서 자국 시장을 폐쇄하고 있다는 것이다.[46]

모슬리는 설사 국가간 보호장벽들이 제거되어 영국이 해외시장에 자유롭게 접근할 수 있다 해도 문제는 해결되지 않는다고 보았다. 모슬리에 따르면 세계의 산업은 현재의 제도가 감당할 수 있는 유효수요보다 훨씬 더 많은 양의 생산물을 쏟아내고 있다는 것이다. 그러므로 '흑인과 자전거 학파'에 대한 간단한 대답은 자전거 생산이 거기에 앉을 흑인보다 빠른 속도로 이루어진다는 것이었다.[47]

게다가 모슬리는 영국이 해외시장을 상실해 가고 있는 점을 심각한 문제로 제기했다. 관세장벽은 각 나라마다 높아지고 있으며,[48] 영국의 상품을 구매했던 나라들은 빠르게 산업화를 이루어 나가고 있었다. 브라질은 커피생산을 제외한 다른 산업이 취약하다는 점을 알고 직물산업을 발전시켰다. 인도, 중국, 일본 등은 1차대전 전에 비해 강철생산이 거의 3배로 늘어났다. 그 결과 영국 상품의 수출은 현격하게 떨어질 수밖에 없었다. 모슬리는 오스트레일리아에 대한 모직물의 수출량이 1차대전 전과 비교해 볼 때 제품군에 따라 1/30에서 1/40 수준으로 떨어졌음을 통계를 통해 지적하고 있다.[49]

그런가 하면 영국 상품의 수입을 줄이는 대신 다른 나라의 상품을 수입하는 즉 수입선이 바뀌는 상황도 벌어지고 있었다. 지리적인 이점으로 인해 미국은 북미·남미 시장에서, 일본은 동양에서 영국을 따라

잡고 있었다. 영국의 면사(yarn) 수출은 일본에 뒤떨어졌다. 북미·남미의 경우, 아르헨티나의 수입에서 영국이 차지하는 비율은 31%에서 24%로 떨어졌다. 반면 미국은 14.5%에서 21%로 높아졌다. 브라질, 캐나다에서도 동일한 상황이 벌어지고 있었다.[50] 생산의 증가와 국내시장의 수축은 해외시장에 대한 요구를 증가시키지만, 실제 현실에서는 해외시장이 줄어들고 있었다. 포화상태에 다다른 시장 안에서 경쟁은 더욱 치열하게 벌어지게 된다. 이런 과정 속에서 산업가들은 생산단가를 낮추려는 노력을 하게 되고 그 결과 임금이 삭감되는 것이다.[51] 임금삭감은 수요를 더욱 줄이게 되고 국내시장을 더욱 위축시키게 된다. 그리고 해외시장을 찾으려는 악순환은 다시 시작된다.

사정이 이와 같으므로 수출산업의 확대를 통해 실업문제를 해결한다는 기존의 구태의연한 이론가들의 생각은 더 이상 실효성이 없다는 것이다. 합리화, 실업, 낮은 구매력, 시장의 축소, 수요의 감소, 보다 큰 실업이란 악순환은 수출산업의 확대로 깨어지지 않는다는 것이다.[52]

게다가 모슬리는 영국의 정치가들이 잘못된 경제정책을 채택했음을 지적했다. 1차대전 후에 대부분의 국가들이 화폐에 대한 평가절하를 단행했고 인플레정책을 폈지만 영국에서는 반대현상이 벌어졌다는 것이다. 영국은 전후 디플레정책을 선택했고 그 결과 국가부채의 실제 부담은 늘어나고 여기에 상응해 산업의 모든 부담들이 증가되었다. 여기에 더해 파운드화의 교환가치를 인위적으로 높이는 정책을 택함으로써 영국 상품의 해외통화 판매가격은 계속 인상되었고 반면에 외국 상품의 파운드화 판매가격은 계속 낮아졌다. 보수당, 자유당, 사회주의 정부가 모두 이런 정책을 씀으로써 사실상 영국의 수출은 막고 수입에는 보너스를 부여하는 결과를 낳게 되었다. 뿐만 아니라 디플레정책을 쓰면서 신용을 인위적으로 제한함으로써 광범위한 실업현상까지 낮은 것이다.[53] 하지만 모슬리는 잘못된 정책들이 교정된다 해도 인플레정책이나 재정정책 같은 국가정책들은 단지 구매력에 대한 대체물을 제공하려는 인위적 시도에 불과했으므로 궁극적인 문제해결책은 되지 못한다고 보았다.[54]

그런데 모슬리는 이런 상황에서도 정책의 혜택을 입은 계층이 있음을 지적한다. 그는 혜택을 입은 계층은 렌시어(rentier)와 대규모의 해외투자이익을 거둔 대금융가문들이었다고 지적한다. 렌시어계층은 가격수준을 반감시킴으로써 그들이 이자로 받는 고정수입의 실질적 가치를 늘렸으며, 대금융가문들은 영국이 전쟁전의 균형을 이룬 금본위제로 돌아감에 따라 국제금융시장에서의 지위를 높였다.[55] 그러나 이들은 생산과는 거리가 먼 사람들이었다. 금융가문들의 투자는 생산과 고용에 기여할지 모르지만 그것이 해외에 집중됨으로써 그들의 행위는 결국 아르헨티나나 팀북투(Timbuctoo)의 주민들에게 일자리를 주는 것으로 귀결되고 마는 것이다.[56] 여기에 더해 이들은 원자재와 1차상품에 도박과도 같은 투기행위를 함으로써 극심한 가격변동을 초래하여 산업에 타격을 가했다.[57] 그러므로 이들의 이익은 산업부문과 일치하지 않았으며 오히려 산업부문에 해악을 끼쳤던 것이다.

여기에 한 가지 사실이 더 부가되었다. 그것은 영국 자본주의가 세계자본주의에 연계되어 있다는 점이었다. 시티(City)의 이익과 월스트리트의 이해는 연결되어 있었으므로 모슬리는 시티의 금융가들에게는 영국의 산업에서 일어나는 일이 아니라 뉴욕의 월스트리트에서 일어나는 일이 중요하다고 주장했다. 그리고 월스트리트에서 벌어지는 투기는 연쇄적인 파괴효과를 발휘해 결국 영국 산업을 붕괴시킬 수도 있다고 주장했다. 만약 1차상품에 대한 월스트리트의 투기가 월스트리트 주식시장에 잇단 폭락을 가져오고 이것이 시티의 폭락을 초래한다면 모든 가격이 하락기조로 들어감으로써 산업을 마비시킬지도 모

른다는 것이다.[58]

하지만 모슬리가 보기에 영국의 정당들은 금융세력들과 연결되어 있어서 이런 상황을 교정할 수 없었다. 보수당은 지주들의 정당이 되기를 멈추었고 이제는 금융가들의 정당이 되어 버렸다. 그런가 하면 사회주의정당을 자처하는 노동당도 대금융가의 권력을 제한하려 하지 않았다. 노동당 역시 국제주의를 옹호하기는 마찬가지였는데 그 이유는 노동당이 지지하는 국제체제가 본질적으로 국제금융에 의존하기 때문이었다. 정부가 국제무역체제를 지지하는 한 어떤 정부도 결국 이들에게 의존하게 될 수밖에 없었던 것이다.[59] 월스트리트에 본부를 두고 있고, 스래드니들 스트리트(Threadneedle street)에 지부를 두고 있는 국제금융의 꼭두각시가 될 수밖에 없는 것이다.[60]

이런 상태에서 영국의 경제상황은 악화의 정도가 그 한계를 넘어선 것으로 파악되었다. 모슬리는 이제는 영국 경제가 어지간한 처방으로도 별 효과를 거두지 못한다는 점을 금본위제의 중지와 환율의 평가절하를 예로 들어 제시했다. 금본위제를 중지했을 때 영국무역은 그 활력을 다시 찾았어야 했지만 그러하지 못했다는 것이다. 게다가 다른 나라에서 호황을 몰고 온 통화의 평가절하는 영국에서는 어떤 변화도 일으키지 않았다는 것이다.[61]

이러한 영국의 현실에는 근본적인 변화가 일어나야 했으며 그런 점에서 모슬리는 사회주의자들과 인식을 같이 했다. 그러나 그 처방에서 모슬리는 사회주의자들과 공산주의자들 모두를 비판했다. 그는 웹 부부와 같은 진화론적 사회주의자들의 입장을 논리적이라고 평가하면서도 그 주장은 근대적 조건들에 의해 부적절해져 버렸다고 지적한다. 웹 부부는 사회가 평화적이고 점진적인 사회주의를 향해 나가게 될 것을 구상하지만 이런 논지의 바닥에는 사회를 정태적으로 바라보는 가정이 깔려 있다는 것이다. 그래서 모슬리는 다음과 같이 비판한다.

그런 가정은 대체로 역동적 시대의 엄격한 사실들에 의해 좌절되어 버렸다. 행동이 취해지지 않으면 붕괴와 전반적인 해체가 우리를 위협한다. 급박한 변화의 시대에 우리는 진화적 과정을 기다릴 시간이 없다. 만약 구석기인이 오늘 살아난다면 그는 그가 근대의 호모사피엔스로 진화할 시간을 갖기 전에 교통사고로 죽을 것이다. 그는 진화보다 빠른 어떤 것을 생각해 내야만 한다.[62]

즉 현재의 상태에서는 사회주의자들이 산업의 반을 사회화하기 전에 사회는 불황에 굴복하고 말 것이라는 주장이다. 더욱이 모슬리는 사회주의자들의 방법론을 위원회의 수다와 토론이라는 구태의연하고 비효율적인 과정에 의존하는 것으로 간주했다.[63]

여기서 모슬리는 점진적 변화가 아닌 혁명적 변화를 주장하게 되는 것이다. 그래서 노동당의 이론적 사회주의자들이나 독립노동당의 입장보다는 공산주의에 보다 후한 점수를 주는 것이다. 하지만 공산주의를 보다 현실적이라고 평가하고는 있지만 공산주의는 목적을 달성하기 전에 질질 끈 내전에서 인구의 절반정도를 잃게 만들 것이라고 지적했다.[64]

자유주의자나 사회주의자의 어설픈 대안으로 몰락을 향해 흘러가는 것이나 공산주의로 인해 무정부상태에 빠지는 것은 모두 현실에 대한 합당한 처방이 아니었다. 그래서 여기에 모슬리의 대안이 제시되는 것이다. 그것은 바로 질서정연한 변화를 추구하는 '조합국가'의 방법론이었다.[65] 영국파시스트연합 회원카드 뒷면에 적혀 있는 영국파시스트연합의 목적에는 근대과학의 힘이 '조합국가' 안에서 풀려나게 될 것이라고 되어 있다. 물론 이 근대과학의 힘이 빈곤을 폐지할 것이다.[66]

모슬리 파시즘의 현실인식이 사회주의자들의 현실인식과 공유하고 있는 점은 자본주의 질서가 부패했으며 붕괴될 위기에 처해 있다는 주장이다.67) 모슬리는 자본주의 경제가 모순에 빠져 있다는 사실을 지적한 점에서 사실상 맑스의 자본주의 분석과 비슷한 결론에 도달했다. 더 이상 '보이지 않는 손'은 존재하지 않았다. 산업가는 임금을 깎음으로써 시장의 구매력을 삭감하고 있음을 알고 있을 것이다. 그러나 산업가는 또한 만약 그가 임금을 삭감하지 않는다면 그 자신이 임금을 삭감하는 다른 경쟁자들에 의해 경쟁에서 축출될 것이라는 점도 알고 있다. 정부는 정부가 고용한 사람들의 임금을 줄이고 정부지출을 줄임으로써 시장을 줄이고 있다는 점을 알고 있다. 그러나 정부는 또한 수입이 줄어드는 시대에 지출을 줄여야만 하며 그렇지 않으면 적자에 직면할 것이라는 점도 알고 있다. 그 결과 산업과 정부는 모두 시장을 더욱 축소시키는 조처들에 직면하게 된다. 그리고 구매력은 더욱 감소된다. 모슬리는 이런 상황을 개가 자신의 꼬리를 물기 위해 원을 그리는 어처구니없는 모습에 비유하고 있다.68) 그리고 이런 상황을 타개하기 위해 해외시장을 향한 개판 같은 싸움이 벌어지고 있으며, 이런 세계적 투쟁은 명백하게 세계의 자살을 향한 길임을 지적하고 있는 것이다.69) 이런 인식은 맑스가 자본론에서 제시한, 세계대전을 향해 치닫는 자본주의의 논리와 너무나도 닮아 있다.

그러나 그런 동일한 판단의 이면에는 사회주의자들과는 상이한 밑그림이 그려져 있는 것을 알 수 있다. 다양한 그룹의 사회주의자들이 제각기 다른 논리를 펴기는 하지만 대체로 사회주의자들은 자본주의의 경제적 모순과 착취의 메커니즘을 분석하는 것에서부터 자본주의의 위기를 설명해 낸다. 그러나 모슬리는 자본주의를 비판하지만 자본주의를 계급간의 모순으로 파악하지 않았다. 모슬리에게 자본주의의 결정적 모순은 대량의 실업사태와 저임금이었다. 그런데 이런 자본주의의 모순을 야기시킨 것은 산업가들이 아니었다. 따라서 자본주의는 노동계급과 자본가계급간의 계급투쟁으로 귀결될 성질의 것은 아니라는 결론이 나왔다. 실업을 야기한 세력과 실업을 극복하려는 세력과의 대립인 것이다.

모슬리의 현실인식은 경제적 차원을 거쳐 정치적 차원으로 확장되고 있다. 모슬리의 시각은 당대의 정치제도는 이런 경제적 문제들에 대한 대응을 하기에 부적절하다는 것이었다. 그는 과학시대의 변화된 사회구조에 대응하는 낡은 정치제도를 지적하고 있다.[70] 20세기의 변화된 경제적 조건에 과학과 기술이 결합함으로써 '의회제도'는 낡은 제도가 되어 버렸다는 것이다. 시대는 빈곤의 시대에서 풍요의 시대로 변화되었는데도 정치제도들은 여전히 예전 상태로 존재했다.[71] 그뿐만 아니라 모슬리는 의회민주주의로 주장되는 현실은 사실상 금융세력에 의해 좌우되는 금융민주주의(financial democracy)로 변질되었다고 주장했다. 금융민주주의는 의회와 언론이란 제도를 활용해 자신의 이익을 자유의 이름으로 관철시키고 있었다. 모슬리는 이런 현상을 자유의 신화라고 주장했다.[72] 모슬리는 다음과 같이 의회의 부적절성을 지적했다.

> 개인적 야수성을 억제하기 위해 귀족들에 의해 고안된 의회제도는 국제금융의 시대에도 여전히 자유의 유효한 보호자로 대표된다. 이것은 원시인이 늑대로부터 그의 밭을 지키기 위해 이용한 활과 화살을 근대식 군대가 이용하는 탱크로부터 보호하기 위해 여전히 이용하고 있는 것과도 같다.[73]

20세기의 베르사이유조약은 19세기의 신성동맹에 비유되었다. 베르사이유조약은 패전 국가에만이 아니라 국제질서 전반에 하나의 구속력이 되어 버렸다. 신성동맹은 나폴레옹 전쟁 후에 민주주의를 탄압하는 기구가 되었다. 민주주의는 19세기 당시에는 혁명적인 교리였다. 그러나 20세기에 이르러 민주주의는 반동적인 정권을 형성했으며 이 질서에 대해 파시즘이라는 형태의 혁명적 운동이 도전하게 되었다는 것이다.[74]

웨스트민스터의 화려한 방에서 잡담을 하면서 저자거리의 현실적인 문제들과는 동떨어진 인식에 젖어 있는 의원들을 양산하는 의회민주주의로는 영국의 문제를 해결할 수 없었다. 모슬리는 말로 떠드는 정치, 찻잔을 놓고 벌이는 정치, 위원회의 설전 같은 것으로는[75] 어떤 문제도 해결할 수 없으며 여기서는 새로운 사회가 건설될 수 없다고 보았다. 게다가 이런 위원회 제도는 결국 어떤 결과에 대해 누구도 책임지지 않는 무책임한 상황을 초래하는 것이다.[76] 모슬리는 19세기와는 달라진 경제, 과학기술적 변화에 따른 새로운 정치제도를, 정책결정자와 그 실행자들이 결과에 대해 책임질 수 있는 변화된 제도를 요구했다.

4. 맺음말

모슬리 파시즘의 현실인식은 문명적, 철학적, 경제적, 정치적 관점에서 잘 연관되고 논리적인 자신의 관점을 가지고 있는 것으로 보인다. 여러 면에서 기존의 사상과 이론을 흡수하면서도 결정적인 부분에서는 독자적인 관점을 제시하는 특징도 보여준다. 모슬리는 보수와 진보의 중요한 교리를 끌어 안으면서도 이 사상들을 동시에 비판하고 있다. 그는 변화를 추구해야 하는 시대에 보수주의가 내건 현실유지의 논리에 대해 비판하면서 아울러 변화를 추구한다면서 혼란으로 빠져들어가는 진보세력의 논리에 대해서도 비판했다.[77]

모슬리 파시즘은 자본주의의 운명에 대해 맑시즘과 동일한 분석을 공유하면서도 결정론적 관점에서는 명백히 벗어나 있다.[78] 과학적 처방과 인간의 의지가 개입함으로써 세계는 인간이 만들어 갈 수 있는 것으로 제시되었다. 전쟁도 과학이 개입하면 얼마든지 회피될 수 있었다. 모슬리에게 전쟁은 정치가들이 원해서가 아니라 잘못된 방법이 채택되었기 때문에 발생하는 것이었다.[79] 모슬리는 심지어 자연법칙조차 인간의 의지와 기지에 의해 극복될 수 있고 그렇게 되어왔다고 주장하는 것이다. 그는 중력의 법칙이 비행기의 발명으로 인해 타파되었다는 예를 들었다.[80] 모슬리에게 현실은 개선될 수 있는 것이었다.

그런가 하면 새로운 현실을 만들기 위해 모슬리 파시즘은 19세기의 주요 사상들이 공통적으로 지닌 가치들과는 명백하게 다른 새로운 정신을 요구했다. 19세기에 나타난 사상들은 그것이 자유주의든, 사회주의든, 민족주의든, 무정부주의든 국가와 대비된 개인의 자유와 평등이라는 아이디어를 공유하고 있었다. 그러나 파시즘은 국가와 유리된 개인주의와 자유주의를 경멸하면서 민주주의의 구체적 제도라고 여겨진 의회민주주의를 거부했다. 파시즘은 가치에 대한 일종의 사고의 전환을 요구하고 있었던 것이다.

모슬리의 현실관은 두 개의 위기에서 출발한다. 그의 시야에는 영국의 위기와 보다 넓은 차원의 유럽의 위기가 교차하고 있는 것이다. 그러나 그는 비록 비관적인 현실비판에서 출발하지만 낙관적인 전망을 제시한다. 그릇된 자본주의 현실에 대한 명확한 인식에서 출발하지만 그것을 교정할 수 있다는 자신에 찬 대안을 제시하고 있는 것이다. 이런 점에서 모슬리 파시즘은 희망의 철학을 제시하는 셈이다. 음울한 현실에 대해 희망적인 미래를 대비시킨 모슬리 파시즘은 자본주의를 체계적으로 비판한 측면에서 볼 때는 자본주의에 대한 대안을 제시한 사회주의 사상들과 닮아 있는 것처럼 보인다. 그러므로 파시즘이 자본주의논리의 부활에 불과하다는 식의 사회주의진영의 파시즘 평가를 그대로 받아들이기는 어렵다.[81] 반면 공산주의의 심각한 위협이 없었을 뿐 아니라 공산주의 논리와 대결을 벌인 것도 아니었으므로 공산주의에 대한 두려움에서 나온 사상이라고 보기도 어렵다. 이성과 진보에 대한 도전으로 보는 것도 타당하지 않다. 모슬리 파시즘은 계획을 통한 현실극복을 강조한다는 점에서 이성적 측면이 있으며 아울러 역사의 진보를 추구했기 때문이다. 모슬리 파시즘을 부정의 사상으로 보는 것도 적절하지 않다. 부정의 교리들이 있기는 하지만 살펴 본 바와 같이 긍정의 교리들도 함께 존재하기 때문이다. 모슬리가 현실을 인식한 방식에 비추어 보면 모슬리 파시즘을 개발독재의 논리로 보는 것도 타당하지 않다. 개발독재가 빈곤에서 벗어나고자 하는 노력에서 나온 질서라면 모슬리는 영국의 현실을 풍요의 시대로 전제하고 있기 때문이다.[82]

모슬리 파시즘의 성격에 대한 엄밀한 규정은 좀 더 다각적인 접근을 필요로 하겠지만 위에서 살펴 본 것처럼 그가 현실을 인식한 방식만으로도 모슬리 파시즘의 독특한 성격은 어느 정도 드러난다고 생각된다. 따라서 모슬리가 현실을 파악한 방식을 놓고 가늠해 볼 때 모슬리 파시즘은 20세기에 들어서 나타난 자본주의의 문제점들에 대해 가해진 비판이며, 그것은 자본주의에 대해 사회주의에 이어서 제기된 2차 대안의 성격을 지닌다고 볼 수 있다. 사회주의가 빈부의 격차와 자본가의 착취, 계급분화를 발견하고 여기에 대해 눈을 돌렸다면 모슬리 파시즘은 자본주의 운동과정에서 나타난 산업자본과 금융자본의 대립, 금융자본과 국가 이익의 대립 등을 발견했다. 이러한 모슬리의 전망은 영국 사회주의가 중요한 한 요소로 유지되며, 여기에 그의 제국주의가 결합하는 조합국가론으로 결정화되는 것이다. 그의 전망과 대안은 새로운 연구에서 보다 뚜렷이 드러날 수 있을 것이다.

조합국가론과 모슬리

1. 새로운 시대와 기존 의회의 실패

1930년대의 영국 파시즘 사상과 운동에서 중심적인 인물이었던 모슬리(Oswald Mosley)는 20세기가 되면서 세계는 이전과 전혀 다른 새로운 형태로 바뀌었다고 보았다. 그런 변화는 과학과 기술의 발전에 기인하는 것이었으며, 그 변화의 핵심은 세계경제가 빈곤의 경제에서 풍요의 경제로 바뀐 점이었다.[1] 그런데 모슬리는 이런 변화에도 불구하고 19세기의 정치제도가 전혀 변하지 않은 문제를 발견했다.[2] 게다가 모슬리는 영국이 풍요의 시대 속에서 경제적 모순에 봉착해 있는 문제도 발견했다. 영국은 '생산력의 증가와 이를 따라가지 못하는 구매력'이라는 문제를 안게 되었던 것이다. 하지만 모슬리는 이런 문제들에 대처하기 위해 시간을 거꾸로 돌릴 것을 제안하지 않았다. 비록 과학발전의 결과 나타난 합리화 과정이 노동자를 밀어내고 있었지만[3] 합리화를 거부하는 것은 어리석은 짓이며 시대착오적인 행위였다. 이것은 과학의 열매를 거부하는 행위이기도 했다. 해결책은 과학을 거부하기보다는 정치제도를 포함하여 사회를 여기에 맞게 재조직하는 것이었다.[4] 바로 여기서 이런 과정을 매개하는 도구로 국가가 등장한다. 과학이 그 역할을 마친 다음 과정에서 국가는 자기 몫의 역할을 맡아야 했다.[5] 영국 파시즘의 조합국가론은 바로 이런 기본적 전제에서 출발하고 있다.

모슬리의 이러한 생각은 그의 경제사상과 밀접한 연관이 있었다. 모슬리는 1923년 경제이론을 공부하기 시작했다. 그는 이 과정에서 영국 정부가 디플레정책과 금본위제에 집착함으로써 영국의 번영을 어렵게 만들고 있다고 믿게 되었다.[6] 모슬리는 노동당이 집권한 이후 정부를 장악한 사회주의가 경제적 사회적 개혁을 성취할 수 있을 것이라고 믿었다. 그러한 믿음을 바탕으로 하여 그는 1924년 노동당에 입당했다. 그러나 그가 1929년에서 30년에 걸쳐 랭카스터 공작령의 챈슬러(Chancellor of the Duchy of Lancaster)[7]로 재임하는 과정에서 노동당은 급격한 개혁을 이룰 의지를 결여하고 있음을 확인하게 되었다. 노동당은 유토피아적 사회주의 윤리를 가졌으나 실용적인 개혁을 만들어 내는 데는 실패했으며 유사한 현상들이 노동운동에서도 확인되었다. 모슬리는 그의 리플레이션(reflation) 계획이 거절당한 후 1930년 노동당 정부에서 사임했다.[8]

사회주의적 전망을 지녔던 1920년대 모슬리의 경제사상은 주로 버밍엄 노동당과 독립노동당의 영향을 받았으며 기본적으로는 케인즈의 금융이론과 국가사회주의의 계획 개념에 기초하고 있었다. 예를 들자면 J. A. 홉슨의 과소소비이론, C. H. 더글라스의 사회신용 개념, 전쟁 기간 동안 정부가 산업을 지도한 선례 등과 같은 것이었다. 이런 그의 생각은 1925년의 소책자 『이성에 의한 혁명』에 잘 나타나 있는데, 여기서 그는 금본위제로 돌아가기보다는 통화 관리를 주장했고, 은행 국유화의 확립, 노동계급의 구매력 확보를 위한 소비자신용의 수립 등을 주장했다.[9]

한편으로 모슬리는 영국의 정치제도 특히 의회제도가 영국이 당면한 문제들을 해결하지 못한다는 점을 그 자신의 체험으로 알게 되었다. 더욱이 1930년대는 대공황의 영향으로 영국은 걷잡을 수 없는 실업사태를 맞고 있었다. 영국은 1920년대에 100만의 실업자가 지속되었고 1929년과 1932년의 불황기에는 300만의 실업자를 끌어안고 있었다.

의회제도는 청교도혁명 이래 영국의 정치를 200년 동안 요리했지만 결국 영국의 쇠퇴를 초래하고 말았다. 모슬리는 웨스트민스터에서 벌어지고 있는 의회의 논의는 대개는 소용이 없다고 보았다. 의회법안의 대부분은 기술적인 지식을 필요로 하는데도 법안은 그런 지식과는 아무 상관없이 자선바자회와 폐활량의 크기로 뽑혀진[10] 남녀들에 의해 그 운명이 결정되기 때문이었다. 어떤 사람이 당 간부에게 공천을 요청하면 그는 '당신은 좋은 당원인가'를 묻지 않고 '당신은 좋은 후보인가'를 묻는다는 것이다.[11] 의회는 이처럼 비전문가들에 의해 운영되었을 뿐 아니라, 기득권층의 이익을 보전하는 데만 급급했으며 국가의 번영에는 관심이 없었다. 따라서 현재의 의회제도는 국민의 의지를 표현하기보다는 그 반대로 국민의 의지를 부정하고 있는 셈이었다.[12] 기존의 의회제도로는 현재의 어려움을 타개할 수 없었으므로 새로운 이념이 출현해야만 했다. 모슬리는 그것이 파시즘이 되어야 한다고 생각하였던 것이다. 마치 민주주의가 19세기의 탄압을 경험하였지만 결국 한 세기동안 생명력을 발휘하였듯이 파시즘은 20세기의 탄압을 견디어 내면서 그 생명력을 발휘하게 될 것이라고 보았다.

새롭게 출현하는 파시즘 체제는 체제의 토대가 달라져야 했다. 즉 지역에 기초한 의회와 개인주의에 바탕하는 현재의 민주주의를 넘어서는 무엇이어야 했다. 이를 위해 모슬리는 길드 사회주의 이론과 레이븐 톰슨의 도움으로 조합에 기초한 산업자치경영이라는 복잡한 제도를 구상해 내었다.[13] 그것이 바로 조합국가라는 개념으로 결정화된 것이다.

2. 조합국가의 원리 — 노동자, 고용주, 소비자의 대표

모슬리가 보기에 정치적 결정의 뒤에 놓인 문제들은 너무 복잡했고 선거는 기만적이었다. 따라서 국민들이 의미있는 선거를 하려면 자신들의 특별한 사업이나 직업 안에서 투표해야만 했다.[14] 파시즘에서 각각의 조합은 지리적 기초가 아니라 서로 다른 직능적 기초에서 자신들의 대표들을 뽑을 것이다. 모슬리는 기존의 의회를 대체할 이런 대의기구를 전문(technical)의회라고 불렀다.[15]

조합의 대표들은 노동자들의 대표와 고용주들의 대표를 모두 포함할 것이다. 그리고 여기에 소비자들의 대표가 역시 포함될 것이었다. 산업은 자치적인 조합의 직접 통제 하에 놓이게 될 것이다.[16] 이런 외양은 조합국가를 매우 민주적인 성격을 지닌 것으로 보이게 한다. 길드 사회주의나 신디칼리즘에서 볼 수 있는 직접민주주의적인 요소가 강하게 가미된 국가의 모습인 것이다. 여기서 지도자의 자리는 보이지 않는 것 같다. 그러나 국가가 소비자 대표를 지명함으로써, 동수로 대표되는 노동자와 산업가의 대표들 사이에서 사실상 국가가 캐스팅 보트 역할을 하게 될 것이다.[17] 그러므로 산업이 국가의 통제 하에 놓이지 않을 것이라는 강변에도 불구하고[18] 국가는 사실상 조합대표들을 지도하는 역할을 맡게 될 것으로 보인다.

조합국가의 경제구조의 주요 구성체는 24개의 개별조합들이 될 것이었다. 이것은 한 나라의 전체 성인들을 다 포함하게 될 것이다. 24개의 조합은 주요 산업을 모두 포함하는데 레이븐 톰슨에 따르면 주요 산업은 우선 크게 4개의 범주로 분류된다. A. 1차생산물 관련산업, B. 제조 관련산업, C. 분배 관련산업, D. 행정 및 기타의 범주로 구분되는데, 여기에 각각 주요 산업들이 소속되는 것이다. 우선 1차생산물 관련산업에는 농업, 어업, 광업과 연료, 철강과 강철, 금속산업 등 5개의 산업이 포함된다. 제조 관련산업에는 기계, 출판 및 제지, 조선, 직물과 의류, 가죽과 고무, 유리와 도자기, 화학, 목재 및 가구, 제조업 등 9개의 산업이 포함된다. 그리고 분배 관련산업에는 건설, 공공사업, 운수, 항만수송 및 하역, 도매 및 소매업 등 5개의 산업이 포함된다. 마지막으로 행정 및 기타의 범주에 은행 및 보험, 공공행정, 전문직, 주부, 세입자 등 5개의 범주가 포함된다.[19] 마지막에 제시된 공공행정, 전문직, 주부, 세입자라는 4개의 부분을 제외하면 나머지 부문들은 산업사회의 주요 업종을 모두 포괄하고 있음을 알 수 있다. 여기에 공무원, 전문직종사자, 주부, 세입자라는 조합국가의 새로운 '산업 영역'이 포함되는 것이다. 각각의 조합들은 영국의 이익과 효율성에 초점이 맞추어져 있다. 금융조합은 영국의 신용이 영국을 위해 이용될 것이라는 원칙을 지킬 것이고 분배조합은 남아 돌아가는 유통부문의 비용을 삭감할 것이다.[20]

이런 조합들은 다시 전국조합(National Corporation)에서 만나게 된다. 전국조합은 조합구조의 최고의 경제기구로 간주되었다. 즉 24개의 조합으로부터 나오는 대표들로 구성되는 것이다. 전국조합은 이윤, 임금, 노동시간, 노동조건, 배당률 등을 통제하여 소비를 생산에 맞추는 역할을 함으로써 일종의 경제계획을 떠맡는 셈이었다. 여기에 투자국(Investment Board)과 수출입국이 전국조합을 보조하게 될 것이다.[21] 예를 들자면 새로운 수요가 파악되고 이에 따라 새로운 투자의 필요성이 제기된다면 조합은 자본에 대하여 투자국에 신청을 할 것이고 투자국은 이를 인가할 것이다. 물론 노동자 대표들은 노동조합기구를 통해 필요한 인력을 제공할 것이며, 소비자 대표들은 생산물의 새로운 시장판매에 대해 조언하게 될 것이다.[22]

조합 안에서는 고용주, 노동자, 소비자의 대표들이 함께 자리를 마주할 것이다. 각각의 그룹은 각각의 산업 안에서 자신의 본질적인 이익을 대표하게 될 것이다. 그리고 세 그룹의 합의를 통해 가격, 임금, 노동시간, 생산량, 경쟁의 조건 등이 결정되는 것이다. 만약 이 중 한 그룹이 다른 두 그룹에 의해 부당하게 대우받았다고 생각하면 세 그룹의 어떤 하나도 국가에 중재를 호소할 수 있다.[23] 예를 들어 고용주와 노동자들이 연합하여 생산을 제한하고 이윤이나 임금을 부당하게 올리려 할 경우, 소비자 대표들은 여기에 이의를 제기할 수 있을 것이다.[24] 이런 상황은 생각해 볼 수 있는 다른 경우들에 대해서도 마찬가지로 적용될 것이다. 즉 고용주, 노동자, 소비자라는 세 그룹의 이익은 자율적으로 조정되어질 것을 원칙으로 하지만 마찰이 일어나는 경우 국가가 개입하게 될 것이라는 말이다.

3. 조합국가와 자유

그런데 중요한 점은 이런 조합국가체제에서 모슬리가 국가 자체에 특별한 의미를 부여했다는 것이다. 먼저 국가는 하나의 유기체로 인식되어야 했다. 현재 영국사회에 팽배해 있는 자유주의적 개인주의의 자리에는 국가가 들어서야 했다. 국가 안에서 모든 기관은 마치 하나의 육체처럼 전체와 관련하여 활동하고 전체와의 조화 속에서 자신의 역할을 수행하게 될 것이다.[25] 분파의 이해관계는 협동적인 종합에 굴복하게 되는 것이다. 따라서 사회는 유기체와도 같이 마치 한 사람인 것처럼 반응하게 될 것이며 계급이나 분파는 모두 사라지게 될 것이다.[26] 나아가 국가는 자신의 생명, 목적, 행동수단을 갖게 될 것이다.[27]

유기체적 존재로서 사회가 갖는 능력은 개인들의 능력의 집합을 능가할 것이다. 이 초유기체(super-organism)는 우주적 계획의 최고의 표현이 될 것으로 간주되었다. 그리고 이와 같은 보다 높은 존재는 공동체 정신의 보다 높은 목적을 위해 개인들이 그들의 행동의 자유를 포기함으로써만 획득될 수 있었다.[28]

모슬리 사상에 도움을 준 레이븐 톰슨이 1933년 전체주의(holism)에 대해 쓴 글을 보면 하나의 원자는 전자 이상이며, 분자는 원자들의 집합 이상이며, 전체로서의 국가는 개인들의 단순한 집합 이상이라는 주장을 하고 있다. 그의 이런 생각이 바로 파시스트 국가에 적용되었던 것이다.[29]

하지만 개인들에게 사적 자유가 금지되는 것은 아니었다. 모슬리의 파시즘에서 사적 자유는 오히려 풍부하게 허용될 것이라고 여겨졌다. 단지 국가에 대한 의무라는 선결조건이 따르는 것이다. 조합국가의 공적 의무를 수용하는 대가로 영국인들에게는 진정으로 가치있는 것들을 향유할 수 있는 사적 자유가 주어지는 것이다. 그것들은 좋은 임금, 좋은 주택, 줄어든 노동시간, 문화에 대한 기회, 오락, 자기 발전과 같은 것들이다.[30] 이런 자유 개념은 매우 흥미롭다. 모슬리는 자유의 본질에 대해 다음과 같이 설명한다.

> 자유의 본질은 삶의 과실의 일부를 즐길 자유이다. 즉 합당한 생활 수준, 괜찮은 집, 좋은 임금, 짧은 노동시간 이후의 합당한 여가시간, 아내, 친구, 자녀들과의 방해받지 않은 사적인 행복……이런 것들이 일반인들에게 실제적인 자유인 것이다. 오늘 누가 이런 자유를 가지고 있는가? 경제적 혼란의 시기에 대중이 어떻게 이런 자유를 가질 수 있는가?[31]

이런 자유의 개념은 노동이 끝나고 난 뒤 휴식과 여가를 향유함으로써 인간은 자유로와질 수 있다는 페이비언 사회주의자들의 생각과

188

매우 유사하다. 여가활동을 통해 대중의 문화적 수준을 향상시킬 수 있을 것이라고[32] 주장함으로써 기계화, 풍요, 여가, 문화를 모두 줄줄이 하나로 연결시키는 아이디어 역시 페이비언들의 구상과 일치한다. 이런 점들은 모슬리 파시즘과 페이비언 사회주의의 유사성을 발견할 수 있는 한 부분이다.

단지 모슬리 파시즘의 자유는 페이비언 사회주의와는 달리 여기서 한발 더 나아가고 있다는 점에서 특별하다. 자유는 국가 안에서의 자유라는 의미를 지니기 때문이다. 모슬리는 다음과 같이 주장한다.

> 모든 사람들은 국가의 구성원이고, 그의 공적 생활을 국가에 바친다. 그러나 그 보답으로 그의 사적 생활을 요구하며 국가로부터의 자유를 요구한다. 그리고 그 자유를 국가의 조합적인 목적 안에서 즐기는 것이다.[33]

모슬리는 국가 안에서의 자유는 장점을 지닌다고 보고 있다. 왜냐하면 국가 안에서 우리의 능력 역시 최대한 발휘될 수 있을 것이기 때문이었다. 레이븐 톰슨은 오직 초유기체를 통해서만 우리가 우리의 가능성을 최고로 표현할 수 있을 것이라고 믿었다.[34] 개인의 문화적 발전뿐만 아니라 자기발전의 기회가 최고로 부여될 수 있다는 것이다.[35]

그러므로 파시즘의 원칙은 공적 생활에서 의무를 지키는 한편 사적 생활에서는 자유를 누린다는 것으로 요약될 수 있다.[36] 이런 전제에서 볼 때 현재의 사적 자유를 침해하고 있는 자들은 바로 자신들의 일을 제대로 해 내지 못하고 있는 정치가들이었다.[37]

개인의 사업과 이윤형성도 보장될 것이었다. 이런 점에서 파시즘은 사회주의와 자본주의의 공존을 추구했다고 볼 수 있다.[38] 그러나 여기에도 단서가 붙는다. 그 사업이 국가를 부유하게 만드는 한, 사업의 자유와 이윤형성이 보장된다는 것이다. 그러나 개인이든 조직이든 이 한계를 벗어나서 그 활동이 분파적이고 반(反)사회적이 된다면 조합국가는 그에게 제제를 가하게 되는 것이다. 모슬리는 여기에 사회 내의 어떤 조직이나 세력도 예외가 될 수 없다고 선언한다. 우파든 좌파든, 산업이익이든 금융이익이든, 노조든, 은행이든 간에 공동체의 복지를 거슬러 행동할 수는 없었다. 이는 사회 내의 모든 세력들이 국가의 권위에 종속된다는 것을 의미했다. 국가 내의 어떤 국가도 허용될 수 없었다. 모든 것은 국가 안에서이며, 어떤 것도 국가 밖에 있지 않으며, 어떤 것도 국가에 적대할 수 없었다. (All within the State ; none outside the State ; none against the State)

사실 모슬리의 국가에서 궁극적인 목표는 단일 정당제도가 아니라 정당이 없는 국가였다. 여기에는 정당과 정치가에 대한 자리가 준비되어 있지 않았다. 근대성(modernism)은 영국파시스트 조직인 영국파시스트연합(British Union of Fascists)이 '정당게임(party game)'을 종식시킬 것을 요구했다.39) 정당과 정당게임은 구문명에 속한 것이었다. 그렇다면 정당의 자리에는 무엇이 들어설 것인가. 새로운 기구들이 적절하게 수립되고 나면 기술관료들이 정치가의 자리를 넘겨 받게 될 것이다.40)

이러한 국가우선 사상은 아울러 지도력에 대한 강조를 낳았다. 모슬리는 지도력의 원칙을 다음과 같이 정리했다. ① 그에게 할 일을 주라. ② 그에게 그것을 할 힘을 주라. ③ 그것을 하는데 그로 하여금 책임을 지게 하라. ④ 그가 그것을 제대로 하지 못하면 그를 해고하라.41) 이런 교리는 전통적인 위원회제도에 대해 반대하기 위해 고안된 것이지만 모슬리 파시즘의 운동 전반에 그대로 적용되었다. 국가는 국가적 영역, 지역적 영역, 소지역 영역으로 나뉘고 각각의 층은 자신의 지도자들과 감독관들의 제도를 가질 것이었다.

강력하고도 초월적인 유기체로서의 국가를 강조하는 점에서 우리는 모슬리에게서 헤겔의 국가를 발견하게 된다. 그러나 한편으로 모슬리는 여러 분파들의 이익을 각기 대변하는 자율적 조합들의 집합으로서의 조합체제를 사회의 기본적 원리로 간주했다. 그는 이런 가운데서 공동체적 이해를 대변하고 모든 세력 위에 서 있는 조정자로서의 국가라는 개념을 만들어 낸 것이다.

4. 새로운 선거제도

국가의 권위가 강조됨으로써 조합국가에서 선거의 문제는 딜레마를 제기하는 것처럼 보인다. 그러나 조합국가는 선거를 배제하지 않았다. 파시스트는 권력쟁취를 위해 권력을 강탈하는 방법을 주장하지 않았고 선거를 권력획득 방법으로 인정했다.[42] 그러나 선거의 문제는 현재의 선거제도가 심각한 모순을 가지고 있다는 전제에서 출발하고 있다. 모슬리의 생각은 이러하다. 유권자들은 일반적인 문제들에 대해 투표하지만 유권자들은 그런 문제들에 대해 잘 알지 못한다는 것이다. 유권자들이 어리석기 때문이 아니라 충분한 정보가 주어지지 않기 때문이라는 것이다. 정치적 결정의 뒤에 있는 문제들은 대중들에게 제시하기에는 너무 복잡하다는 것이다. 그런 결과 선거는 저널리스틱한 구호들에 둘러싸인 채 치러진다는 것이다. "3에이커와 소 한 마리" 혹은 "안전이 우선이다" 심지어는 "카이저를 목매달아라" 같은 구호들이 내걸린다는 것이다. 따라서 문제의 본질은 유권자들이 잘 알고 있는 분야에서 투표가 이루어져야 한다는 것이다. 모슬리는 사람들은 복잡한 정치의 문제보다는 그의 직업 분야에 대해 더 잘 알고 있다고 주장한다. 그러니 하원은 거주지의 기초에서가 아니라 직업의 기초에서 구성되어야 한다는 것이 모슬리의 주장인 것이다.[43]

　기능에 기초한 선거를 주장하는 모슬리의 생각은 같은 원칙 하에서
여성들의 투표로까지 확장된다. 여성들은 의회에서 어머니로서 대표
되는 사람들은 없기에 실질적으로는 대표되지 않는 것과 마찬가지라
는 것이다. 모슬리는 다음과 같이 주장한다.

　　왜 여성들은 어머니로서 대표되지 않고 조직되지 않는가? 평범한 여
　성들은 이제까지 대표기구에서 제외되어 왔다. 그들의 대표는 전문적
　인 여성 정치가들의 손에 들어가 버렸다.……그런 여성들은 아마도 여
　성들의 삶의 특정한 일부를 대표하기에는 적합할 것이다. 그러나 국가
　에서 어머니들을 대표한다고 주장할 수 있는 사람은 거의 없을 것이
　다. 왜 어머니들의 대표는 국가에서 조직된 힘으로 존재해서는 안 되
　는가?44)

　나아가 조합국가는 여성의 역할에 대하여 대단한 관심을 드러냈
다.45) 모슬리에게 여성들은 남성과 동등한 기초에 서야 했으며, 영국
파시스트연합(BUF)은 의회에 여성이 대표되지 않고 있다는 점을 되풀
이하여 강조하였다. 그리고 모슬리는 조합국가가 고용전망을 증진시
키고 가족임금을 확보하게 해, 결국 수많은 여성들을 가정에 있는 그
들의 정당한 자리로 돌아가게 할 것이라고 전망했다.

　선거제도에 대한 근본적인 검토를 주장하는 모슬리의 주장은 당시
의 의회제도에 대한 실망에서 나온 것이겠지만 사실 이런 주장이 모
슬리만의 주장은 아니었다. 의회제도에 대한 비판은 1910년대의 노동
불안기에 이미 좌파와 우파 모두로부터 제기되고 있었기 때문이다. 그
중에서도 일단의 사회주의자들 특히 신디칼리스트들과 길드사회주의
자들이 직업에 기초한 선거를 주장했다. 그러므로 모슬리는 현재의 의
회제에 대한 대안을 영국의 기능적 사회주의자들에게서 발견했던 셈

이다.

모슬리는 현재의 기만적인 선거를 대체하게 될 이런 민주주의를 조직된 민주주의라고 표현했다.[46] 여기서 사람들은 국가 안에서의 자신의 역할을 기초로 하여 투표함으로써 가장 별 볼 일없는 개인조차도 국가의 계획에 기여할 수 있게 될 것이라고 보았다. 파시스트 정부는 국민에 의해 직접 만들어지며 오직 국민투표에 의해서만 해산된다.[47] 이것은 조합국가의 독재에 대한 예방책이기도 했다. 그래서 비판적 정당이 없다 해도 국민들은 그들이 원할 때 정부를 바꿀 수 있는 것이다. 정기적으로 이루어지는 국민투표로 국민들은 정부를 바꾸기를 원할 때, 단지 정부에 반대하면 되는 것이다. 만약 정부가 국민의 직접투표로 거부된다면 정부는 현재와 똑 같은 방식으로 재조직될 것이다. 국왕은 그가 신임하는 사람을 부를 것이고 국민은 새로운 선거에서 그의 신임여부를 결정하는 것이다.[48] 영국파시스트연합은 왕에게 전적으로 충성할 것을 맹세하고 있다. 이런 끈을 가지고서 국민의 의지는 왕을 통해 직접 정부에 연결되는 것이다.[49]

모슬리는 이러한 조합국가를 이루기 위한 방법으로 합법적이고 평화적인 경로를 제시했다.[50] 그리고 그의 파시즘에는 대륙과는 다른 온건성이 있음을 강조했다. 그는 다음과 같이 주장했다.

> 파시즘은 위기의 시대에 공산주의에 대한 유일한 대안으로 모든 나라에 침투했다.……그러나 그것은 매우 상이한 형태와 성격을 띠고서 나타났다. 우리 역시 영국에서 근대운동을 대륙의 형태와는 매우 다른 형태로 만들어 내려고 하고 있다. 특별히 영국적인(peculiarly British) 성격을 가지고서, 대륙의 투쟁이 보여주는 공포와 과도함을 회피하게 될 방식으로 말이다.[51]

모슬리는 자신들이 폭력을 추구하는 조직을 만들고 있다고 비난받음을 인식하고 있었지만 그는 그런 비난을 일축했다. 모슬리는 영국파시스트연합의 검은셔츠단은 폭력으로부터 그들의 집회를 보호하기 위해 조직되었을 따름이라고 주장했다. 폭력에 대해서는 그것을 피할 것을 호소했다.[52]

모슬리의 조합국가를 향한 방법론은 현재의 의회제도를 없애기 위해 자신들이 의회에 대표되는 방법을 취한다는 것으로, 다소 역설적인 방법론이었다고 할 수밖에 없다. 그러나 모슬리는 방법론에서 영국적 방식이 가능할 것임을 믿고 있었다. 모슬리는 영국의 역사가 위기를 넘긴 방식을 한 예로 드는데 주저하지 않았다. 그는 다음과 같이 19세기 초의 영국 상황을 지적하고 있다.

> 우리는 18세기 말에 대륙을 휩쓴 거대한 운동을 영국에서 (1832년) 선거법개정으로 이끌어서, 정상적 상태와 힘의 균형으로 소화시킨 정치적 천재성을 다시 한번 보여줄 수 있을 것인가? 이런 것을 어떤 다른 나라도 생각하지 못하고 만들어 내지 못했다.[53]

모슬리는 영국이 처한 상황이 대(大)변화를 요구했던 19세기 초의 시기와 유사하다고 보았으며, 요구되는 변화가 19세기 초에 이루어진 변화처럼 역시 영국적인 평화롭고 질서 있는 방식으로 이루어질 수 있으리라고 생각했던 것이다.

5. 조합국가의 경제정책

모슬리의 조합국가론은 비록 다른 파시즘에서도 이 개념이 등장하지만 조합국가라는 개념에 대해서는 가장 발전된 이론적 진술이었다.[54] 그리고 이 이론은 1930년대 영국의 경제적 붕괴에 대응하는 실용적인 경제프로그램이기도 했다.[55] 따라서 모슬리의 조합국가는 무엇보다도 경제정책에 대해 정치한 대안을 가지고 있었다.

그렇다면 위기에 대한 모슬리의 경제처방은 무엇인가? 파시즘이 궁극적으로 해결하려고 하는 문제는 생산자와 소비자 모두를 만족시키는 방법이었다. 그러나 현실은 이 두 부문을 함께 만족시키는 것이 불가능했다. 왜냐하면 현재의 체제에서는 생산자와 소비자가 배타적 이해관계를 가지고 있으므로 소비자의 이익을 위해서는 생산자의 이익을 희생시키지 않으면 안 되었기 때문이다. 그 반대도 역시 마찬가지였다. 양자의 이익을 모두 추구하려면 노동자의 임금수준을 높이면서도 상품의 가격은 낮출 수 있는 방법을 찾아야 했다. 조합국가의 정책은 여기에 대한 해답을 제시하려고 했다.

모슬리는 일단 현실의 냉혹한 상황을 인정하는 것으로부터 출발한다. 모슬리는 다음과 같이 지적한다.

> 만약 우리의 경제분석이 어떤 유효성을 가지려면, 우리는 현재의 소비력이 근대산업의 생산을 흡수하기에 불충분하다는 기본적 사실 위에 어떤 정책을 세워야만 한다. 결과적으로 경제적 해결책은 우리의 생활수준을 낮추는 데 있지 않고, 국내시장의 증가된 구매력이 근대의 증가된 생산을 흡수할 수 있는 수준까지 생활수준을 높이는 데 있는 것이다.[56]

모슬리는 소비가 생산을 따라가지 못하는 상황을 인정하면서도, 산업의 변형을 초래하지 않고 어떻게 임금수준을 올릴 수 있을 것인가 하는 문제에 대하여 어떤 방식으로든 답변을 찾아내야 했다. 모슬리는 조합국가가 이 문제를 해결할 수 있을 것이라고 전망했다. 그러나 여기에는 몇 가지 제약이 따랐다. 우선 조합국가가 성공하기 위해서는 어느 정도의 시장이 확보되어야 했다. 그래서 모슬리는 모든 나라가 조합국가체제에 성공적일 수는 없음을 지적한다. 모슬리는 유감스럽게도 이탈리아의 조합국가는 근대생산력을 흡수하기에 적합한 구매력을 제공하는 데 실패했다고 보았다. 그 이유는 이탈리아는 작은 나라였기 때문이다. 그는 이탈리아같이 시장이 협소한 나라에서는 조합체제로 나가는 정책이 성공하기 힘들다고 보았다. 그리고 조합체제가 성공적이기 위해서는 적어도 세계경제로부터의 잠정적인 고립조치를 필요로 한다고 생각했다. 구매력이 조합국가의 바깥으로 새어 나가서는 안 되었던 것이다.

그런데 이런 약점들이 모두 보완된다 해도 현재의 정치력이 조합체제를 불가능하게 만드는 요인이 되고 있었다. 문제는 개인적 능력의 결여 때문이 아니라 필요한 기구가 없기 때문에 해결되지 않는 것이다. 불협화음의 위원회와, 수다만 떨고 행동하지 않는 의회에서 문제는 해결되지 않는 것이다.[57] 현재의 조건에 맞는 근대적이고 과학적인 산업형태를 발견하기 위해서는 강력한 행정부를 갖는 것이 절대적으로 요구되었다.[58]

현재의 문제를 해결하기 위한 우선적인 경제정책은 보호주의였다. 그러나 산업을 조직하고 조정할 힘을 가진 강력한 정부가 없는 상태에서 나타나는 보호주의는 과학적 보호주의가 아니었다. 현재의 정부가 실시하는 보호주의는 근대적 조건에 대한 고려가 없이 조셉 체임벌린이 30년 전에 제안한 보호주의정책을 그대로 본뜨고 있었다. 그렇게 보는 이유를 모슬리는 다음과 같이 설명한다.

(현재의 보호주의로 인해) 저임을 지불하는 해외고용주의 경쟁으로

부터는 우리의 생활수준이 어느 정도 보호되지만, 저임금을 지불하는 영국고용주들의 경쟁으로부터는 결코 보호되지 않는다. 동일한 임금 삭감의 개싸움이 보호장벽의 뒤에서 일어나는 것이다.[59]

따라서 보호주의로 인해 해외로부터의 임금삭감에서 영국의 노동 자가 보호된다 해도 노동자들은 여전히 국내에서의 임금삭감에 노출 되어 있는 것이다. 오히려 외부 경쟁의 위협으로부터 자유로워진 상태 에서 영국자본가들의 트러스트, 콤바인, 독점을 향한 경향은 더욱 가 속화될 것이다.[60]

결국 조합국가의 부재로 인해 근대적이고 과학적인 보호주의의 기 초는 결여되어 있었다. 구매력은 고용주의 임금 착취를 조합국가가 막 을 수 있을 때만 확보될 수 있었기 때문이다.[61] 보호주의 정책은 산업 의 효율에 맞추어진 보호주의 정책이 되어야 했으며 그것은 조합국가 에 의해서만 나타날 수 있었다.[62] 모슬리는 조합국가가 보호주의와 관 련해 어떤 역할을 하는지 다음과 같이 지적했다.

> 당신이 A로 하여금 임금을 올리게 하고 B로 하여금 낮은 임금을 유 지하게 하면 결과는 A를 시장에서 쫓아내는 것이 된다. 그러나 당신 이 A와 B 모두 임금을 올리게 하면 그들의 상대적 경쟁력은 동일하게 된다. 영국연합의 체제하에서는 어떤 개인도 보다 큰 효율성을 발휘해 다른 경쟁자를 축출하는 것은 가능하다. 그러나 그는 임금을 낮춤으로 써 다른 경쟁자를 시장에서 축출하는 것에서는 자유롭지 않다.[63]

조합국가체제는 노동자의 임금삭감을 막고 구매력의 확보를 가능 하도록 만들 것이다. 그렇다면 여기서 산업조합의 본질적인 기능은 바 로 합리화에 상응하는 정도로 임금을 점진적으로 올리는 것이 된다.[64]

그러나 비록 임금상승이 구매력의 확보를 위한 훌륭한 처방이 될 수 있을지 모르지만 생산비를 인상시켜 소비자에게는 불리한 결과를 초래하는 것이 아닐까? 이 문제에 대해서도 모슬리는 답변을 해야 했다. 그는 여기에 대해 생산비를 결정하는 요인으로 임금수준보다 생산수준이 더욱 중요하다는 점을 지적했다.[65] 합리화란 결국 노동을 기계로 대체하는 과정인데 합리화를 한다고 하여 모든 경우에 생산비가 줄어들지는 않았다. 모슬리는 100개의 단위를 생산할 때의 변화를 다음의 <표 1>과 같이[66] 제시했다.

<표 1> (단위 : 파운드)

	합리화 이전	합리화 이후
원료	50	50
노동	20	10
열, 조명, 동력	5	6
감가상각	5	6
기타	20	25
총비용	100	97

여기서 합리화 이전보다 합리화 이후의 단가는 줄어들었음을 알 수 있다. 그러나 공장이 단기적으로 운영되고, 100개의 단위가 아니라 단지 50개의 단위를 생산한다고 가정하면 다음과 같은 결과를 낳게 된다는 것이다.

<표 2> (단위 : 파운드)

	합리화 이전	합리화 이후
원료	25	25
노동	10	5
열, 조명, 동력	3	3파운드 12실링
감가상각	3	3파운드 12실링
기타	20	25
총비용	61	62파운드 4실링

<표 2>에서[67] 알 수 있듯이 50개의 단위를 생산할 때는 오히려 합리화 이후에 생산단가는 비싸지게 된다. 생산비는 합리화로 24실링 5펜스에서 24실링 10.5펜스로 증가한 것이다. 그 이유는 생산량이 줄어듦에 따라 고정비용이 줄어든 생산량에 고르게 들어가 버렸기 때문이다. 이런 점을 고려하면 합리화가 진행될수록 더욱 중요해지는 것은 가동률이며 임금률은 덜 중요해지게 된다는 것이다.[68] 모슬리는 이런 원리가 현대의 대량생산체제에서 작동되고 있음을 발견했다.[69] 모슬리는 여기서 임금삭감보다도 규모의 경제가 작용함으로써 생산비의 단가가 낮아질 수 있다는 주장을 하고 있는 셈이다.

바로 여기서 노동자들에게는 높은 임금을 주면서도 소비자들에게는 싼 가격의 상품을 제공할 수 있다는 주장이 나오는 것이다. 그리고 그 예를 그는 미국 포드(Ford)자동차에서 찾았다. 포드자동차는 세계에서 가장 높은 임금을 노동자에게 주면서도 시장에는 가장 싼 물건을 내놓았다는 것이다.[70]

그러면 왜 영국은 그렇게 되지 못했는가? 미국처럼 크고 안정된 국내시장을 확보하지 못했기 때문인 것이다. 여기서 조합체제의 중요한 전제가 제시된다. 그 전제는 바로 크고 안정된 국내시장의 확보였던 것이다. 그러기 위해서는 과학적 보호주의와 높은 생활수준의 동시적 확보가 필요했다. 외국상품의 배제와 높은 생계비로 풍부한 수요를 확보한 다음 이를 바탕으로 생산의 확대를 가능하게 하는 것, 즉 임금수준을 유지하면서도 규모의 경제로 생산비를 낮추어, 생산자와 소비자를 동시에 만족시킨다는 해결책이 모슬리의 생각이었던 것이다.

수요의 확보를 위해 제시된 신용 팽창 역시 조합국가의 정책에 의해 조절되어야 진정한 효과를 발휘할 수 있었다. 그렇지 않으면 그것이 의도한 적절한 효과를 거두지 못할 것이라고 주장되었다. 당시의 사회에는 신용을 사회적으로 이용하는 것과 반(反)사회적으로 이용하는 것을 구별하는 어떤 기구도 존재하지 않았다. 모슬리는 신용은 중요하지만 이것이 산업가에게 돌아가지 않고 투기자들에게 돌아가는 것을 비판했다. 여기서 돈이 생산적으로 쓰여야 할 기구를 만들고 이 기구에 의한 신용 규제가 필요하다는 생각이 나타나게 되는 것이다.

금융부문을 조정하는 국가투자국(National Investment Board)은 이런 근거에서 필요해졌다. 당시의 금융부문은 국가이익과는 상관없이 행동하며 국가 위에 있는 하나의 힘으로 거만하게 굴고 있었다. 그런데 금융세력은 투기를 지지하며, 해외 대부를 선호했던 반면 금융제도가 우선적으로 고려해야 할 건설적인 사업을 지원하는 데는 소홀했다. 그러므로 신용의 사용은 엄격한 원칙을 지켜야 했다. 모슬리는 다음과 같은 원칙을 제시했다. ① 영국국민에 의해 만들어진 영국의 신용은 영국의 목적을 위해서만 쓰여져야 한다. ② 영국의 신용은 소수국민의 손에 독점되어서는 안 되며 영국국민에게 위탁되어야만 한다. ③ 영국의 신용은 영국 내에서 영국 재화의 생산과 소비를 최대로 증진시키기 위해 의도적으로 이용되어져야 한다. ④ 신용제도는 임금수준이 높아져 구매력이 증가되는 것에 대하여 안정된 물가수준을 유지하게 할 것이다. 이런 원칙은 결국 신용은 영국의 산업생산을 위해 봉사해야 하며 경제적 안정을 유지하는 정책수단이 되어야 한다는 것으로 요약될 수 있다.[71] 모슬리의 지론대로 금융부문은 실물부문의 발전을 위해 조정되어야 하는 것이다.[72]

그러나 금융세력은 안정된 통화를 유지하려 하고 금본위제를 고수하려 함으로써, 산업의 희생위에서 금융에서 나오는 고정수익을 받는 사람들의 부를 늘려 놓았다. 더욱이 금융시장의 거대한 이익은 금융에서 나오는 수익만 고려할 뿐 그 이외의 것들에는 관심을 두지 않는다. 여기서 산업의 목소리 같은 것은 뒷전이다. 국가이익 같은 것도 전혀 고려되지 않는 것이다.[73]

나아가 금융은 투기를 통해 수익을 올리려 함으로써 산업자본주의와는 이해관계가 배치되는 결과를 낳았다. 모슬리는 다음과 같이 주장했다.

> 유동성에 의해 금융가는 살고 생산자는 죽는다. 금융가는 (투자를 할 때) 바닥에서 사고 꼭지에서 판다. 따라서 바닥과 꼭지가 있는 것은 그들에게 매우 중요하다. 다른 말로 유동성(flux)은 존재해야만 하는 것이다. 반면 생산자는 무엇보다도 안정을 요구한다.[74]

따라서 정부가 채택하는 인플레나 디플레정책 같은 것도 사실은 모두 변동성과 혼란에 의해 살아가는 금융가들에게 봉사할 뿐이었다. 인플레는 실질임금을 낮추면서도 투기자의 이익은 증진시킨다. 디플레는 실업을 낳고 채무자의 부담을 증가시키면서도 고정이자율을 받는 사람들은 유리하게 만드는 것이다.[75]

하지만 당시의 영국에서 금융부문은 사실상 생산부문을 장악하고 통제하며 영국의 산업 전체를 조종하고 있었다. 물론 금융부문은 의회도 장악하고 있었다.[76] 이런 상황은 영국이 직면한 문제를 해결하는데 커다란 걸림돌이 될 수밖에 없었다.

금융과 산업이 적절하게 협동함으로써만 소비와 지출의 균형을 맞추는 작업은 성공할 수 있을 것이다. 이러한 협동이 이루어져야만 영국 경제는 호황과 불황의 사이클을 벗어나 '국내적 균형'을 맞이하게 될 것이다. 파업과 공장폐쇄가 사라지고 실업과 빈곤이 제거될 것이다. 높은 임금과 줄어든 노동시간, 산업 평화와 경제성장이 있는 엘도라도가 도래하게 될 것이다.[77] 완전고용상태에서의 고임금 자본주의를 실현시킬 수 있을 것이다. 하지만 모슬리는 시티(City)의 이해관계는 이러한 협동에 극도로 저항하게 될 것이라고 보았다.[78]

따라서 국가의 이익이 위협받을 때 행동하기를 주저하지 않으며 "모두가 국가를 위하여, 국가는 모두를 위해"[79]라는 구호를 내거는 강력한 국가의 필요성이 제기되는 것이다. 대공황기에 나타난 미국의 파국도 불가피했던 것이 아니다. 잘못은 미국이 사적 기업의 규제없는 무정부상태를 사회주의에 대한 유일한 대안이라고 생각했던 것에 있었다. 모슬리가 보기에는 미국은 조합국가의 규제를 결여했기 때문에 파국으로 치달은 것이다.[80] 사적 기업의 노력은 필요하지만 이를 적절하게 조화시켜 줄 규제기구의 활동이 어우러지게 해야 하는 것이다. 모슬리는 다음과 같이 지적한다.

> (우리는) 새로운 길을 찾아야 한다. 한편에서는 경쟁과 개인기업이 다른 한편에서는 규제와 일반적 계획이 잘 조정되어서 각각의 남용이 회피되고 각각의 이익이 보유되도록 하는 제도를 만들기 위해서 말이다. 우리는 개인의 노력과 야망이 일반적 이익을 위해 작동할 수 있게 하는 법과 관습, 제도와 함께 계획된 지도와 지시의 틀을 만들어야 할 필요가 있다. 우리는 거대한 교량의 아치에서 유사한 것을 찾을 수 있다. 각각의 벽돌의 힘이 그들의 상호압력에 의해 전체구조를 지지하도록 설계된 아치교에서 말이다.[81]

조합국가의 성격은 여기서 아치교로 비유되고 있다. 국가가 개인의 모든 활동을 지시하고 책임지는 것은 아니지만 국가는 아치교의 돌들이 서로 지지하는 역할을 할 수 있도록 모든 것을 조정하는 역할을 맡아야 하는 것이다.

6. 조합국가의 경제단위

조합국가는 건설을 강조한다. 이 점에서 파시즘은 공산주의와의 차별화를 주장한다. 공산주의는 과학과 기술, 경영능력의 파괴를 위한 계급전쟁을 추구하지만 파시즘은 그렇지 않았다. 모슬리는 레닌주의를 예로 들면서 레닌주의의 첫 번째 과제는 정원의 나무들을 그것이 좋든 나쁘든 모두 없애버리는 것이라고 지적했다. 레닌주의자들은 그들의 적이 심은 나무는 모두 잘라 버려야 한다는 생각을 가지고 있었다.[82] 그렇지만 이런 파괴는 결국 기근을 몰고 왔고 여기에 대한 대응으로 개발 계획이 추구되었던 것이다. 그러나 이 계획은 엄청난 돈을 주고 미국과 독일의 기술자들을 고용하는 결과를 초래했다. 파시즘은 이런 방식이 아니었다. 파시즘은 파괴를 시도하지 않으며 국가 안의 모든 유용한 요소들을 모두 받아들여 조합국가의 정교한 메커니즘 속으로 짜넣고 이를 이용하는 방식으로 건설을 시도해 나가려 했다.[83]

그러므로 조합국가의 경제정책은 언제나 공격적인 것이 되어야 했다. 모슬리는 진정한 경제는 효율을 의미한다고 주장했다. 모슬리는 균형예산에 매달리지 않고 부양책을 주장했으며 긴축을 주장하지 않았다. 그리고 언제나 산업의 재건에 초점을 맞추었다. 그러기 위해 생산적인 산업에서 금융부담을 제거해야 했으며, 기업에 부담이 될 뿐인 부의 상속을 차단하려고 했다. 불로소득에 과세할 때도 기업의 진정한 위험부담자들인 일반 주식소유자와 사채(debenture), 공채(bond)의 소유자들이 구별되어야 했다. 이런 정책을 위해서는 기득권의 요구를 물리칠 수 있는 강력한 정부가 있어야만 했던 것이다.[84] 실업문제도 60세 이상되는 사람들의 자발적인 은퇴와 대규모 공공사업 시행과 같은 획기적 사업으로 해결하고자 했다.[85]

모슬리의 경제정책은 환자를 다이어트침대에 눕힘으로써가 아니라

'근육을 다시 만드는 운동을 시키기 위해 들판에 데려가는 정책'이라는 비유에서 그 성격이 뚜렷이 드러난다. 이런 정책을 그는 강건한 남성의 치료책(remedy of manhood)이라고 주장해 그의 철학의 남성성을 드러내고 있다.[86]

모든 정책은 힘과 영광의 추구, 위대한 국가의 건설에 초점이 맞추어진다. 모슬리의 다음과 같은 연설이 이를 간명하게 요약한다.

> 이 거대한 제국을 가집시다. 우리의 선조들에 의해 획득된 우리 인종의 유산을 가집시다. 그리고 세계가 이제까지 알았던 것보다 더 위대한 문명을 세웁시다. 인류의 긴 이야기 속에서 여러 인종들은 국가가 되기 위해 투쟁을 하였습니다. 그리고 국가들은 강력한 제국이 되기 위해 투쟁했습니다.……그리고 지금 그런 높은 정신의 불길에 의해 밝혀진 이 운동은 영국의 바로 그런 정신으로부터 일어납니다. 영국은 위대함과 영광 속에 살게 될 것입니다.[87]

그러나 조합국가의 경제정책은 새로운 경제단위를 필요로 했다는 점을 지적해야 한다. 모슬리는 자유방임의 경제학 대신 보호주의를 주장했고, 글로벌 경제가 아니라 자급자족적인 경제를 내걸었지만 그런 주장의 이면에는 세계경제가 이제 더 이상 영국에 호의적이지 않게 된 상황이 존재했다는 점에 주목해야 한다. 이러한 상황에 대한 모슬리의 대안이 바로 제국이었던 것이다. 그는 다음과 같은 네 가지를 근거로 하여 현재의 상황에 대하여 제국이 해결책이 될 수 있음을 주장했다. ① 브리튼 섬과 제국 안에는 다른 누구에게도 뒤지지 않는 기술을 가진 노동자들이 있고 ② 브리튼 섬과 제국 안에서 영국은 기술자들을 가지고 있어서 누구에게도 뒤지지 않는 기계를 생산할 수 있으며 ③ 제국 안에서 영국은 산업이 필요로 하는 모든 형태의 원자재를 가지고 있으며 ④ 제국 안에서 영국이 영국의 생산품에 대한 시장을 가질 수 있다면 영국은 노동력, 기계, 원자재를 가지고서 영국 부의 생산을 거대하게 증가시킬 수 있다는 것이다.[88]

모슬리의 경제정책은 결국 영국의 번영을 유지할 수 있는 자족적인 단위를 찾아내야 한다는 것으로 요약될 수 있다. 그러나 그 자족적인 단위는 제국이어야 했고, 그 안에서 영국은 이전에 자본주의 국제무역 체제에서 그들이 누렸던 우월한 지위를 계속 누려야 했던 것이다. 조합국가는 그런 호의적인 외부질서를 바탕으로 하여 국내의 경제를 거기에 최적의 조건으로 재조직하는 역할을 맡는 것이다. 따라서 조합국가는 새로운 제국건설에 적응된 새로운 형태의 국내질서라는 의미를 지녔던 것이다. 영국은 세계자본주의 체제에서 단절되어야 하지만 단절되고 난 후에는 영국의 이익에 맞추어진 새로운 경제블록이 형성되어야 했으며 그것이 바로 제국이었던 것이다. 모슬리가 1934년 7월 아일랜드에 대해 발언한 것을 보면 제국에 편입되어 제국의 혜택을 받든지 아니면 그런 혜택을 박탈당하든지 선택하라는 것이었다.[89]

사실 이러한 논리는 세계자본주의 체제에 대한 하나의 대안으로 제시된 것이라는 생각을 가능하게 한다.[90] 왜냐하면 모슬리는 유럽의 강대국들이 영국과 마찬가지로 자족적인 경제단위를 갖는 방식으로 유럽의 평화가 확보될 수 있다고 생각했기 때문이다. 근대전쟁은 원자재와 시장을 향한 투쟁이란 점에서 경제적 성격을 띠고 있었으며 따라서 각각의 강대국들이 원자재에 접근하고 시장을 확보할 기회를 가진다면 세계전쟁의 유일한 원인은 제거될 것이었다.[91] 세계자본주의 체제가 전쟁으로 나아갈 위기에 처해 있다면 세계자본주의 체제를 세계제국 체제로 바꿈으로써 그 위기를 막을 수 있다는 생각이었다.

그러나 모슬리의 대안은 영국인들에게 제한적인 영향을 행사했을 따름이었다. 모슬리의 주장은 논리적이고 확신에 차 있었으나 다수의 영국국민들은 경제재건을 위한 강력한 국가건설이라는 결론 부분에 끌리지 않았다. 모슬리의 권위주의적 국가건설에 회의적이었던 것이다. 자치령과 식민지를 함께 묶는 블록체제 건설에 대해서는 자치령과 식민지들이 반대했다.[92] 그리고 무엇보다도 조합국가가 민주적 가치와 의회제도에 의문을 던짐으로써 영국의 오랜 전통에 대한 도전을 제기하는 것을 영국국민들은 받아들이지 않았던 것이다.

7. 조합국가의 문제점

이상의 논의를 통해서 보면 조합국가의 기초는 결국 생산자들임을 알 수 있다. 생산자들이 의미하는 것은 반드시 노동자들만이 아니다. 육체노동자와 정신노동자, 사업가 모두를 포함하는 방대한 개념이다. 그리고 사회의 모든 부문들은 생산에 초점이 맞추어져야 했다. 예컨대 금융부문은 생산을 위해 기여해야 했으며 이것만이 금융의 진정한 기능이었다. 금융부문만이 아니라 노동조직도 마찬가지였다. 노조 역시 영국의 발전과 재건에 도움이 되어야 했으며 이를 방해하는 노조지도자에게는 자리가 주어지지 않았다.[93]

계급전쟁은 계급이익의 충돌을 조정하는 정부기구에 의해 사라질 것이며, 임금문제는 개판 같은(dog-fighting) 계급전쟁의 싸움에 맡겨지기보다는 국가의 공정한 중재로 해결될 것이다. 즉 전문가가 해결해야 할 기술적인 문제가 되는 것이다. 그러나 노조나 고용주연합 같은 노동자와 자본가의 조직들이 사라지지는 않을 것이다. 이런 조직들은 조합국가의 기구 속에 짜여질 것이며 이전보다 오히려 보다 큰 활동의 여지를 가지게 될 것이다. 이런 과정에서 전통적 계급형태들은 기능적 범주로 해체되어 버릴 것이다.

그러나 모슬리의 조합국가는 그 안에 패러독스를 가지고 있다. 조합국가는 산업자치를 실현한다고 주장하지만 국가의 지도력을 강조하면서 전개되는 자치가 과연 진정한 자치가 될 수 있을지는 의문을 자아낸다. 사실상 영국파시스트연합(BUF)의 정부는 전국조합을 통해 다른 모든 조합에 대한 통제를 유지하게 될 것인데 말이다.[94] 조합국가에서 강조되는 산업의 자주경영도 어디까지나 노동자, 고용주, 소비자의 마찰이 없다는 것을 전제로 할 경우이다. 그리고 모슬리는 조합국가에서 개인의 자유가 실현될 것이고 개인의 창의력이 발휘될 것이라고 주장했지만 이러한 자유를 완전한 국가통제 안에서 어떻게 조직할 것인가 하는 문제는 해결되지 않은 숙제로 남아 있다. 그래서 N. 모슬리도 모슬리가 패러독스를 다루고 있음을 인정해야 한다고 지적하는 것이다.[95]

모슬리는 조합국가의 통치력을 애써 독재가 아니라 지도력(leadership)이라고 강변하고 있지만 조합국가에서 국가의 권위는 언제든 부패할 소지가 있으며 전횡적이 될 가능성이 있음도 지적해야 할 것이다. 국가는 초월적 위치에서 조정자적 역할을 맡을 것으로 주장되지만 국가가 어떤 특정세력과 담합할 경우의 위험 역시 배제할 수 없다.

더욱이 모슬리는 파시즘의 통치력에 대해 국민소환을 제시해 이것이 국민의 뜻에 종속된 권력임을 강조하지만 과연 그 민주성이 확보될 수 있을지는 의문이다. 지도력을 세우는 문제는 더욱 모호한 영역으로 남아 있다. 왕이 지도자를 지명하는 방식을 제시하고는 있지만 그 과정에서 국민의 의사가 어떤 채널을 통해 왕에게 전달될 것인가 하는 문제에 대해서는 뚜렷한 메커니즘이 제시되지 않는다. 그럼에도 불구하고 모슬리의 조합국가는 생산과 소비의 부조화라는 20세기 자본주의의 모순에 대한 하나의 처방으로 제시된 이론이라는 점에서 의미있는 나름의 논리적 구조를 가진다. 모슬리의 조합국가론은 그것이 지니는 한계에도 불구하고 자본주의의 문제들에 대한 하나의 종합적인 대안이었다는 점에서 의미를 찾아볼 수 있을 것이다.

대륙 파시즘과 구별되는
영국 파시즘의 특징들

1. 머리말

모슬리(Oswald Mosley) 파시즘을 영국의 대표적인 파시즘으로 볼 수 있기는 하지만 사실 모슬리 파시즘은 영국의 파시즘들 중 하나였음을 간과해서는 안 된다. 영국에서 파시즘 운동은 1920년대의 영국파시스트(British Fascists), 1930년대의 영국파시스트연합(British Union of Fascists : BUF), 1950년대의 연합운동(Union Movement), 1960년대와 70년대의 국민전선(National Front), 1990년대의 영국국민당(British National Party) 등 각 시대마다 분출되어 나왔다. 이런 중요한 운동 이외에도 영국인민당(British People's Party, 1939~1945), 대영국운동(Greater Britain Movement, 1964~1967), 제국파시스트연맹(The Imperial Fascist League, 1928~1940), 제국충성파연맹(The League of Empire Loyalists, 1948~1967), 국가사회주의운동(The National Socialist Movement, 1962~1968), 영국운동(The British Movement, 1968~1983) 등 보다 작은 규모의 파시스트 운동들도 지적할 수 있다. 그러므로 어찌 보면 크로닌의 지적처럼 파시즘은 1차대전 이후 영국사회에 늘 존재했던 세력이었던 것이다.[1]

모슬리의 영국파시스트연합이 활동을 시작한 1930년대를 전후해서도 여러 종류의 파시스트 조직들이 활동하고 있었다. 모슬리의 파시즘

이전에 이미 자생적인 파시스트 그룹들이 나타나 활동하고 있었는데 린톤 오만(Lintorn Orman)이 조직한 '영국파시스트'와 아놀드 리스가 조직한 '제국파시스트연맹'이 그런 조직들이었다.[2] 그 외에도 1920년대를 통해 영제국파시스트(the British Empire Fascists), 파시스트연맹(Fascist League), 파시스트운동(the Fascist Movement), 국민파시스티(National Fascisti), 영국국민파시스트(the British National Fascists) 등의 여러 분파들을 확인할 수 있다.[3] 그러므로 모슬리의 파시즘은 초기 파시즘들 중에서 하나의 파시즘으로 확인해야 할 것이다. 물론 여러 다른 파시스트 그룹들과 차별화될 수 있는 사상이라는 점도 지적해야 할 것이다.

사실상 파시스트 그룹들 간에는 서로 다른 주장들이 난무했다. 1923년 세워진 최초의 토착적인 파시스트 그룹인 린톤 오만의 '영국파시스티(British Fascisti)'는 특별한 정책이 없었으며 자신들을 단지 왕과 의회를 지키기 위한 세력으로 간주했다.[4] 이 조직은 대체로 1926년 총파업에서 그들이 한 역할로 기억된다. 이들에게 적들은 공산주의자, 사회주의자, 무정부주의자, 프리메이슨, 유태인들을 모두 합한 것이었다. 하지만 특별히 반(反)유태적이지는 않았다. 린톤 오만이 모슬리를 거부한 것도 모슬리가 유태적이라는 이유에서가 아니라 공산주의적이라는 이유에서였다.[5] 이 조직이 린톤 오만에게서 블래크니(Blackeney)에게로 넘어가고 'Fascisti'라는 용어를 'Fascists'로 고치면서 어떤 정책을 제시해야 했을 때 이 단체는 부유한 사람들의 소득세를 낮추자는 제안을 했다. 실업을 줄이기 위해서는 부유한 사람들이 보다 많은 하인을 고용해야 하는데 그러기 위해서는 소득세를 낮추어야 한다는 주장인 셈이었다.[6]

여기에 비해 아놀드 리스가 이끄는 '제국파시스트연맹'의 입장도 독특했다. 아놀드 리스는 매우 반(反)유태적이어서 인종주의적 경향을 분명하게 드러냈다. 그는 모슬리를 거부했는데 그 이유는 모슬리가 유태인에게서 돈을 받고 있는 사람이라는 것이었다.[7] 그리고 영국파시스트연합과는 달리 여성들의 투표권 확대에 분명히 반대하는 반(反)페미니즘적 입장을 고수했다.[8]

조직적 차원의 운동으로 나아가지는 않았지만 웰즈(H. G. Wells)는 자유주의적 목적을 위해 파시즘의 수단을 사용하는 자유 파시즘이란 이론을 제시하기도 했다. 여기서 웰즈는 양심의 가책 없이 폭력을 사용하는 권위주의적 엘리트주의를 주장했다.[9]

모슬리 파시즘은 종종 다른 영국 파시즘들과 동일시되기도 했으나,[10] 이런 파시즘들과 어떤 부분에서는 미묘한 차이를 또 어떤 부분에서는 심각한 차이를 보였다는 점을 간과해서는 안 될 것이다. 특히 모슬리 파시즘이 합리적인 요소들을 내포하고 있었다는 점은 모슬리 파시즘을 다른 파시즘들과 구별되게 만든 중요한 부분이었다.[11]

영국의 파시즘들 사이의 차이가 무시되거나 간과되는 경향과 함께 모슬리 파시즘을 아예 수입품으로 간주하는 경향도 있다. 혹자는 영국의 파시즘 그 자체를 영국에 이질적인 사상으로 파악하기도 한다. 자유롭게 태어난 정직하고, 공정하고, 합리적인 영국인이라는 신화는 바로 이런 식의 인식을 유도한다. 영국 민주주의에 내재된 개인의 권리와 존엄성에 대한 존중심이 영국을 파시스트 이념에서 멀리 떨어지게 만들었다는 것이다.[12]

사실 모슬리 파시즘의 운동기구였던 영국파시스트연합(BUF)도 대륙의 파시즘 조직인 나치와 유사하게 보였다. 그들은 같은 방식으로 인사했고, 같은 곡조로 그들의 노래를 불렀다. 그들은 같은 스타일의 옷을 입었으며 비슷한 규율을 가졌다. 그런가 하면 모슬리의 처제는 히틀러와 베이뢰쓰(Bayreuth)에서 차를 마시기도 하는 등 개인적 친분관계를 유지하기도 했다.[13] 그래서 스키델스키는 영국파시스트연합이 처음부터 히틀러의 운동과 동일시되었다고 보고 있다.[14]

하지만 모슬리 파시즘에는 이런 겉으로 보기에 대륙 파시즘과 유사해 보이는 이면에 매우 영국적인 내용들이 자리잡고 있었다. 모슬리 자신이 파시즘은 상이한 나라들에서 전적으로 상이한 형태를 취한다는 점을 강조했다. 그리고 모슬리는 각 나라의 파시즘들 사이의 유사성에 대해서도 낮게 평가했다.[15] 모슬리는 로더미어 경에게 보내는 편지에서 "우리가 영국적 방법으로 또한 영국적 특성과 조화를 이루어 영국에 근대세계의 교리를 제시하려" 한다는 점을 지적했다.[16] 물론 여기서 근대세계의 교리란 파시즘을 의미하는 것이다. 모슬리와 영국파시스트연합은 그들의 운동이 외국의 수입품이라는 비판에 특히 민감했으며,[17] 자신들의 운동이 어떤 점에서는 대륙과 다를 뿐 아니라[18] 본질적으로 영국적인 운동이고 자신들이 모든 영국적인 미덕을 구현하려 한다는 점을 지적하려고 노력했다.[19]

그러므로 모슬리 파시즘이 대륙 파시즘의 영향을 받은 측면이 있다해도 이것을 대륙 파시즘의 가지치기로 보기는 어렵다. 영국의 파시즘을 파시즘에 대한 이전의 어떤 정의에 넣을 수 있을 것인가에 대해 의문을 제기하는 사람이 나타나는 이유도 여기에 있다.[20] 모슬리 파시즘은 독특한 영국적 환경과 영국이 가진 문제 속에서 출현하고 발전했음에 유의해야 할 것이다. 이런 전제에서 모슬리 파시즘이 지닌 특징들을 아래에서 하나씩 검토해 나가 보도록 하겠다.

2. 영국 사회주의와의 관계

모슬리 파시즘의 독특성은 모슬리가 사회주의의 여러 요소들을 받아들이고 있다는 점에서 먼저 찾아볼 수 있다. 그래서 일찍이 영국파시스트(British Fascists)의 한 지지자는 영국파시스트연합이 자본주의에 대해, 단지 파시즘의 이름으로 사회주의적 공격을 가하고 있다는 비판을 하기도 했다.[21] 모슬리 파시즘에 좌파적 요소가 존재한다는 점은 루이스에 의해 지적되고 있지만[22] 보다 중요한 부분은 그러한 좌파적 요소가 특별히 '영국 사회주의 사상'들과 연관을 맺고 있다는 점이다.

먼저 의회에 대한 실망과 반(反)의회주의라는 점에서는 모슬리 파시즘이 신디칼리즘과 동일한 바탕 위에 서 있음을 발견하게 된다. 모슬리에게 의회는 기만적인 기구로, 정치가는 극악한 사기꾼으로 보였다. 그는 의회주의자들을 말만 하지 행동하지는 않는 사람으로 보았다. 설사 의원들이 의욕을 가지고 의회에 들어선다 해도 의회 분위기에 의해 이런 노력은 곧 허사로 돌아가 버린다는 것이다. 그는 다음과 같이 지적했다.

> 많은 선량한 혁명가들이 사자와 같이 으르렁거리며 웨스트민스터에 들어왔다. 그러나 단지 몇 달 후에는 그의 적대자들에게 잘 길들여진 비둘기처럼 조용해지는 것이다. 바와 흡연실, 로비, 저녁식사 테이블, '이 나라에서 최고의 클럽의 분위기'들이 인민의 투사(champion)에게서 활력과 전투력을 빼앗아 가는 것이다. 혁명운동은 그 결과 그것이 권력을 장악하기 전에 혁명적 열기를 잃어버린다. 연단의 전사는 로비의 애완견(lap-dog)이 되어 버린다.[23]

그런가 하면 모슬리가 사회구성원을 대표하는 단위로 '산업'이란 범주를 중시해 산업조합을 제안하는 데서는 신디칼리즘과 길드 사회주의의 요소를 함께 받아들였음을 알 수 있다. 그리고 산업조합은 '직능적 기초에서 대표를 선출해야 한다'는 주장에서도 역시 이 두 사회주의의 주장을 받아들이고 있는 셈이다. 직업에 기초한 대표라는 개념은 노동자들의 산업통제를 강조하는 길드 사회주의와 신디칼리즘이 일찍이 주장한 것으로 이 두 사상의 중요한 특징인 것이다. 산업의 자주경영을 주장하는 점에서는 신디칼리즘의 요소가 두드러진다. 그런 가 하면 생산자의 대표와 소비자의 대표가 동등하게 발언권을 얻어야 한다는 점을 강조하는 부분에서는 길드 사회주의의 요소를 끌어들이 고 있다. 산업통제의 문제에서 국가를 생산자나 소비자보다 우위에 놓 는 부분에서는 길드 사회주의의 한 갈래인 S. G. 홉슨의 입장과 유사 한 점을 발견하게 된다.

그런가 하면 새로운 부유층(nouveaux riches)을 비판하며 사회 내에서 의 이들의 적절한 기능을 강조하고 있는 부분에서는 페이비언 사회주 의의 요소를 찾아볼 수 있다. 노동에 의해 벌어들이지 않은 부 (unearned income)와 세습되는 부를 비난하는 점, 렌시어(rentier) 계층에 대한 경멸을 보이는 점에서도 페이비언 사회주의의 요소가 나타난다. 특히 자유의 개념에 대해 현재 소수의 자유를 미래의 다수의 자유와 대비시키면서 경제적 자유만이 진정한 자유를 가져오는 것으로 강조 하는 부분에서는 합당한 소득을 확보하지 않고서는 자유를 주장할 수 없다는 페이비언들의 사고방식을 공유하고 있다. 모슬리의 다음과 같 은 주장은 페이비언들의 사고와 정확히 일치하는 것이다.

> 근대에 국민 다중에게 자유는 일차적으로 경제적 자유를 의미한다 는 것을 부인할 사람이 누가 있는가? 좋은 임금, 좋은 집, 짧은 노동시 간, 문화에 대한 기회, 오락, 자기 발전 등등이 실질적인 자유인 것이 다. 그리고 이(현재의) 제도 하에서 국민들은 자유를 갖지 않는다는 것 을 누가 부인할 것인가.[24]

관리자와 조정자로서의 국가의 역할을 강조하고 있는 부분에서도 페이비언 사회주의의 주장을 확인할 수 있다. 물론 엘리트주의에서 이

들은 페이비언 사회주의보다 훨씬 멀리 나가기는 했지만 말이다. 그런
가 하면 강력한 국가 재건을 옹호하는 주장이나,25) 제국의 역할을 강
조하는 부분에서는 블래치포드의 사회주의를 연상시킨다.26)

모슬리 파시즘의 이론적 영역에서 발견되는 영국 사회주의와의 공
통성도 흥미롭지만 영국파시스트연합 안에 일단의 사회주의자들이 있
었음을 발견하는 것도 흥미롭다. 심지어 영국파시스트연합의 당직자
들은 이전에 사회주의자였던 사람들로 메워졌다는 주장이 나올 정도
로27) 인적 구성에서도 사회주의적 색채가 짙었다는 말이다. 영국파시
스트연합 안에서는 존 스캔런(John Scanlon)이나 휴 로스 윌리엄슨
(Hugh Ross Williamson) 같은 사회주의자들이 활동했다. 윌리엄슨은 의
회민주주의를 금권정치의 가면으로 보았으며 실질적 사회주의의 많은
부분들이 노동당이 아니라 파시즘에서 얻어지고 있다고 믿었다.28) 영
국파시스트연합의 외곽 조직이었던 영국노동자파시스트연합(Fascist
Union of British Workers)을 이끌었던 브랫포드(C. J. Bradford) 역시 이전
에는 공산주의 활동을 한 사람이었다.29)

이런 사회주의적 요소에도 불구하고 모슬리는 맑시즘의 교리에 대
해서는 매우 비판적이었다. 그는 맑스의 역사에 대한 물질주의적 해석
은 인간을 식욕의 충동에 지배되지만 다른 고귀한 본능에 의해서는
움직이지 않는 존재로 끌어내렸다고 비판했다. 그는 다음과 같이 여기
에 대해 비판적인 입장을 보였다.

물질적 패배주의의 파괴적 교리에 대해 우리의 르네상스적 교리는
단호히 답변한다. 우리는 맑스에게 '당나귀가 개울을 넘으려 할 때 그
행위의 동기를 건너편의 엉겅퀴를 얻기 위한 것이라고 보는 게 맞다'
고 말한다. 그러나 우리가 개울을 건너려는 사람들을 볼 때 우리는 그
가 보다 고귀한 동기를 가지고 있다고 말해야 타당할 것이다.30)

그러므로 모슬리에게서 나타나는 사회주의는 대륙의 사회주의라기보다는 영국적인 사회주의였음을 확인할 수 있다. 이런 영국 사회주의의 여러 가지 요소들이 모슬리의 파시즘 안에서 혼합되어 나타나고 있는 점은 파시즘이 영국 사회주의의 하나의 변형물일 수 있음을 시사한다.[31] 파시스트들 스스로가 사회주의라는 용어를 쓰기에 주저하지 않았으며, 1936년 초 파시스트라는 용어에 문제를 제기했을 대조차도 굳이 '사회주의'라는 용어를 그들의 조직 이름에 집어넣었던 것이다.[32] 모슬리 파시즘의 추종자들 중에는 파시즘을 맑스의 소위 과학적 사회주의에 반대되는 인간적 사회주의로 파악한 사람도 있었다.[33] 모슬리 자신이 노동당에서 활동했었으며, 파시즘 이론에 중요한 기여를 한 레이븐 톰슨도 이전에 공산당원이었다는 점은 파시즘과 사회주의의 연계를 이해하는 데 시사하는 바가 크다.[34]

3. 영국 경제에 대한 관점

모슬리 파시즘의 프로그램이 정치 논리보다는 경제 논리에 기초하여 제시되었다는 점 역시 영국 파시즘의 독특한 측면이었다. 독일이나 이탈리아 파시즘의 경우 경제에 대한 국가통제는 경제 논리에서 나왔다기보다는 정치 논리에서 나온 것이었다. 이들 나라에서 파시즘의 프로그램은 수요를 조정하는 것에 맞추어져 있었다기보다는 전쟁을 준비하는 것에 맞추어져 있었다. 반면 모슬리의 강력한 국가에 대한 요구는 정치 논리나 전쟁과는 거리가 멀며 단지 경제적 대안들에 기초하고 있었던 것이다.[35]

그래서 모슬리 파시즘의 독특성은 그가 영국 자본주의를 파악하는 시각과 연결되는 것이다. 그는 산업세력과 금융세력의 이해를 적대적인 관계로 파악했다. 그것은 다음과 같은 논리에서였다. 영국 금융가들의 전통적 사업은 대출인데, 영국의 금융 밀집 지구인 시티(City)에서 해외 대부의 비중은 점점 늘어나고 있었다. 해외 대부의 유일한 동기는 투자를 통해 높은 이자를 끌어내는 것이었다. 대부를 받은 나라들 가운데서 금이나 용역을 제공할 수 있는 나라는 거의 없었으므로 이자는 거의 전적으로 해외의 재화를 수입하는 것으로 대체되었다. 그 결과 금융에서 얻는 이자는 국내 생산자들의 이익과 정면으로 충돌하게 되었다. 외국에서 재화가 들어오는 것은 거기에 상응해 영국 재화를 수출하는 것으로 균형이 맞추어지지 않았기 때문이다.[36] 결국 시티는 영국 산업의 쇠퇴와는 무관하게 해외 투자에서 얼마든지 이익을 찾을 수 있었다. 반면 그 대가로 영국의 산업은 쇠퇴했으며 이는 곧바로 실업 현상을 낳았던 것이다.

이런 입장은 『우리가 살게 될 미래』에서 더욱 뚜렷이 나타나는데 금융가들은 해외 투자를 함으로써 영국 상품을 착취 노동으로 무장된 외국 상품과 경쟁하게 만들고, 이로 인해 결국 영국의 산업가와 노동자 모두에게 파괴적인 행위를 하게 된다는 것이었다.[37] 산업을 위해 지원되어야 할 금융은 비생산적인 부분으로 향할 뿐 아니라 나아가 영국 산업을 위태롭게 하는 곳에 쓰여졌다는 것이다.

더욱이 금융은 생산과는 전혀 무관하게 운동했다. 투기는 금융가들에게는 삶을 부여하지만 생산자들에게는 죽음이었다. 체제의 내재적인 불안정성은 이익을 찾아 이리저리 재빠르게 건너다니는 금융가들에게는 커다란 기회를 부여하지만 생산자들에게는 그러하지 않았다. 생산자들은 안정의 바탕에서만 번영하기 때문이었다. 하지만 영국 정부는 시티와 밀접하게 연결되어 있어 결국 금융에 끌려 다니게 된다는 것이다.[38] 이런 연결은 어떤 정부도 금융의 이해관계에 의해 붕괴될 수 있음을 의미했다. 그래서 모슬리는 금융 논리의 채찍을 휘두르는 세력을 중세의 '약탈 귀족'에 비유했다. 근대 초기의 중앙집권화된 왕정은 바로 이 세력에 대항하는 과정에서 나타났던 것이다. 20세기의 약탈 귀족에 대항해서 국민들은 자신들의 경찰력을 조직하지 않으면 안 되었다. 그것이 바로 파시스트 국가였던 것이다.[39]

영국 경제를 산업과 시티의 대결로 파악하는 부분에서 모슬리는 영국의 독특한 모순을 발견했던 셈이다. 그 결과 자본주의에 대한 '자본가와 노동자의 대립'이란 인식은 '산업과 금융의 대립'이라는 새로운 인식으로 바뀌게 되는 것이다. 이런 전제에서 모슬리 파시즘의 독특한 경제 처방이 나오게 되었던 것이다.

산업과 금융 부문의 부조화는 모슬리가 미국 경제를 이해한 방식이기도 했다. 이런 부조화가 탄탄한 자본주의로 간주된 미국 경제를 무너뜨리는 데 결정적 원인으로 작용했던 것이다. 미국에는 어떤 기구도 신용의 사회적 사용과 반(反)사회적 사용을 구별하기 위해 존재하지 않았다. 연방준비국은 질적인 방식이 아니라 양적인 방식으로만 신용 팽창을 억제시킬 수 있었다. 그 결과 신용을 제한함으로써 결국 월스트리트의 투기꾼들보다 생산자들이 먼저 타격을 받게 되었던 것이다. 투기꾼들은 그들의 이익을 위해 유럽의 단기 신용을 환수해 버렸기 때문이다.[40] 결국 소수의 무책임한 개인들의 광란을 억제하려는 노력에서 미국 산업의 구조 전체가 흔들려 버렸다.

만약 사기업의 활동이 합리적인 국가정책과 조화를 이룰 수 있었다면 혼란을 피할 수 있었을 것이다. 일관된 국가계획의 부재가 미국의 고임금과 고구매력 체제를 일거에 무너뜨려 버렸던 것이다. 모슬리는 영국의 경우도 실물 부문과 금융 부문의 이해가 상충되며 이것이 경제 혼란을 초래한 주범이라는 판단을 하고 있었던 것이다.

4. 유태인에 대한 태도

모슬리의 파시즘은 나치즘에서 두드러지게 나타난 인종주의가 핵심으로 부각되지 않는다는 중요한 특징을 지니고 있다. 모슬리 파시즘에서 유태인 문제는 차츰 하나의 쟁점이 되어 가긴 했지만 이 문제를 취급하는 방식은 나치와는 다른 전제 위에 놓여 있었다.[41]

모슬리 사상이 결정화되어 있는 『보다 위대한 영국』 전체를 통해 유태인 문제는 어디에도 언급이 없다.[42] 1933년의 『블랙셔트』(The Blackshirt)에서도 "반유태주의는 파시즘의 문제가 아니며", "독일에서 반(反)유태주의는 파시즘의 징후가 아니라 독일의 징후"라고 주장했다.[43] 모슬리는 『요크셔 포스트』(*Yorkshire Post*)에서 히틀러가 유태인 문제에 대한 태도에서 가장 커다란 잘못을 저질렀다는 입장을 밝혔다.[44] 유태인과의 마찰이 생겨난 후에도 유태인 전체가 적대적인 존재가 아니라 영국에 적대적인 유태인들이 파시즘에도 적대적인 존재로 규정되었다. 1933년 1월 모슬리는 다음과 같이 말했다.

> 인종적 종교적 박해는 영국의 특성과는 이질적이다. 우리는 유태인을 그들이 유태인이기 때문에 공격하는 것이 아니다. 우리는 반(反)영국적인 정책을 펴는 사람들을 발견하면 그들을 공격한다. 반(反)영국적이지 않은 어떤 유태인도 항상 우리와 잘 지낼 것이다.[45]

이러한 태도는 1938년 모슬리가 펴낸 『우리가 살게 될 미래』에서도 별로 변화되지 않았다. 모슬리는 다음과 같이 지적했다.

> 우리는 유태인을 그들의 종교로 공격하지 않는다. 우리의 원칙은 완전한 종교적 관용이다. 우리는 그들을 인종으로 인해 박해하지 않는

다. 우리는 여러 인종이 포함된 제국을 봉사하는 데 헌신하기 때문이
다. 어떠한 인종적 박해에 대한 언급도 우리가 봉사하는 제국에 손상
을 줄 것이다. 유태인과 우리의 싸움은 그들이 국가 안에 국가를 세운
것에 이유가 있다. 그리고 그들이 영국 국가의 이익보다 그들에 동조
하는 인종주의자들의 이익을 우선시했기 때문이다.[46]

모슬리는 유태인들에 대한 싸움은 종교나 인종과는 상관이 없다는
점을 여기서도 다시 한번 확인하고 있다. 심지어 영국파시스트연합 안
에는 유태인들도 활동하고 있었다는 점을 지적할 필요가 있다.[47] 존
베켓(John Beckett) 같은 이는 그의 어머니가 유태인이라는 사실을 성
공적으로 감추기도 했다. 영국파시스트연합 안에서 유태인들이 활동
했다는 사실은 모슬리 파시즘에 대한 설명을 복잡하게 만드는 부분이
기도 하다.[48] 심지어 모슬리의 비판자들은 모슬리를 유태인이라고 주
장하기까지 했다. 1933년 3월 『쥬이시 크로니클』(*Jewish Chronicle*)은 “모
슬리의 파시스트들은 제국파시스트연맹(IFL)에 반대하는 투쟁에서 우
리의 가장 훌륭한 지지자들”이라고 선언했으며, 영국파시스트연합
(BUF)을 진정한 파시스트들이라고 불렀다. 『더 타임즈』(*The Times*) 역시
모슬리의 파시즘이 반(反)유태적이라고 보지 않았다. 여기서는 유태인
에 대한 파시스트의 적대감은 공산주의자들을 재정 지원하거나 반(反)
영국정책을 추구하는 유태인들에 향해 있다고 지적했다.[49]

영국파시스트연합의 회원들 역시 인종이나 피부색에 관계없이 모
든 영국 시민들에게 개방되어 있었다. 중요한 것은 인종이 아니라 왕
과 제국에 충성하는가 하는 기준이었다. 유태인에게도 영국의 문화에
잘 동화된 ‘좋은 유태인’과 그렇지 못한 ‘좋지 못한 유태인’이라는 식
의 구분이 가능할 따름이었다.[50]

이런 입장이 바뀌어 나간 것은 모슬리가 금융세력에 대해 비판하는

과정에서 유태인 금융세력이 반감을 가지게 되고, 이들이 모슬리를 유태인 일반에 적대적인 입장을 가진 것으로 비판하는 일련의 과정에 기인한다. 1934년 6월 올림피아 집회 이후 몇 몇 유태인 회사 사장들이 로더미어에게 더 이상 그의 신문에 광고를 싣지 않겠다는 반응을 보였다. 이후 모슬리는 유태인들에게 ‘영국우선’의 정책을 취하기를 요구하면서 유태인을 더 이상 회원으로 받아들이지 않겠다고 선언했다. 그 이유는 유태인들이 인종적 이해가 국가적 이해보다 앞선다고 보는 국제적 운동을 조직했기 때문이었다. 모슬리는 1934년 10월 28일 알버트 홀의 회합에서 다음과 같이 발언했다.

> 현재 파시즘에 (반대하기 위해) 동원되는 조직된 유태인 세력이 있다.……지금 그들은 우리들이 인종적 종교적 박해를 가한다고 나라 전체에 외치려고 한다. 그러한 비난은 완전히 사실이 아니다. 오늘 우리는 유태인을 인종적 종교적 기초에서 공격하는 것이 아니다. 우리는 그들이 파시즘에 반대하고 영국에 반대하기 때문에 그들의 도전을 받아들이는 것이다.[51]

모슬리가 반(反)유태주의로 돌아선 이유에 대해서는 또 하나의 해석이 존재한다. 즉 이런 변화가 파시스트 운동이 처하게 된 정치적 상황에 기인했다는 것이다. 이런 주장은 존 스트레치(John Strachey)와 아이린 레이븐데일(Irene Ravendale)에 의해 제시된 것으로 모슬리는 반(反)유태주의를 다소 시니컬한 이유로 받아들였다는 것이다. 즉 파시즘 운동이 초기 2년간 성공하였으나 1934년 말에 이르러 쇠퇴하게 되자 초기의 자극을 유지하기 위해 반유태주의를 택했다는 것이다.[52] 보다 최근의 썰로우 역시 이런 입장에 서 있다.[53] 웨버의 분석에 따르면 1934년 6월부터 1935년 후반기까지 약 일년 간 영국파시스트연합은 쇠퇴기로 접어들었고 회원수는 5만에서 5천으로 크게 줄어들었다.[54] 이에 맞추어 모슬리의 반(反)유태주의는 1934년 10월 알버트 홀 집회 이후 조금씩 고조되어 나간 것이 사실이다. 1936년 3월 알버트 홀에서의 마지막 대규모 집회가 열렸을 때는 그의 입장이 보다 강경해져 있는 것을 볼 수 있다. 그는 여기서 유태인의 권력에 도전하고 그 권력을 분쇄하는 것이 영국 파시즘의 의도라고 주장했다.[55] 이런 과정에서 영국파시스트연합의 운동은 다시 진작되어 1935년 10월 5천이던 회원이 1936년 11월에는 세 배로 늘어났다.[56] 그러나 썰로우에 따르면 이런 유태인에 대한 태도의 변화도 영국파시스트연합 정치운동의 중요한 부분이 되는 데는 일년이 넘게 걸렸다는 것이다.[57]

경찰의 기록에 따르면 1936년부터 1938년 말까지 파시스트 동조자들이 39건의 모욕, 61건의 모욕적인 낙서, 60건의 유태인 공격, 100건의 재산상의 피해를 입힌 것으로 나타났다. 이런 점들은 모슬리 파시즘이 나치와 동일하게 반유태주의적 경향을 가지고 있었다는 생각을 하게 만든다. 하지만 여기에는 인종적 편견을 보다 분명하게 가진 다른 파시스트 세력들과의 혼동이 있었음을 주지할 필요가 있다. 아놀드 리스의 제국파시스트연맹이 모슬리 파시즘과 뒤섞이면서 유태인들은 파시즘 내의 서로 다른 세력들을 구분하지 않게 되었을 것이다.[58] 제국파시스트연맹의 경우는 그 회원이 엄격히 아리안족의 외관을 가진 사람에게만 국한되어 있을 정도로 인종주의적 성격을 띠고 있었다.[59] 심지어 아놀드 리스는 모든 유태인들이 마다가스카르로 보내져야 하며, 세계의 해군들이 그들이 섬 밖으로 나오지 못하게 해야 한다고 주장했다. 게다가 한 술 더 떠 유태인을 보다 영구적으로 처리하기 위해 인도적으로 이들을 멸종시킬 방법을 찾아야 한다는 주장을 펴기까지 했다.[60] 이런 식의 혼동은 파시스트들 사이에서도 마찬가지로 일어났을 것이다. 그 결과 파시스트들은 유태인들을 이스트 런던(East London)

에서 활동한 폭력적인 공산주의자들과 구분하지 않게 되었던 것이다.[61]

비록 모슬리 파시즘 운동의 후기에 반(反)유태주의가 제시되었다해도 모슬리는 인종 우위의 이론을 개발하지는 않았으며,[62] 종교나 인종적 편견을 근거로 한 반(反)유태주의가 모슬리 파시즘에서 중요한역할을 하지 않았다는 점은 분명하다고 보아야 할 것이다.[63]

5. 폭력성의 문제

모슬리 파시즘이 폭력적이었는가에 대하여는 논란이 있지만 적어도 대륙의 파시즘에서와 같이 폭력에 대해 긍정적인 관점을 택하지않았다는 점은 분명하다. D. S. 루이스는 영국 파시즘이 그 이데올로기적 핵심에 폭력적이고 강제적인 철학을 가지고 있으므로 영국파시스트연합은 진정한 폭력 집단이었다고 주장했다. 그러나 컬른(Cullen)은 MI5(국내정보부)와 특별수사대의 문서를 토대로 하여 볼 때 영국파시스트연합은 정치 폭력을 선동했다기보다는 오히려 그것의 희생자였다는 점을 지적하고 있다.[64] 컬른은 리버풀에서 검은셔츠단과 녹색셔츠단의 경쟁을 제외하고는 지방에서 영국파시스트연합의 공격적인 폭력의 예를 찾을 수 없다고 주장한다. 리버풀의 경우에도 경쟁은 개인적 차원을 띠고 있었다고 지적한다.[65] 컬른은 공문서 기록을 근거로하여 폭력은 오히려 공산주의자들에 의해 야기되었다는 점을 지적하고 있다. 파시즘에 대해 호의적이지 않았던 경찰당국의 한 문서는 다음과 같이 보고하고 있다.

파시스트들은 비난받아서는 안 된다. 군중을 자극하는 어떤 말도 행동도 하지 않았기 때문이다. 그들은 벽돌과 그 밖의 다른 물건들이 날아오고 그들 회원이 다치기 전까지는 어떤 사람도 간섭하지 않았다……나는 검은셔츠단 쪽에서 군중을 자극하는 어떤 행동도 보지 못했다.[66]

모슬리는 그의 추종자들 중에서 폭력에 책임이 있는 사람들에 대해 비판하는 입장을 고수했다. N. 모슬리는 모슬리의 파시즘이 폭력적이지 않았다는 점을 다음과 같이 강조한다.

> 무솔리니가 1919-22년 사이 정권을 잡기 위해 투쟁했을 때 1천에서 2천 명 사이의 사람들이 가두 투쟁에서 사망했다. 히틀러가 권력을 잡는 과정에서 그의 사람들은 수백 명이 사망했다. 그의 적대자들만이 아니라 그의 친구들마저 살해되었다. 나의 아버지의 파시스트 시절에 영국에서는 친구든 적이든 아무도 가두 투쟁에서 살해되지 않았다. 그리고 폭력에 대한 명성이 고조에 달했던 1934년의 올림피아 회합에서도 기록에 따르면 오직 세 사람의 희생자들이 밤 동안 병원에 입원해 있었을 따름이었다.[67]

영국파시스트연합의 지도부가 폭력에 대해 적극적인 입장을 지녔다는 최근의 연구가 있기는 하지만[68] 모슬리가 폭력을 파시즘의 수단으로 공공연히 내걸지 않았음은 분명하다. 모슬리는 집회에서 소란 행위가 발생했을 때 폭력을 조장하기보다는 오히려 폭력을 막을 수 있는 방법을 찾으려 했다.[69]

모슬리 파시즘에 대해 폭력적이라는 인식이 강해지기 시작한 것은 모슬리 파시즘의 이론에서라기보다는 상황에 기인했던 것으로 보인다. 모슬리는 올림피아 집회에서 면도칼과 부서진 유리로 채워진 스타킹, 너클더스터(Knuckle duster : 격투시 손가락에 끼우는 금속으로 만든 장치)와 쇠파이프로 무장한 공산주의자들의 도전을 물리적으로는 이겨내었다. 하지만 폭력의 책임에 대한 선전전에서는 공산주의자들이 승리했던 것이다.[70) 게다가 1934년 올림피아 집회가 있은 지 얼마 안 되는 6월 30일 히틀러는 룀과 적어도 그의 동료 80명을 장검의 밤이라고 불린 숙청에서 살해했다. 룀 숙청에 대한 대중의 반응은 매우 충격적이어서 심지어 잡지 『존 불』(John Bull)은 히틀러가 파시즘을 이 나라에서 하루 저녁에 죽여 버렸다고 논평했다.[71) 이런 환경에서 모슬리가 자신들이 아무리 방어적인 목적으로만 물리력을 사용한다고 해도 그것을 폭력으로 받아들이는 분위기를 막을 수는 없었을 것이다. 이런 과정을 썰로우는 영국파시스트연합이 야누스의 얼굴을 가졌던 것으로 해석했다. 초기에 가장 합리적이고 지적으로 일관된 입장을 가진 정당이었지만 격렬한 자기 방어가 결국 정치적 폭력을 불러 들였다는 것이다.[72) 하지만 영국파시스트연합의 폭력성에 대한 논란이 있을 수 있다 해도 모슬리가 폭력에 대해 어떤 이데올로기적인 역할을 할당하지 않았던 것만은 분명하다.[73) 대륙에서 정치 폭력에 대해 그것의 정화하는 성질을 언급하거나 의지의 승리라는 식으로 설명했던 것에 견주어 볼 때 모슬리의 폭력에 대한 입장은 상이했다고 보아야 할 것이다.[74)

6. 평화의 추구

모슬리의 파시즘이 평화를 추구했다는 점도 하나의 특징으로 지적해야 할 것이다. N. 모슬리는 파시스트 지도자들 가운데 오스왈드 모슬리가 독특한 존재였음을 환기시킨다. 그는 열성적으로 전쟁에 반대했다는 것이다. 영국파시스트연합은 전쟁에 반대하는 입장을 적극적으로 표명했다. 한 영국파시스트연합 단원은 '당신의 세대와 우리의 세대'라는 제목으로 다음과 같이 썼다.

> 우리의 세대는 전쟁을 원하지 않는다.⋯⋯당신은 싸웠고 수백만이 죽었다.⋯⋯많은 우리의 아버지들이 죽었다.⋯⋯우리는 평화를 위해 행진한다. 당신이 전쟁을 위해 행진했듯이 말이다. 당신은 우리를 위해 싸웠다. 그리고 우리는 당신을 배반할 수 없다.[75]

반전(反戰)에 대한 입장은 1930년대를 통해 영국파시스트연합이 견지한 일관된 태도였다. 군비축소에 대하여도 이를 지지하는 명백한 입장을 보여주고 있다.[76] 『블랙셔트』의 글은 파시즘을 평화의 건축가로 그리고 있다.[77] 이 점에서 모슬리 파시즘은 다른 나라의 파시즘과는 놀랍도록 상이한 입장 차이를 보여준다. 이탈리아 파시즘의 선봉이었던 무솔리니의 일관된 주제는 전쟁의 내재적 가치를 강조하는 것이었다. 비슷한 태도가 프랑스의 파시즘 조직인 다낭의 밀리스 프랑세(Milice Française), 스페인의 파시즘 조직인 스페니시 팔랑쥐(Spanish Falange) 등에서도 발견된다. 하지만 모슬리에게 전쟁은 피해야 할 악이었다.[78]

여기에는 1차대전을 치르긴 했지만 대륙과는 입장의 차이가 있는 영국의 역사적 경험이 작용했을 것이다. 예컨대 모슬리 파시즘에도 전직 군인들의 영향이 컸지만 그들의 경험은 독일이나 이탈리아 전직 군인들의 그것과는 완전히 달랐으리라는 점을 지적해 볼 수 있다. 독일이나 이탈리아에서 전직 군인들은 파시스트 운동에 공격적인 정신을 불어 넣었다. 바로 아르티(Ardti)와 폭풍 군대의 정신에서 볼 수 있는 것과 같은 요소이다. 반면 영국의 영국파시스트연합에서는 전시의 정신이 강조되긴 하였지만 그것은 동지애에 대한 강조였지 전쟁에 대한 미화가 아니었다. 독일이나 이탈리아뿐 아니라 1차대전의 승자였던 프랑스의 파시스트들마저 전쟁을 미화했던 것에 비교하면 모슬리 파시즘의 전쟁에 대한 태도는 대륙의 파시즘과는 분명 달랐다고 보아야 할 것이다.[79] 영국파시스트연합은 스페인 내란을 지원한 리버풀 파시스트들을 운동에서 바로 추방하였는데, 이런 점 역시 모슬리 파시즘이 전쟁 자체에 분명히 반대하고 있음을 보여준다. 모슬리가 영국을 경제적으로 재조직하자고 요구했던 것도 바로 전쟁을 피하기 위한 노력에서 나왔던 것이다.

그러나 이런 평화주의적 입장에 대하여도 비판은 가능하다. 모슬리가 전쟁을 지지했다는 점을 지적함으로써가 아니라 왜 모슬리 파시즘이 다른 파시즘과는 달리 평화를 주장하게 되었는가 하는 점을 지적함으로써 말이다. 모슬리 파시즘이 평화를 주장할 수 있었던 것은 독일이나 이탈리아와는 달리 새로운 침략을 감행할 필요가 없었기 때문이 아닐까. 이미 곳곳에 만들어진 식민지들로 잘 짜여진 제국을 가지고 있었던 영국은 노골적인 새로운 침략을 통해 외부의 수탈을 강제할 필요는 없었을 것이다. 그 대신 영국은 이미 존재하는 식민지를 이용하여 효과적인 수탈을 도모할 수 있는 새로운 제국 기제를 만들어내는 것이 중요했다. 그 결과 모슬리에게는 파시즘을 위해서 전쟁보다는 평화가 요구되었다는 점을 지적해 볼 수 있겠다.

7. 모슬리의 페미니즘

여성들에 대한 입장 역시 모슬리 파시즘의 독특한 측면으로 지적될 수 있다. 모슬리는 여성 의원들이 영국의 '정상적인' 여성들을 대표하지 못한다고 비판했다. 이런 견해를 나치 독일의 경우와 비교하면 매

우 흥미롭다. 독일에서는 여성들이 후보들의 명단에서 빠졌고 고용이 박탈당했기 때문이다.[80]

여성의 권리에 대한 모슬리 식의 접근을 비판적으로 보는 견해도 물론 있었다. 아이린 클리페인(Irene Clephane)은 여성들의 자유에 대한 논의를 하면서 다음과 같이 지적했다.

> 지금 시대의 가장 이상한 광경 중에 검은 셔츠를 입고 보도의 한쪽 끝에 서서는 파시스트 책자들을 파는 젊은 여성들이 있다. 그녀들의 목적 중의 하나는 여성들에게 그들처럼 자유롭게 서 있는 것을 가능하게 하는 바로 그 자유를 여성들에게서 빼앗는 것이다.[81]

이런 입장은 모슬리 파시즘을 여성의 권리 증진을 위한 운동으로 보지 않고 오히려 성차별의 교리로 보는 것이다. 진정한 여성성의 개발을 중시함으로써, 남성다운 남성과 여성다운 여성을 강조하는 모슬리 파시즘의 전제는 사실 성차별의 교리로 보여질 가능성이 있다. 하지만 모슬리 파시즘은 대륙의 다른 파시스트 운동과는 달리, 여성에게 호소하고 별개의 여성운동을 벌여 나간[82] 독특한 측면을 보여준다.

모슬리의 기본적 가정은 여성들의 권리가 주부로서는 대표되지 않는다는 점에 놓여 있었다. 모슬리는 여성들이 주부조합(Corporation of Motherhood)에서 대표되어야 한다고 생각했다. 하지만 모슬리는 '주부로서의 여성'들이 정부에 의해 보호받는 것과 동일하게, 노동하기를 원하는 여성들도 보호되어야 한다고 보았다. 여성들에게는 고용에 대한 제약이 사라질 것이고, 남성과 동일한 임금이 주어질 것이다. 모슬리는 여성들이 이탈리아와 독일에서 억압당하는 것은 잘못이라고 선언했다.[83] 레이븐 톰슨 역시 '주부로서의 여성'에 초점을 맞추었지만 여성들이 고용에서 배제되어야 한다고 제안하지는 않았다. 동일한 노동을 하는 남성과 여성들에게 동일한 임금이 주어져야 하며, 결혼을 이유로 해고되지 않아야 한다는 점을 명백히 했다. 모슬리와 톰슨 모두 어머니와 아내로서의 여성의 역할을 중심에 놓았지만, 노동시장에서의 여성의 역할을 받아들였다는 말이다.

이러한 독특한 입장을 파시스트 페미니즘이라고 규정할 수 있다면 파시스트 페미니즘은 소비에트에서 제시되는 여성상과는 달랐음을 지적해야 할 것이다. 왜냐하면 모슬리 파시즘은 여성들의 '노동할 권리'를 거부하지는 않으나 남자들과 동일한 노동을 해야 한다고 주장하지는 않았기 때문이다. 이보다는 여성들이 자신들의 자연적 속성과 조화를 이루면서 직업을 추구할 것이 권장되었다. 예를 들자면 교육, 건축, 의료, 간호, 산파역, 사회복지 업무 같은 것들이 그런 직업에 해당되었다.[84] 여기에 아내와 어머니로서의 소명이 포함된다. 여성들은 분명 가정을 넘어서서 노동할 수 있을 것이지만 가정에 공헌할 기회도 함께 부여받는다는 것이다.

여성 참정권운동에 참여했던 여성들 일부가 영국파시스트연합에 참여한 사실은 여권운동과 파시즘의 연관성을 제고한다. 메리 리차드슨(Mary Richardson)은 전쟁 전에 국립미술관에서 그림을 훼손한 것으로 구금된 사람이었는데 그녀는 영국파시스트연합 여성분과의 조직 비서를 맡았다.[85] 또 다른 사람인 노라 엘람(Norah Elam)은 노쓰앰턴에서 영국파시스트연합 예비 후보로 활약했다. 엘람은 '여성운동의 실패'라는 글을 썼는데, 여기서 그녀는 여성 투표권의 획득이 전쟁, 실업, 빈곤, 불량 주택 등의 문제를 해결하지 못했다고 주장했다. 아일린 리온스(Eileen Lyons)는 여기에 반(反)유태주의적인 변형을 가해, 여성 참정권운동을 위해 투쟁했던 영웅적인 여성들은 동등한 임금을 얻지 못했고, 열악한 노동조건을 종식시키지 못했음을 지적했다. 민주주의는 '우리의 메리'를 유태인의 착취 노동으로부터 구해내지 못했고, 늙

230

은 유태인들이 적정 임금을 지불하도록 만들지 못한 것이다.[86] 이들은
여성 참정권 운동이 얻어내지 못한 여성의 권리들을 파시스트 운동이
성취할 수 있을 것이라고 믿었음이 분명하다.[87]

8. 맺음말

모슬리의 파시즘에는 대륙의 파시즘과 닮은 점이 있으며 외래적인
요소 역시 존재한다. 그리핀은 파시즘을 분류하면서 프랑코의 스페인,
돌푸스의 오스트리아, 안토네스쿠의 루마니아, 페탱의 비시 정권 등은
외양상으로는 파시즘적 장치들을 갖추었지만 그 본질은 보수세력의
연장이라는 점을 지적했다. 반면 독일의 나치즘, 스페인의 팔랑헤주의
(Falangism), 영국파시스트연합, 루마니아의 강철근위대(Iron Guard) 등
은 파시즘 사상으로 같이 묶었다.[88] 이렇게 함께 묶은 이유는 이들 사
상이 모두 급진적 정책이나 국민적 재생을 강조한 때문인데 이런 측
면에서 본다면 영국파시스트연합은 대륙의 파시즘들과 공통점을 지니
고 있는 셈이다.

외래적 요소 역시 지적이 가능하다. 영국파시스트연합이 채택한 나
치와 유사한 조직, 기율, 행동 등은 사실 영국적 전통으로 설명하기는
어렵다. 썰로우는 모슬리의 사상을 당시 유럽의 사상들을 종합한 것으
로 파악하기도 한다. 마치 맑스가 영국 경제학, 프랑스의 정치, 독일의
철학을 종합했듯이 모슬리는 영국의 급진 경제학, 파시스트 정치, 독
일 이상주의 철학을 종합했다는 것이다.[89] 쿨랜드도 외래적 요소와 내
부적 요소를 구분하여 인정하고 있다. 그는 모슬리 파시즘에 대해 해
외에서 들어온 낭만적 요소에 모슬리의 독특한 경제계획과 기술 관료
제가 결합하고 있다는 주장을 편다.[90]

하지만 설사 모슬리 파시즘에 대륙의 파시즘과 유사한 부분들이 있고 또 외래적인 요소가 존재함을 인정한다 해도 모슬리 파시즘을 대륙 파시즘과 동일한 성격을 갖는다거나 대륙에서 수입된 사상이라고 보는 방식은 적절하지 않다. 모슬리의 파시즘은 어디까지나 영국적인 파시즘으로 이해해야 할 것이다. 모슬리의 파시즘은 영국 사회주의의 개념들을 받아들이고 여기에 기초하고 있다는 점, 영국 자본주의의 모순에 대한 경제적 분석을 기초로 하고 있다는 점, 폭력을 거부한다는 점, 평화를 추구한다는 점, 인종주의를 내세우지 않는다는 점, 여성에 대한 나름의 관점을 지닌다는 점 등에서 독특한 측면들을 가지고 있기 때문이다.

일반적 모형에 비추어 보아도 그러하다. 여러 사람들이 파시즘을 일반화하려는 노력을 했고 그 과정에서 파시즘에 대한 정의가 시도된 것을 볼 수 있다. 썰로우는 그리핀, 페인, 이트웰 등의 파시즘에 대한 새로운 합의 해석을 기초로 하여 파시즘을 "기본적으로 생명의 철학에 기반을 두고, 극단적 엘리트주의와 대중 동원 및 지도자 원칙 위에 구조화되어 있는, 폭력을 수단으로서만이 아니라 목적으로서 가치 있게 여기고, 전쟁을 정상적인 것으로 만드는 경향이 있는, 국민적 재생을 위한, 혁명적인 극단적 민족주의의 한 형태"라고[91] 일반화했다. 이런 일반화된 파시즘 모형에 비추어 보아도 모슬리의 파시즘은 여러 부분들에서 벗어난다는 점을 발견할 수 있다. 폭력의 부분, 전쟁에 대한 태도, 극단적 민족주의의 측면 등에서 모슬리 파시즘은 모두 이 모형을 벗어나고 있는 것이다. 모슬리 파시즘을 영국적 환경과 조건에서 이해해야 할 이유가 여기에 있는 것이다.

부 록

<표 1> 이스트런던 지역의 빈곤계층에 관한 통계

소득계층분류	인구수	비율
A. 건달, 준범죄자들	11,000	1.25%
B. 주당 18실링미만인 자 (만성적 빈곤상태)	100,000	11.25%
C. 주당 18실링에서 21실링 (비정기적 수입)	74,000	8.25%
D. 주당 18실링에서 21실링 (정기적 수입)	129,000	14.5 %
E. 정기적 수입이 있는 장인층 (주당 22실링에서 30실링)	377,000	42.25%
F. 주당 30실링에서 50실링의 고급 노동자	121,000	13.5 %
G. 하층중산계급, 점원, 서기들	34,000	4 %
H. 상층중산계급	45,000	5 %
합 계	891,000	100 %
기 타	17,000	
1887년 추정인구	908,000	

자료: Charles Booth, *Life and Labour of the People of London* (London, 1892)

<표 2> 19세기 영국의 선거인 수

연 도	선거인수		전체 인구	
	잉글랜드와 웨일즈	영국 전체	잉글랜드와 웨일즈	영국 전체
1831	43만 5천	51만 6천	1400만	2400만
1833	70만	81만 3천	1400만	2400만
1866	100만	131만	2200만	3100만
1868	200만	250만	2200만	3100만
1883	260만	310만	2600만	3500만
1885	440만	560만	2700만	3600만

자료: Chris Cook and John Stevenson, *The Longman Handbook of Modern British History 1714-1987* (New York, 1988)

<표 3> 전체 성인 중 유권자의 비율

연도	1831	1833	1867	1884	1918	1928
비율	5%	7%	16%	28%	74%	97%

자료: Chris Cook and John Stevenson, *The Longman Handbook of Modern British History 1714-1987* (New York, 1988)

집권 정당 연표

빅토리아 여왕(1837~1901)

벤자민 디즈레일리(보수당) 1868년 2월 27일

윌리엄 유워트 글래드스톤(자유당) 1868년 12월 3일

벤자민 디즈레일리(보수당) 1874년

윌리엄 유워트 글래드스톤(자유당) 1880년

솔즈베리 후작(보수당) 1885년

윌리엄 유워트 글래드스톤(자유당) 1886년 2월1일

솔즈베리 후작(보수당) 1886년 7월 25일

윌리엄 유워트 글래드스톤(자유당) 1892년

로즈베리 백작(자유당) 1894년

솔즈베리 후작(보수당) 1895년

에드워드 7세(1901~1910)

솔즈베리 후작(보수당) 1901년

아더 제임스 밸퍼(보수당) 1902년

헨리 캠벌 배너만(자유당) 1905년

허버트 헨리 애스퀴쓰(자유당) 1908년

　　조지 5세(1910~1936)

허버트 헨리 애스퀴쓰(자유당) 1910년 (1915년 5월부터 자유당 연립내
　　　각)

데이빗 로이드 조지(자유당 연립내각)　1916년

앤드류 보나어 로(보수당)　1922년

스탠리 볼드윈(보수당)　1923년

제임스 램지 맥도널드(노동당)　1924년 1월 27일

스탠리 볼드윈(보수당)　1924년 11월 4일

제임스 램지 맥도널드(노동당) 1929년(1931년부터 노동당 연립내각)

스탠리 볼드윈(보수당)　1935년

　　에드워드 8세(1936)

스탠리 볼드윈(보수당) 1936년

　　조지 6세(1936~1952)

스탠리 볼드윈(보수당)　1936년

네빌 체임벌린(보수당)　1937년

윈스턴 처칠(연립내각)　1940년

클레먼트 애틀리(노동당)　1945년

윈스턴 처칠(보수당)　1951년

주

경제적 민주주의를 지향한 두 자유 사회주의

1) G. B. Shaw, "*Socialism at Seventy*," in J. Fuchs(ed.), *The Socialism of Shaw* (New York, 1926), p.150.

2) E. J. Hobsbawm, *Labouring Men* (London, 1976), p.251.

3) K. Willis, "The Introduction and Critical Reception of Marxist Thought in Britain," *The Historical Journal*, vol.20, no.2 (1977).

4) Royden Harrison, "The Fabians:Aspects of a Very English Socialism," in Iain Hampsher-Monk(ed.), *Defending Politics* (London, 1993), p.79.

5) 먼저 이 용어에 대해 언급한다. Utilitarianism은 공리주의로 표기되고 있지만 이는 적절한 표기가 아니라고 생각된다. 공리주의에서 쓰이는 '공리'(功利)라는 용어는 지금 거의 사용되지 않기 때문이다. 공리주의를 가르치면서 공리의 뜻을 물어 보았을 때 공로와 이익을 떠올리는 사람은 아무도 없었다. 대부분의 학생은 공리를 '공공의 이익' 정도로 생각하고 있었다. 여기서 '공리'(功利)는 영어로 Utility를 의미한다. Utility가 처음에 '공리'로 번역되면서 공리주의라는 용어가 탄생하였을 것이지만, 지금 영어의 Utility는 효용을 의미하며 그렇게 옮겨지고 있다. 그래서 Utilitarianism을 효용주의로 옮긴다. 이 사상은 인간의 행위에 대한 도덕적 판단의 기준을 Utility 즉 효용이라고 보고 있다.

울람(Ulam) 역시 어떤 면에서 페이비언들을 효용주의의 후예로 본다. 그는 페이비언들이 정치에 대한 철학적 문제들 곧 국가, 주권 개념 같은 문제들을 추구하지 않는다는 점을 지적한다. Adam Ulam, *Philosophical Foundations of English Socialism* (Cambridge Mass. 1951), p.78.

웹은 사회주의자를 자기 시대의 벤담주의자라고 하였으며 사회주의자는 일단의 체계적인 정치사상을 제공할 뿐이라고 보았다. 하지만 맑스의 어법을 빌린다면 페이비언들은 거꾸로 선 효용주의를 바로 세워 놓았다고 할 수 있을지 모른다. 효율을 추구하면서 효용주의는 정치적으로는 권위주의적 정책과 경제적으로는 자유방임주의를 채택했지만 페이비언들은 정치적 민주주의와 민주주의를 바탕으로 한 국가의 경제적 간섭을 주장한다. 또한 효용주의는 중간계급의 이데올로기를 넘어서 하층계급을 포용하는 이데올로기로 확대될 수 없었지만, 페이비언들은 중간계급과 노동계급을 함께 묶는 이념으로 나아갈 수 있었던 것이다. Fabian Tract no.51, 1894, p.6.

6) 실증주의의 사회관은 준 사회주의적이었다. 실증주의는 경쟁을 반박했고 경제적 고려보다 윤리적 고려를 상위에 둘 것을 주장하며 사회적 조화와 연대의 비젼을 제공했다. W. Wolfe, *From Radicalism to Socialism* (London, 1975), p.194. N.&J. MacKenzie는 페이비언들에 대한 실증주의의 영향에 관해 잘 지적한다. N.&J. MacKenzie, *The First Fabians* (London, 1977), pp.60-62.

로이든 해리슨에 따르면 J. S. Mill, H. Spencer등도 그들이 증거에 의해서만 자신의 신념을 굳히고, 진화와 진보의 이론에 공감한다는 측면에서 실증주의자로 분류된다. 그는 세가지 의미의 실증주의를 제시한다.

Royden Harrison, "Professor Beesly and the Working-Class Movement" in A.Briggs and J.Saville(eds.), *Essays in Labour History* (London, 1960), p.206.

7) 로이든 해리슨이 효용주의, 실증주의, 페이비언 사회주의를 함께 묶는 근거는 이들 사상이 모두 형이상학에 매달리지 않으며, 행위를 결과로 판단한다는 점이다. Royden Harrison, "The Fabians:Aspects of a Very English Socialism," p.75.

8) Raymond Williams, *Culture and Society* (London, 1958), p.191.

9) J. Clayton, *The Rise and Decline of Socialism* (London, 1926), p.144.

10) Neil Riddell, "'The Age of Cole?' G. D. H. Cole and the British Labour Movement 1929-1933," *The Historical Journal*, vol. 38, no.4 (1995), p.935.

11) Frank Matthews, "The Ladder of Becoming," in David E. Martin and David Rubinstein(ed.), *Ideology and the Labour Movement* (London, 1979), p.154.

12) 그는 20세기 후반에도 여러 종류의 사회주의가 있음을 지적한다. A. Wright, "For a Sensible Extremism," *New Statesman*, 7 Sep. 1984, p.10.

13) 초기 사회주의자들에게 사회주의는 당연히 개인에 대한 자유를 부여하는 정치적 구조 안에서 일어나는 현상이었다. M. Freeden, *Ideologies and Political Theory : A Conceptual Approach* (Oxford, 1996), p.470.

14) M. Freeden, *Ideologies and Political Theory*, p.472.

15) 크릭(B. Crick)이 민주사회주의의 부활을 주장했을 때도 그는 그것이 자유를 추구한다는 점을 분명히 했다. B. Crick, "The Rediscovery of English Democratic Socialism," *Government and Opposition*, vol.23, no.4 (Aut. 1988), pp.426, 439.

16) M. Freeden, *Ideologies and Political Theory*, p.457.

17) Robin Archer, *Economic Democracy : The Politics of Feasible Socialism* (Oxford, 1995), p.1.

18) 만약 자유주의 안에서 진정한 자유주의를 찾는 노력이 치열하게 전개되었다면 이런 식의 인식틀은 수정되었을 것이다. 그리고 그것은 사회주의 쪽도 마

찬가지다.

19) "Guild Socialism," *Fabian News*, vol.xxv, no.12 (Nov.1914), p.83.

20) G. B. Shaw(ed.), *Fabian Essays in Socialism* (London, 1889), p.10.

21) Adam Ulam, *Philosophical Foundations of English Socialism*, pp.74, 79.

22) A. Briggs and J. Saville(eds.), "Guild Socialism : The Storrington Document," *Essays in Labour History 1886-1923* (London, 1971), p.332.

23) S. Webb, *The Root of Labour Unrest*, Fabian Tract no.196, 1920, p.11 ; Webbs, *Constitution for the Socialist Republic of Great Britain* (London, 1975), p.xxxix.

24) S. G. Hobson, *National Guilds: An Inquiry into the Wage System and the Way Out* (London, 1914), p.132 ; R. H. Tawney, "The Case for the Consumer," *The Guildsman* (Dec. 1919), p.3 ; Webbs, *Industrial Democracy* (London, 1897) ; G. D. H. Cole, "National Guilds Movement in Great Britain", *Monthly Labor Review* (July 1919) ; Asa Briggs and John Saville(ed.), *Essays in Labour History* 1886-1923 (London, 1971), p.335.

25) Webbs, *A Constitution for the Socialist Commonwealth of Great Britain*, p.xxxix, p.201.

26) S. Webb, *Difficulties of Individualism*, Fabian Tract no.69, London, 1896, p.18.

27) J. Stapleton, "Localism versus Centralism in the Webbs' Political Thought," *History of Political Thought*, vol.XII, no.1 (Spring 1991). Webb부부는 지방자치정부에 더 큰 비중을 두었다는 것이다.

28) S. Webb, *Towards Social Democracy*, p.5.

29) G.B. Shaw, "The Transition to Social Democracy," in G. B. Shaw(eds.), *Fabian Essays* (London, 1889), pp.47-48.

30) 페이비언들은 구의회를 구성하기 위한 선거에 진보적 계획을 주장하는 모든 단체들이 나서는 것이 중요하다고 지적한다. S. Webb, *The London Vestries*, Fabian Tract 60, 1894, p.14.

31) Webbs, *Constitution for the Socialist Republic of Great Britain*, pp.140-143.

32) G. D. H. Cole, *Social Theory* (London, 1920), p.163.

33) G. D. H. Cole, "Next Steps in the Guild Movement IV," *The Guild Socialist* (August 1923), p.3.

34) 멜리쯔(J. Melitz)는 페이비언들이 후기에 가서는 길드 사회주의자들의 기능적 분권화 개념을 상당히 받아 들였다고 주장한다. Jack Melitz, "Trade Unions and Fabian Socialism," *Industrial and Labour Relations Quarterly*, vol.12 (1959).

35) G. D. H. Cole, *Social Theory*, p.180.

36) Webbs, *Constitution for the Socialist Republic of Great Britain*, p.80.

37) A. Wright, "Guild Socilaism Revisited," *Contemporary History*, vol.9, no.1 (Jan.1974), p.168.

38) Webbs, *Constitution for the Socialist Republic of Great Britain*, p.168.

39) A. Briggs and J. Saville(ed.), "Guild Socialism : Storrington Document," p.336. 길드 사회주의자들은 철도, 수송과는 달리 건설업 같은 경우는 중앙통제가 약할 것이라고 보았다.

40) J.M. Winter, *Socialism and the Challenge of War: Ideas and Politics in Britain 1912-18* (London, 1974), p.106.

41) Wright, "Guild Socilaism Revisited," p.179.

42) G. D. H. Cole, "Freedom in the Guild," *New Age* (Nov.5 1914), p.8.

43) 페이비언이나 길드 사회주의자나 인간의 힘으로 세계를 변화시켜 나갈 수 있다는 믿음을 가지고 있다는 점은 공통되나, 페이비언들이 성실한 중개인으로서의 관료의 도움을 기대한 반면, 길드 사회주의자들은 조직구성원들 그 자체의 힘을 믿는다는 점에서 인간의 능력에 대한 더 큰 신뢰감을 갖고 있다고 할 수 있다.

44) S. G. Hobson, *National Guilds: An Inquiry into the Wage System and the Way Out* (London, 1914), p.284.

45) S. G. Hobson, *National Guilds and the State* (London, 1920), p.121.

46) 같은 책, pp.349-350.

47) G. D. H. Cole, "Liberal Socialism," in A. Wright(ed.), *British Socialism:Socialist Thought from 1880s to 1960s* (London, 1983), p.139.

48) P. Beilharz, *Labour's Utopias: Bolshevism, Fabianism, Social Democracy* (London, 1992), p.76 ; N. Carpenter, *Guild Socialism* (London, 1922), p.146.

49) Webbs, *Constitution for the Socialist Republic of Great Britain*, p.291.

50) M. Cole, *The Story of Fabian Socialism* (London, 1961), p.101.

51) Webbs, *Constitution for the Socialist Republic of Great Britain*, p.101.

52) Ian Britain, *Fabianism and Culture: A Study in British Socialism and the Arts 1884-1918* (Cambridge, 1982).

53) Beilharz, *Labour's Utopia*, p.60.

54) 솜씨는 노동의 즐거움과 좋은 취향에서 나오는데 좋은 취향은 진리, 아름다움과 끊임없이 접촉함으로써 얻어진다. Hobson, *National Guilds and the State*, p.355.

55) Hobson, *National Guild*, p.273.

56) G. D. H. Cole, *Self-Government in Industry* (London, 1917), pp.91, 139 ; B. Russel, *Roads to Freedom* (London, 1933), p.142.

57) G. B. Shaw, *Impossibilities of Anarchism*, Fabian Tract 45, p.17.

58) 쇼는 언론마저 자본에 독점당해 여론이 자본에 종속되어 있는 상황을 지적한다.

59) G. D. H. Cole, "Freedom in the Guild," p.7.

60) G. D. H. Cole, *Organized Labour* (London, 1924), p.147.

61) National Guilds League Leaflet No.8, p.5.

62) G. D. H. Cole, *Guild Socialism re-stated* (London, 1920), p.187.

63) G. B. Shaw, "Sixty Years of Fabianism," in G. B. Shaw(ed), *Fabian Essays in Socialism*, 6th edn. (London, 1962), p.302.

64) G. K. Lewis, *Slavery, Imperialism and Freedom* (N.Y., 1978), p.231.

65) 침투의 성과에 대해서는 논란이 많으나 최근 베비어(Bevir)는 페이비언들의 침투의 방법론이 하나의 경로가 아니었다는 점을 지적함으로써 페이비언 사회주의에 대한 소위 홉스봄(Hobsbawm), 맥브라이어(McBriar) 등이 제시한 수정주의적 입장의 결함을 지적하고 있다. 수정주의자들은 페이비언들이 엘리트를 상대로 하며 노동계급정치의 뿌리를 경시한 것과, 독립노동당을 경시한 점을 중시하는데 여기에 대해 1) 페이비언들은 끊임없이 급진주의자들의 클럽에서 발언하고 야외집회를 가지고 데모에 참여하는 등 그들의 정치는 결코 엘리트에만 집중하지 않았고 2) 전형적인 페이비언들은 독립노동당에 적대적이지 않았다고 주장한다. 홉스봄은 1964년의 한 글에서 페이비언들이 맑시즘의 주문을 깼다는 점, 독립노동당과 노동당에 영감을 불어 넣은 자들이며 선구자들이었다는 점, 복지국가의 기초를 놓았다는 점, 자치시 개혁과 런던 시의회의 기초를 놓았다는 점 등을 모두 반박했다. Mark Bevir, "Fabianism, Permeation and Independent Labour," *Historical Journal*, vol.39, no.1 (1996).

66) Beilharz, *Labour's Utopias*, p.78.

67) National Guilds League와 함께 길드 사회주의운동의 양면으로 간주된다.

68) 전국길드연맹은 강연, 회합, 출판을 통한 선전과 전국길드에 관련된 연구를 방법론으로 규정했다. National Guild League, *The Guild Idea*, Phamphlets of the National Guild League, no.2.

69) M. Cole, "The Fabian Society," *Political Quarterly*, vol.15 (July 1944), p.246.

70) Nile Carpenter, *Guild Socialism* (London, 1922), p.103.

71) 1907년 오라지(Orage)에 의해 인수된 것으로 1페니의 저질 주간지가 아니라 6펜스의 고급주간지와 경쟁을 할 정도로 선풍을 일으켰다. 1912년부터 길드 사회주의에 대한 중요한 이론들이 실리기 시작했다. 1차대전이 발발하기까지는 좌파급진세력 사이에서 확실한 명성을 굳히게 된다. Carpenter, *Guild Socialism*, p.84 ; M. Cole, "Guild Soclialism and The Labour Research Department," in A. Briggs and J. Saville(ed.), *Essays in Labour History 1886-1923* (London, 1971), p.265.

72) 웹(Webb)은 페이비언협회를 사회주의의 '예수회'라고 생각했다.

73) A. Briggs and J. Saville(ed.), "Guild Socialism : Storrington Document," pp.346-347.

242

74) Beilharz, *Labour's Utopias*, p.65.

75) S. Webb, *Practical Land Nationalization*, Fabian Tract 12, Feb. 1894, p.4.

76) S. Webb, "Review : National Guilds : An Inquiry into the Wage System and the Way Out," *Fabian News*, vol.xxv, no.8 (July 1914), p.61.

77) A. Briggs and J. Saville(ed.), "Guild Socialism : Storrington Document," p.346.

78) Webbs, *Constitution for the Socialist Republic of Great Britain*, p.335.

79) G. Wallas, "Property under Socialism," in G. B. Shaw(ed.), *Fabian Essays in Socialism*, 6th edn. (London, 1962), p.168.

80) Webbs, "special supplement on State and Municipal Enterprise," *The New Statesman*, vol.v, no.109, Sat. May 8 1915, p.32.

81) 즉 인위적으로 단일한 산업통제의 형식을 강제하지는 않는다. Wallas, "Property," pp.176-177.

82) Shaw, "The Transition to Social Democracy," p.56.

83) 페이비언들은 사회주의 사회에서조차 사유기업은 발명을 촉발하는 기능을 가진다는 점을 인정한다.

84) 페이비언들에게 사회주의 농업형태는 산업에 있어서와 마찬가지로 다양한 형태로 존재할 것으로 여겨진다. 농업집단화와 같은 획일적인 처방은 제기되지 않는다. Beilharz, *Labour's Utopias*, p.74.

85) A. Briggs and J. Saville(ed.), "Guild Socialism : Storrington Document," p.336.

86) Webbs, *Constitution for the Socialist Republic of Great Britain*, p.340.

87) G. D. H. Cole, "National Guilds Movement in Great Britain," *Monthly Labor Review*, July 1919 in D.Bloomfield(ed.), *Modern Industrial Movements* (New York, 1920), p.165.

88) S. Webb, *Decay of Capitalist Civilization* (London, 1923), pp.161-164.

89) E. J. Hobsbawm, *Worlds of Labour* (London, 1984), p.184.

90) 웹은 강사, 의사, 과학자들까지 노동자의 범주에 포함시킨다. S. Webb, "Some Economic Errors of Socialism and Others," *Practical Socialist*, vol.2, no.18 (June 1887), p.56.

91) Resolution of the National Guilds League published in supplement to The Guildsman, June 1920.

92) John Callaghan, *Socialism in Britain since 1884* (Oxford, 1990), p.81 ; M. Cole, "Guild Socialism and The Labour Research Department," in A. Briggs and J. Saville(ed.), *Essays in Labour History 1886-1923* (London, 1971), p.271 ; J. Clayton, *The Rise and Decline of Socialism in Great Britain 1884-1924* (London, 1926), pp.151-152.

93) Carpenter, *Guild Socialism*, pp.81-89.

94) 같은 책, pp.88-89.

95) E. J. Hobsbawm, *Labouring Men* (London, 1976), p.257.

96) Hobsbawm, *Labouring Men*, p.259.

97) Carpenter, *Guild Socialism*, p.102. 페이비언협회도 1893년까지 지방에 73개의 지부를 가졌으나 1900년까지는 8개의 지부만이 남게 된다.

98) Carpenter, *Guild Socialism*, p.101.

99) E. Pease, *History of the Fabian Society* (London, 1916), p.185.

100) Shaw, "The Transition to Social Democracy," p.40.

101) 도로포장, 도로청소, 국민학교, 공중목욕탕 등은 작은 지역단위에서, 수도, 전차, 전기, 공원, 도시계획, 대학 등은 보다 큰 지역단위에서 제공되는 서비스들이다. Webbs, *Constitution for the Socialist Republic of Great Britain* (London, 1975), p.223.

102) G. D. H. Cole, *Social Theory*, pp.95-101. 그의 다원주의적인 입장은 기에르케(Gierke), 메이트랜드(Maitland), 피기스(Figgis), 뒤기(Duguit) 등의 이론으로부터 나온 교리들에 영향을 받은 것이다. F. M. Barnard, *Pluralism, Socialism, and Political Legitimacy* (Cambridge, 1991), p.49.

103) 맥브라이어(McBriar)는 길드 사회주의, 페이비언 사회주의, 신디칼리즘 이 3자의 관계를 재미있는 방식으로 비교했다. 즉 예컨대 페이비언 사회주의와 신디칼리즘 사이의 거리를 100m라고 한다면 길드 사회주의는 페이비언 사회주의로부터는 75m, 신디칼리즘으로부터는 25m쯤 떨어져 있다는 것이다. McBriar, p.103.
유사한 지적은 로기 배로우(Logie Barrow)로부터도 나온다. 길드 사회주의를 시민민주주의와 노동자민주주의의 조화로 보는 것이다. Logie Barrow and Ian Bullock, *Democratic Ideas and the British Labour Movement, 1880-1914* (1996), p.264.

104) G. D. H. Cole, *History of Socialist Thought* vol.Ⅲ, (London, 1967), p.247.

105) "Guild Socialism," *Fabian News*, vol.xxv, no.12 (Nov. 1914), p.83.

106) Riddell, "'The Age of Cole'? G. D. H. Cole and the British Labour Movement 1929-1933," p.937.

107) M. Cole, *The Story of Fabian Socialism*, p.148.

108) S. Webb, *The Works Manager To-day* (London, 1918), pp.2-5.

109) A. Briggs and J. Saville(ed.), "Guild Socialism : Storrington Document," p.344.

110) 즉 페이비언들은 노동자들의 집단이기주의를 우려하고 있다. 노동자들은 평균이상으로 혜택을 얻어내려 할 것이라는 주장이다. Webbs, *Consumer's Co-operative Commonwealth* (London, 1921), p.465.

111) Webb, *Socialism : True and False*, p.14. 뿐만 아니라 페이비언들은 소비자민주주의는 성공적으로 진행되어 왔지만 생산자민주주의는 실패를 거듭해 왔다고 지적하고 있다. 이런 주장은 다소 과장되어 있을지 모른다. 그러나 생산과 분배의 담당자로 협동조합이나 국가, 자치시의 역할을 인정한다면 페이비언

들은 이미 자신들의 사회에서 사회주의가 시행되고 있다는 점을 지적하는 것이다.

112) Webbs, *Consumer's Co-operative Movement*, p.442.

113) 코울은 길드의 다양한 협의회를 구성하는 방식을 자세하게 설명한다. 길드는 작업장별, 직능별, 지역별로 선출되며 서로 대표되는 것으로 제시된다.

114) T. S. Simey, "The Contribution of Sidney and B. Webb to Sociology," *British Journal of Sociology* (June 1961), p.122. 부연하여 설명하자면 웹 부부는 *Problems of Modern Industry* 1920년판 서문에서 산업통제가 전적으로 생산자민주주의에 의존할 것을 믿지 않는다고 지적했다. 자치작업장이든, 노동조합이든, 길드든, 공장소비에트이든간에 이들 생산자들의 조직이 산업통제를 전적으로 떠맡는 것은 사적 고용주들이 산업을 전적으로 떠맡는 것이 합당하지 않은 것처럼 맞지 않다는 주장인 것이다. 그러면서 그들은 소비자민주주의의 한계도 아울러 인정한다. 산업통제가 전적으로 소비자민주주의에 맡겨져 있는 곳에선 인간의 자유의 완전한 발전을 이루어 내기가 불가능하다고 보는 것이다. 그러면서 그들은 진정한 민주주의를 위해선 양자가 공존해야 한다고 보며 그 관계를 '이상적인 결혼'의 관계로 표현했다. Webbs, *Problems of Modern Industry* (London, 1920), p.8.

115) A. Briggs and J. Saville(ed.), "Guild Socialism: Storrington Document," p.342. 이와 관련해 코울은 노동자들이 생산에서 소비에 이르는 전 부문에 대한 통제가 아니라 생산과정과 생산과정과 관련한 분배과정에 대한 통제를 지향한다고 지적한다.

116) G. D. H. Cole, *Social Theory*, p.134.

117) 시의회가 기업을 운영할 때 시의회는 소비자조합으로서 활동하고 있는 것이다. 여기서 시민과 소비자는 동격이 된다. 그래서 '시민-소비자'식의 표기를 종종 볼 수 있다.

118) S. Webb, *Towards Social Democracy* (London, 1916), p.17.

119) National Guild Council, *Constitution of the National Guild Council* (1922).

120) A. Briggs and J. Saville(ed.), "Guild Socialism : Storrington Document," p.340.

121) S. Webb, Fabian Tract 159.

122) G. D. H. Cole, *Self-Government*, p.185.

123) S. Pierson, *The Journey from Fantasy to Politics* (Cambridge, Mass., 1979), p.336.

124) Webbs, *Consumer's Co-operative Movement*, pp.444-445. 페이비언들은 소비자민주주의의 원리가 사적 기업들을 도태시킬 수 있을 것이라고 보았는데 그것은 공유화된 기업들이 경쟁력이 강하다는 논리에 따른 것이다. 즉 공유화된 기업들이 낮은 상품가격으로 소비자들에게 더 큰 이익을 안겨 줄 것이라는 말이다. 이런 주장이 현실에서 타당하게 나타나지 않는 것은 공유화된 기업들의

운영이 민주적인 토대를 가져야 한다는 전제가 충족되지 않았기 때문이다. 그런 토대가 결여된 공유화기업은 관료적인 효율성을 가진 사유기업에 대해 오히려 경쟁력이 떨어진다고 볼 수 있다.

125) G. D. H. Cole, *Guild Socialism re-stated*, p.188.

126) S. Pierson, *Marxism and the Origins of British Socialism* (New York 1973), p.138.

127) B. Shaw, *What Socialism Is*, Fabian Tract 13, London, 1890, p.3.

128) A. Wright, "Guild Socilaism Revisited," *Contemporary History*, vol.9, no.1 (Jan. 1974), p.171.

129) "Guild Socialism : Storrington Document," p.332. 여기서 길드 사회주의자들이 자본주의를 '노동자를 종속된 지위로 내모는 질서'로 정의한다는 점을 알 수 있다.

130) G. D. H. Cole, "Can the Guilds Succeed?," *The Guild Socialist* (July 1922), p.3.

131) James Hinton, "G. D. H. Cole in the Stage Army of the Good," *Bulletin of the Society for the Study of Labour History*, no.28 (Spring 1974), p.82.

132) Beilharz, *Labour's Utopias*, p.78.

133) S. Webb, *The Labour Party on the Threshold*, Fabian Tract 207, London, 1923, p.15.

134) Pierson, *Marxism and the Origins of British Socialism*, p.138.

135) Carpenter, *Guild Socialism*, p.102.

136) Lewis, *Slavery,Imperialism and Freedom*, p.236.

137) G. B. Shaw, "On Guild Socialism," E. Pease, *The History of Fabian Society*, Appendix I (London, 1916), p.268.

138) Harrison, "The Fabians:Aspects of a Very English Socialism," p.77.

139) Beilharz, *Labour's Utopias*, pp.58-59.

140) S. Webb, *The Root of Labour Unrest*, Fabian Tract 196, London, 1920, p.12.

141) S. Webb, The Root of Labour Unrest, Fabian Tract 196, 1920, p.11.

142) S. Webb, *Decay of Capitalist Civilization*, p.163. 전문인들은 군림하는 자세가 아닌 겸손한 모습으로 제시된다는 점이 그런 생각을 뒷받침하는 것이다. 전문인들은 사회에 봉사하는 자로서의 인식을 가지게 될 것으로 본다. 의사, 간호원 등은 이익을 추구하는 자로서가 아니라 공공에 봉사하는 자들로 자리매김될 것으로 본다. 이익을 추구하는 전문인들의 모습과 공공을 위해 봉사하는 자로서의 전문인의 모습중 후자가 전자를 대체해 나갈 것으로 보는 것이다. Webbs, "special supplement on State and Municipal Enterprise," *The New Statesman*, vol.v, no.109, Sat. May 8 1915, p.6.

143) M. Cole, "The Webbs and Social Theory," *British Journal of Sociology*, June 1961, p.95.

144) Ulam, *Philosophical Foundations*, p.79.

145) 홉하우스는 페이비어니즘이 방법과 철학에 있어 근본적으로 비민주적이라고

주장했다. 페이비언들의 사회복지개념은 조종자들의 지도에 의해 시작하고 끝나며, 페이비언들은 일반인들에 대한 경멸을 가지고 있다고 본다. D. Sutton, "Crises in the British State 1880-1930," in M. Langan and B. Schwarz (ed.), *Liberalism, State Collectivism and the Social Relations of Citizenship* (1985), p.71.

146) Harrison, "The Fabians:Aspects of a Very English Socialism," p.77 ; Beilharz, *Labour's Utopias*, pp.64-65.

147) B. 웹은 "날카로운 지성과 귀족적인 기질을 가진 코울이 육체노동계급을 이상화시킨 조잡한 민주주의에 매료된 것을 믿기가 어렵다"고 지적했다. James Hinton, "G. D. H. Cole in the Stage Army of the Good," p.81.

148) A. Wright, "Fabianism and Guild Socialism : Two views of Democracy," *International Review of Social History*, vol.23, no.2 (1978), pp.228, 240.

149) Webbs, *Constitution for the Socialist Republic of Great Britain*, p.81.

150) 관료제에 대한 통제로 선거민과 관료들 양자 사이에 접촉하는 대표회의 (representative assembly)를 두려고 한다. Webbs, *Consumer's Co-operative Movement*, pp.336-337.

151) Webbs, *Consumer's Co-operative Movement*, pp.468-469. 생산자조직에서 자치가 일어난다면 사회전체로는 민주주의가 아니라 특별한 이익을 내세우는 조직들에 의한 과두정이 나타날 것이라고 본다. 페이비언들은 국가안의 하부조직들에서의 민주주의와 국가의 민주주의는 상호보완적이기보다는 배타적일 것이라고 보는 것같다.

152) 웹(Webb) 부부는 민주적 조직은 인간들의 서로 다른 지위 곧 네 개의 분리된 기초-소비자, 생산자, 국내질서와 문명이란 서로 다른 두 가지 관심을 갖는 시민-로부터 나올 수 있다고 보았다는 점에서 단 하나의 권력이 아닌 여러 개의 권력을 인정하지 않았을까 하는 생각을 해 볼 수 있다. 하지만 그들은 그 중 어떤 조직이 산업통제를 해야 하는지에 대하여 너무도 분명한 생각을 하고 있다. 민주적 조직들이 동등하게 중요하다는 생각보다는 그 조직들 중 소비자들의 조직이 우위에 있다는 생각을 하는 것이다. Webbs, *Constitution for the Socialist Republic of Great Britain*, p.xliii.

153) Webbs, *Consumer's Co-operative Movement*, p.442.

154) Webb, *Towards Social Democracy*, p.19.

155) Webbs, *The Consumer's Co-operative Movement*, p.410.

156) Beilharz, *Labour's Utopias*, p.76 ; Riddell, "'The Age of Cole'? G. D. H. Cole and the British Labour Movement 1929-1933," p.936.

157) 아처(R. Archer)는 경제적 민주주의라는 개념을 제시하며 그 강력한 옹호자로 코울(Cole)과 토니(Tawney)를 지목하는데, 다소 포괄적인 의미를 지니기는 하나 길드 사회주의의 주장과 연결된다고 볼 수 있다. 그는 경제적 민주주의를

기업이 시장에서 활동하되 노동하는 사람들에 의해 움직여지는 제도라고 말하고 있다. Robin Archer, *Economic Democracy*, p.6.

158) G. D. H. Cole, *Social Theory*, p.108.

159) D. Schecter, *Radical theories* (Manchester, 1994), p.103. 이것은 비단 과거에만 해당되는 것이 아니다. 러스틴(Rustin)은 "다원주의적 사회주의를 위하여"(*For a Pluralist Socialism*)에서 영국 사회가 얼마나 실질적인 참여의 기회가 적은 비민주적인 사회인가를 지적했다. B. Crick, "The Rediscovery of English Democratic Socialism," p.433.

160) 경제에 대한 외부간섭을 거부한 점에서 길드사회주의와 자유방임주의는 동일한 입장이나 그 동기는 전혀 다르다. 자유방임주의는 경제에서의 권력현상이란 것을 생각하지 않았다.

161) Webbs, *English Local Government* vol.iii, p.492.

162) 그런데 길드 사회주의자들의 논리에 따르면 페이비언들의 민주주의는 작동하기 어렵다. 페이비언들의 생각은 부르주아 자유주의를 토대로 하는 정치적 민주주의를 통해서도 국가권력을 노동자들이 장악할 수 있고, 일단 권력을 장악하면 국가를 통해 부르주아 자유주의의 원리를 깨뜨리고 경제부문에로 민주주의를 확대시킬 수 있다는 것이다. 하지만 길드 사회주의는 부르주아 자유주의를 토대로 하는 정치적 민주주의는 정체되고 위장된 민주주의이며, 정치적 민주주의가 실현되려면 경제적 민주주의가 먼저 실현되어야 한다는 것이다. 즉 아무리 제대로 정치적 민주주의를 실현시킨다 해도 경제적 민주주의가 실현되지 않은 이상 그것은 허상에 그치고 만다는 주장이다.

163) Webbs, *Constitution for the Socialist Republic of Great Britain*, p.92.

164) S. Webb, *The Root of Labour Unrest*, Fabian Tract 196, 1920, p.6.

165) G. B. Shaw, *The Intelligent Woman's Guide to Socialism* (London, 1937), p.320.

166) Webbs, *Problems of Modern Industry* (London, 1920), p.viii.

167) Webbs, *History of Trade Unionism*, Appendix viii, p.757.

168) Webbs, Decay, pp.54-55.

169) Shaw, *The Intelligent Woman's Guide to Socialism*, p.325.

170) Carpenter, *Guild Socialism*, p.143.

171) Webbs, "What Syndicalism Means" (supplement to *The Crusade* 1912), p.19.

172) Webbs, *Consumer's Co-operative Commonwealth*, pp.486-487.

173) "Guild Socialism : Storrington Document," p.332.

174) 페이비언들도 궁극적으로는 자유를 추구한다. 그들은 소비자민주주의에서 실현되는 자유를 광범위하고 확산된 자유라고 간주하여 생산자민주주의의 자유와 구별짓고 있다. Webbs, *Constitution for the Socialist Republic of Great Britain*, p.154.

248

175) 박우룡, 「자유주의」, 김영한편, 『서양의 지적 전통』, 지식산업사, 1998, p.69.

176) Webbs, *Constitution for the Socialist Republic of Great Britain*, p.30 ; Carpenter, *Guild Socialism*, p.142.

177) 페이비언들이 활동초기에 자유당을 통해 사회주의정책을 실현시키려는 노력을 한 것은 그들이 자유주의와 사회주의를 대립적인 이념으로 보지 않았다는 점을 시사한다. 웹의 사회주의가 자유주의로부터 나왔다는 베비어(Bevir)의 지적도 웹이 자유주의의 한 측면을 이어 받았다는 점을 가리키는 것이다. Bevir, "Fabianism, Permeation and Independent Labour," p.187.

178) Wright(ed.), *British Socialism*, p.139.

179) Freeden, *Ideologies and Political Theory*, p.459.

180) 페이비언들의 잡지였던 *Practical Socialist*에서 이미 자유주의적 사회주의(liberal socialism) 혹은 사회주의적 자유주의(socialistic liberalism)라는 용어가 나오는 것을 보면-독재와 무정부상태 사이의 가능한 대안으로-페이비언들은 자신들의 사상이 자유주의와 같은 선상에서 발전해 나가는 사상이라는 점을 이미 감지하고 있었던 것으로 보인다.

그러나 어떤 이는(Hobsbawm) 페이비언들은 자유방임의 논리를 거부하기 위해 다양한 비자유주의적 전통을 끌어 들였다고 지적한다. 자유방임의 논리는 경제적 자유주의를 지칭한다. 이런 도식하에서는 페이비언들은 자유주의의 연장선상에 서 있지 않은 것이 된다. 오히려 반자유주의의 선 위에 서 있는 것이다. 여기에 자유주의의 함정이 있다. 자유주의는 한편으로는 자유방임주의의 주장으로 뻗어 나갔지만, 다른 한편으로는 자유를 보장하기 위하여 국가의 개입을 요구할 수 있다는 주장으로 나간 것이다. 자유방임주의는 자유주의의의 특별한 한 지류로 간주해야지 그것을 자유주의의 본질적인 부분으로 간주한다면 자유주의는 자유방임주의의 폐기와 함께 역사 속으로 사라졌다고 보아야 할 것이다. 따라서 여기서 자유 사회주의(liberal socialism)란 자유방임주의적 요소를 가진 사회주의라는 의미가 아니라 자유주의의 본질적인 가치를 중시하며 이를 추구하는 사회주의라는 의미가 되는 것이다.

181) 페이비언들이 협회를 조직한 1880년대 초는 아직도 선거권이 성인인구의 30%에 미치지 못하던 때였다. 페이비언들은 선거권의 확대가 의회의 성격을 변화시킬 수 있을 것이라고 보았던 것이다. Shaw, "The Transition to Social Democracy," p.43.

182) G. Himmelfarb, "The Intellectual in Politics," *Journal of Contemporary History*, 1971, vol.6 (3), p.7.

183) 클라이브(Clive)는 이런 표현을 토니의 *The Webbs in Perspective* (London, 1952)에서 빌려 왔다고 한다. 바일하르즈(Beilharz)가 페이비언들에게서는 자구(letter)를 길드 사회주의자들에게서는 정신(spirit)을 의미있는 요소로 간주하는 것도 유

사한 발상이다. 혹은 안쏘니 라이트(A. Wright)가 제시한 지식과 상상력으로 나누어 볼 수도 있겠다. John Clive, "British History 1870-1914, Reconsidered," *American Historical Review*, July 1963, pp.999-1000 ; Beilharz, *Labour's Utopias*, p.92 ; Wright, "Guild Socilaism Revisited," p.172.

184) 자신의 창조적 행위, 분출하는 에너지를 표현하는 조직인 것이다. 예를 든다면 학회와 같은 조직들이 아닐까.

185) 경제적 영역에서 주장될 수 있는 민주주의는 페이비언 사회주의와 길드 사회주의가 모두 독점에 반대했다는 점과 연관된다. 페이비언 사회주의는 렌트의 독점을, 길드 사회주의는 경제적 의사결정의 독점을 반대했다. 독점적 경향을 근거로 시장과 자본주의를 분리한 월러스틴의 주장에 따른다면 페이비언 사회주의와 길드 사회주의는 모두 독점으로 흐르는 자본주의에 반대한 것에 해당된다. 경제적 영역에서의 정치적, 경제적 독점을 배격했다는 점에서 이들은 경제적 민주주의를 지향했다고 볼 수 있을 것이다.

186) 노동자들의 동작연구도 그러한 바탕위에서는 적극 추구될 수 있을 것이다. Webbs, *Constitution for the Socialist Republic of Great Britain*, p.301.

187) Rodney Barker, "Guild Socialism Revisited?," *Political Quarterly*, vol.46, No.3 (July-Sep. 1975), p.254. 길드 사회주의자들의 효율성의 주장에는 노동의 동기로서 영리추구의 대안을 찾을 수 있을 것인가 하는 문제나, 체제 전체적으로 볼 때는 오히려 분파적 이해의 추구, 중앙의 지시의 결여 등으로 인해 비효율의 결과를 낳지 않겠는가 하는 문제들이 제기될 수 있다. 그러나 이는 길드 사회주의자들의 대안이 성취되었을 때를 전제할 때 그러한 것이며, 강력한 국가권력, 기업주의 권력이 그 지위를 유지하는 상황에서 개혁을 추구해 나가는 과정을 전제로 할 때는 효율을 가능하게 할 가능성이 크다고 볼 수 있다. A. Wright, "Guild Socilaism Revisited," p.178.

188) Geoff Stokes, "Beilharz and the Ethical Project of Socialism," *Thesis Eleven*, no.52, Feb. 1998, p.121.

189) Shaw, *Intelligent Woman's Guide to Socialism*, p.330.

에드워드기의 보수당과 보수주의

1) G. R. Searle, "Critics of Edwardian Society : The Case of the Radical Right" in Alan O'Day(ed.), *The Edwardian Age: Conflict and Stability 1900-1914* (London, 1979), p.84 ; Alan Sykes, "Radical Right and the Crisis of Conservatism before the First World War," *The Historical Journal*, 26, 3(1983), p.662.

2) 윌러비 드 브로크가 정의한 다이하드는 '(지도자가) 자신의 등 뒤에서 배반하지 않도록 하기 위해 지도자를 전적으로 믿지는 않는 사람'이었다. Graham

Goodlad, "The 'Crisis' of Edwardian Conservatism," *Modern History Review*, vol.9, no.4 (April 1998), p.12.

3) Sykes, "Radical Right," p.674.

4) Peter Cain, "The Conservative Party and 'Radical Conservatism', 1880-1914 : Incubus or Necessity?" *Twentieth Century British History*, vol.7, no.3 (1996), p.377.

5) Willoughby de Broke, "The Unionist Party and the General Election," *The National Review*, vol.LXⅢ, no.377 (July 1914), pp.784-785.

6) E. H. H. Green, *The Crisis of Conservatism. The Politics, Economics and Ideology of the British Conservative Party, 1880-1914* (London, 1995), p.1.

7) Walter L. Arnstein, "Edwardian Politics : Turbulent Spring or Indian Summer," in Alan O'Day(ed.), *The Edwardian Age: Conflict and Stability* (London, 1979), p.62.

8) 같은 책, pp.63-64.

9) Peter Cain, "Political Economy in Edwardian England : The Tariff-Reform Controversy," in Alan O'Day(ed.), *The Edwardian Age : Conflict and Stability* (London, 1979), p.53.

10) Arnstein, "Edwardian Politics," p.70.

11) Thomas C. Kennedy, "Tory Radicalism and the Home Rule Crisis, 1910-1914 : The Case of Lord Willoughby de Broke," *Canadian Journal of History*, XXXⅦ, April 2002, p.26.

12) Arnstein, "Edwardian Politics," p.67.

13) Kennedy, "Tory Radicalism and the Home Rule Crisis," p.27.

14) Arnstein, "Edwardian Politics," p.71. 자유당의 적은 맑스의 유령이나 헨리 조지의 유령이 아니라 조셉 체임벌린의 유령이었다는 말이다.

15) G. D. Phillips, *The Diehards* (London, 1979), p.1.

16) John D. Fair and John A. Hutcheson, Jr, "British Conservatism in the Twentieth Century : An Emerging Ideological Tradition," *Albion*, vol.19, no.4 (Winter 1987), p.551.

17) Arnstein, "Edwardian Politics," p.72.

18) 같은 책, p.73.

19) Cain, "The Conservative Party and 'Radical Conservatism'," p.378.

20) Arnstein, "Edwardian Politics," p.74.

21) 같은 책, p.75.

22) Cain, "Political Economy in Edwardian England : The Tariff-Reform Controversy," p.57 ; Arnstein, "Edwardian Politics," p.76.

23) Kennedy, "Tory Radicalism and the Home Rule Crisis," p.27.

24) G. D. Phillips, "Lord Willoughby de Broke : Radicalism and Conservatism" in J. A.

Thompson and Arthur Mejia(eds.), *Edwardian Condservatism : Five Studies in Adaptation* (London, 1988), p.82.

25) G. D. Phillips, "Lord Willoughby de Broke and the Politics of Radical Toryism, 1909-1914," *Journal of British Studies*, XX, 1(1980), p.209.

26) Phillips, *The Diehards*, p.1.

27) Phillips, "Lord Willoughby de Broke and the Politics of Radical Toryism," p.211.

28) 윌러비 드 브로크는 Court Party(궁정당)라고 부르고 레오 막스는 Mandarins(관료주의자들)라고 불렀다.

29) Phillips, "Lord Willoughby de Broke : Radicalism and Conservatism," p.85.

30) Willoughby de Broke, "The Tory Tradition," The National Review, vol.LVⅢ, no.344 (Oct. 1911), p.201.

31) Phillips, "Lord Willoughby de Broke and the Politics of Radical Toryism," p.215.

32) Graham Goodlad, "The 'Crisis' of Edwardian Conservatism," p.11.

33) 같은 책, p.10.

34) Kennedy, "Tory Radicalism and the Home Rule Crisis," p.31. 필립스는 1912년 3월이라고 서술했는데 착오로 보인다.

35) Kennedy, "Tory Radicalism and the Home Rule Crisis," p.32.

36) Phillips, "Lord Willoughby de Broke and the Politics of Radical Toryism," p.220.

37) Kennedy, "Tory Radicalism and the Home Rule Crisis," pp.37-38.

38) 같은 책, p.32.

39) Phillips, "Lord Willoughby de Broke and the Politics of Radical Toryism," p.223.

40) Graham Goodlad, "The 'Crisis' of Edwardian Conservatism," p.10.

41) E. H. H. Green, *The Crisis of Conservatism*, pp.328-333.

42) 보수의 위기를 全유럽적인 맥락에서 파악해 볼 필요도 있다. 같은 책, pp.327-328.

43) Cain, "The Conservative Party and 'Radical Conservatism'," p.379.

44) 1920년대에 가서야 비로소 체계적인 이론화작업이 나타난다. Fair and Hutcheson, Jr, "British Conservatism in the Twentieth Century," p.553.

45) 급진토리주의(radical toryism)에서부터 사회적 제국주의자(social-imperialists), 토리사회주의자(tory-socialists), 급진보수주의자(radical Conservatives), 건설적 토리(constructive tories), 급진 제국주의자(radical-imperialists), 급진 통일당(radical Unionists), 토리민주주의자(tory democrats), 급진우파(radical right), 급진적 민족주의(radical nationalism), 건설적 제국주의자, 토리우파 등이 그러하다. Sykes, "Radical Right," p.674 ; Cain, "The Conservative Party and 'Radical Conservatism'," p.378 ; Kennedy, "Tory Radicalism and the Home Rule Crisis," p.28.

46) Graham Goodlad, "The 'Crisis' of Edwardian Conservatism," p.10.

47) Cain, "Political Economy in Edwardian England : The Tariff-Reform Controversy," p.45.

48) Searle, "Critics of Edwardian Society : The Case of the Radical Right," p.82.

49) 같은 책, p.82. 이들은 사회주의자는 아니었으나 전문화된 관료들과 전문가의 중요성을 강조하는 바람에 페이비언 사회주의자들과의 유사성이 부각되었다.

50) Robert J. Scally, *The Origins of the Lloyd George Coalition*, p.119.

51) Sykes, "Radical Right," p.663.

52) Fair and Hutcheson, Jr, "British Conservatism in the Twentieth Century," p.550

53) Kennedy, "Tory Radicalism and the Home Rule Crisis," p.30.

54) 썰은 때로 첫 번째와 두 번째 비판그룹을 다이하드(diehard)로 함께 묶어 규정한다. Geoffrey Searle, "The 'Revolt from the Right' in Edwardian Britain" in Paul Kennedy and Anthony Nicholls(ed.), *Nationalist and Racialist Movements in Britain and Germany before 1914* (Oxford, 1981), p.33 ; Phillips, "Lord Willoughby de Broke : Radicalism and Conservatism," pp.78, 89.

55) Robert Eccleshall, *English Conservatism since the Restoration* (London, 1990), p.154.

56) LPDL이 그 모토로 '개인주의 대 사회주의'를 택했다는 점은 이들이 자유당의 개혁을 사회주의적이라고 생각했음을 보여준다. 웨미스는 '사회주의의 무시무시한 유령이 자유당과 보수당 진영 안에 살고 있다'고 주장해 어떤 종류의 집단주의에도 반대하는 태도를 분명히 한다. 아울러 사회주의와 집단주의를 혼동하고 있음도 보여준다. 보수당내의 유령은 체임벌린을 지칭하는 것으로 보인다. 같은 책, pp.154-155.

57) E. H. H. Green, *The Crisis of Conservatism*, pp.316-317.

58) Martin Wiener, "Conservatism, Economic Growth and English Culture," *Parliamentary Affairs*, vol.xxxiv, no.4 (1989 Autumn), pp.412-417.

59) Cain, "Political Economy in Edwardian England : The Tariff-Reform Controversy," p.53. 자유무역주의자가 다소 작으며 밸퍼그룹과 체임벌린파의 숫자가 비슷했다. 1903~1906년 사이의 보수당 의원 392명 중 83명이 자유무역주의자로 분류되었다.

60) Phillips, "Lord Willoughby de Broke : Radicalism and Conservatism," p.96.

61) 사이크스는 밀너가 심지어 윌러비 드 브로크와도 이 점에서 구별된다고 본다. Sykes, "Radical Right," p.664.

62) 같은 사회적 제국주의자로 분류되면서도 F. E. 스미스는 토리에 접목되는 집단주의를 개발했다. 그는 통일당사회개혁위원회의 의장이었는데 「국민토리즘과 사회개혁」이라는 글에서 자신의 제안을 정당화시켰다. 그는 직접세로 사회복지의 재원을 조달할 것을 주장했다. 하지만 그 기원은 수디, 새들러,

샤프츠베리같은 토리의 간섭주의자들에 두고 있었다. Graham Goodlad, "The 'Crisis' of Edwardian Conservatism," p.13 ; Eccleshall, *English Conservatism since the Restoration*, p.129.

63) E. H. H. Green, *Ideologies of Conservatism* (Oxford, 2002), pp.44-45. 옥스퍼드 이상주의는 사회주의, 신자유주의와도 연관되는데 당시 집단주의들의 공통점을 찾을 수 있는 단서가 될 수 있다.

64) Wiener, "Conservatism, Economic Growth and English Culture," p.413.

65) 영국의 산업쇠퇴에 대한 최근의 연구들은 19세기와 20세기 초의 영국 경제의 주요 특징을 쇠퇴라기보다는 구조적 변화라고 보는 경향이 있다. 특히 클래팜(Sir John Clapham)의 'great hinge'라는 생각이 ─ 부, 경제활동, 인구를 북부와 미들랜즈에서 서비스부문과 영국 남부와 남동부로 이전시켰다는 주장 ─ 두드러진다.

66) E. H. H. Green, *The Crisis of Conservatism*, p.13.

67) Sykes, "Radical Right," p.662.

68) Phillips, *The Diehards*, pp.3-9. 필립스는 다이하드를 1909년 인민예산 반대파와 대비시키는 과정에서 다이하드 내의 사회적 제국주의 그룹을 구별하지는 않았지만 그래도 차별화가 실패하는 것은 아니라고 생각된다.

69) Willoughby de Broke, "The Unionist Party and the General Election," p.781.

70) Searle, "The 'Revolt from the Right' in Edwardian Britain," p.36.

71) Willoughby de Broke, "The Unionist Party and the General Election," p.782.

72) Sykes, "Radical Right," p.664.

73) Kennedy, "Tory Radicalism and the Home Rule Crisis," p.29 ; Searle, "The 'Revolt from the Right' in Edwardian Britain," p.33.

74) Willoughby de Broke, "The Unionist Party and the General Election," p.777.

75) Willoughby de Broke, "The Tory Tradition," p.211.

76) 같은 책, pp.210-211.

77) E. H. H. Green, *Ideologies of Conservatism* (Oxford, 2002), p.61.

78) Scally, *The Origins of the Lloyd George Coalition*, p.117.

79) Phillips, "Lord Willoughby de Broke : Radicalism and Conservatism," p.78.

80) Phillips, *The Diehards*, p.12.

81) Cain, "The Conservative Party and 'Radical Conservatism'," p.380 ; E. H. H. Green, *The Crisis of Conservatism*, p.6.

82) E. H. H. Green, *Ideologies of Conservatism* (Oxford, 2002), p.65 ; Searle, "The 'Revolt from the Right' in Edwardian Britain," p.32 ; Scally, *The Origins of the Lloyd George Coalition*, p.128.

83) Searle, "The 'Revolt from the Right' in Edwardian Britain," p.32.

84) Searle, "Critics of Edwardian Society : The Case of the Radical Right," p.85.

85) Willoughby de Broke, "National Toryism," *The National Review*, vol.LIX, no.351 (May 1912), p.427.

86) Phillips, "Lord Willoughby de Broke : Radicalism and Conservatism," p.86.

87) 일반 대중과 직접 연결되는 방법으로 급진우파가 제안한 것이 바로 국민투표였다. 1910년 내셔널 리뷰 12월호는 '선동가들이 가장 두려워하는 것 중의 하나가 국민들에 대한 직접적인 호소'라고 지적했다. Searle, "Critics of Edwardian Society : The Case of the Radical Right," pp.85-86.

88) 같은 책, p.92.

89) Phillips, "Lord Willoughby de Broke : Radicalism and Conservatism," p.95.

90) 그러나 공통점이 전혀 없는 것은 아니다. 국가와 제국의 강조, 귀족의 책임에 대한 강조 등은 유사한 주장이다.

91) Searle, "Critics of Edwardian Society : The Case of the Radical Right," p.95.

92) Willoughby de Broke, "The Unionist Party and the General Election," p.782.

93) 그러한 오해를 잘 보여주는 것으로 이 용어가 대부분 집산주의로 번역된다는 점을 지적할 수 있다.

에드워드기 급진우파와 윌러비 드 브로크

1) H. C. G. Matthew, "The Liberal Age" in K. O. Morgan(ed.), *The Oxford History of Britain* (Oxford, 1988), p.576.

2) 할스베리 추종자들이 끝까지 입장을 고수했다면 의회법은 11표 차로 부결되었을지도 모른다. Richard Greville Verney, Willoughby de Broke, *The Passing Years* (London, 1924), p.304.

3) Alan O'day, "Introduction" in Alan O'Day(ed.), *The Edwardian Age : Conflict and Stability* (London, 1979), pp.1, 11.

4) Martin Francis and Ina Zweiniger-Bargielowska, "Introduction" in Martin Francis and Ina Zweiniger-Bargielowska(eds.), *The Conservatives and British Society, 1880-1990* (Cardiff, 1996), p.9.

5) Ian Packer, "The Conservatives and the Ideology of Landownership, 1910-1914" in Martin Francis and Ian Zweiniger-Bargielowska(eds.), *The Conservatives and British Society, 1880-1990* (Cardiff, 1996), p.39.

6) 사이크스는 보수당 내 세력을 중도적인 밸퍼 그룹과 급진우파, 사회적 제국주의자로 구분했다. 용어는 다소 혼란스러운데 G. D. 필립스(Phillips)는 급진 토리주의(radical toryism)라는 용어를 쓰고 있다. Alan Sykes, "Radical Right and the Crisis of Conservatism before the First World War," *The Historical Journal*, 26,

3(1983), p.665.

7) 다이하드(diehard)는 의회법에 반대투표한 사람들을 지칭했다. '우리는 굴복하지 않고 끝까지 싸우다(last ditch) 죽을 것'이라는 커즌경의 경구로부터 디처(ditcher)라는 말이 만들어졌다. 디처(끝까지 싸우는 사람)에 대해서는 헤저(hedger : 양 다리를 걸친 사람)라는 개념이 대비되었다. Verney, Willoughby de Broke, *The Passing Years*, pp.281, 298.

8) 그는 와릭셔 남부에 18,000에이커에 달하는 대토지를 소유한 전형적인 토리귀족이었다. 급진우파에 속하는 사람들로 여러 귀족들이 열거될 수 있지만 급진우파의 이론을 제공한 사람은 윌러비 드 브로크를 제외하고는 미미하다. G. D. Phillips, "Lord Willoughby de Broke : Radicalism and Conservatism" in J. A. Thompson and Arthur Mejia(eds.), *Edwardian Condservatism : Five Studies in Adaptation* (London, 1988), p.78.

9) Thomas C. Kennedy, "Tory Radicalism and the Home Rule Crisis, 1910-1914 : The Case of Lord Willoughby de Broke," *Canadian Journal of History*, XXXVII(April 2002), p.24.

10) Graham Goodlad, "The 'Crisis' of Edwardian Conservatism," *Modern History Review*, vol.9, no.4 (April 1998), p.12.

11) 코린 웨스톤은 급진우파의 반란을 조직 내에서 벌어진 소동 정도로 보고 있다. Corinne C. Weston, "Lord Selborne, Bonar Law and the 'Tory Revolt'," in R. W. Davis(ed.), *Lords of Parliament* (Stanford, California, 1995), pp.164, 165, 173, 177.

12) Sykes, "Radical Right and the Crisis of Conservatism before the First World War," p.665. 하지만 경험적 보수주의와 직관적 보수주의를 대비시키면서 필과 디즈레일리를 대비시킨 것은 다소 부적절해 보인다.

13) 같은 책, p.665.

14) Willoughby de Broke, "The Unionist Position," *The National Review*, vol.LXII, no.368 (Oct. 1913), pp.214-215.

15) Willoughby de Broke, "National Toryism," *The National Review*, vol.LIX, no.351 (May 1912), p.427.

16) 같은 책, p.413.

17) 같은 책, p.418.

18) 같은 책, p.420.

19) Jane Ridley, "The Unionist Opposition and the House of Lords, 1906-1910," *Parliamentary History*, vol.11, pt.2(1992), p.251.

20) Willoughby de Broke, "National Toryism," p.421

21) 골튼(Galton)의 '세습된 천재'(Hereditary Genius)와 커즌(Lord Curzon)의 두 번의 유명한 연설을 지적한다. 하나는 Oldham에서, 다른 한 번은 1910년 3월 상원

에서 행해진 연설이다. Willoughby de Broke, "The Restoration of the Constitution," *The National Review*, vol.LVIII, no.348 (Feb. 1912), p.866.

22) Willoughby de Broke, "National Toryism," p.420.

23) 같은 책, p.421.

24) E. H. H. Green, *Ideologies of Conservatism* (Oxford, 2002), p.60.

25) Willoughby de Broke, "National Toryism," p.421.

26) 같은 책, p.422.

27) 여기서 급진주의자는 자유당원을 의미한다. Willoughby de Broke, "The Tory Tradition," *The National Review*, vol. LVIII, no.344 (Oct. 1911), p.207.

28) 같은 책, p.211.

29) G. D. Phillips, "Lord Willoughby de Broke : Radicalism and Conservatism," p.83.

30) Richard Greville Verney, *The Passing Years* (London, 1924), p.273.

31) Willoughby de Broke, "National Toryism," pp.422-423.

32) Kennedy, "Tory Radicalism and the Home Rule Crisis, 1910-1914," p.26.

33) Willoughby de Broke, "The Coming Campaign," *National Review*, vol.LVI, no.331 (Sep. 1910), p.65.

34) Willoughby de Broke, "The Unionist Position," p.215.

35) Ridley, "The Unionist Opposition and the House of Lords, 1906-1910," p.235.

36) Willoughby de Broke, "The Restoration of the Constitution," p.863.

37) 구체적으로는 7년 혹은 10년의 임기를 제안한다. Willoughby de Broke, "The House of Lords and After," *National Review*, May 1911, p.401.

38) Willoughby de Broke, "The Restoration of the Constitution," pp.865-868.

39) R. J. Scally, *The Origins of the Lloyd George Coalition, The Politics of Social-Imperialism, 1900-1918* (Princeton, 1975), p.113.

40) Walter L. Arnstein, "Edwardian Politics : Turbulent Spring or Indian Summer," in Alan O'Day(ed.), *The Edwardian Age : Conflict and Stability* (London, 1979), p.71.

41) Willoughby de Broke, "The Unionist Party and the General Election," *The National Review*, vol.LXIII, no.377 (July 1914), p.784.

42) Willoughby de Broke, "The Coming Campaign," p.68.

43) Scally, *The Origins of the Lloyd George Coalition*, p.99.

44) Peter Cain, "Political Economy in Edwardian England : The Tariff-Reform Controversy," in Alan O'Day(ed.), *The Edwardian Age : Conflict and Stability* (London, 1979), p.43.

45) 같은 책, p.44.

46) 토지문제에 대한 입장도 상이했다. 밀너는 소토지 보유를 옹호하는 논리를 제시함으로써 지주층의 이익을 훼손하면서 개혁 대안을 마련하려는 의도를 드러내었다. Packer, "The Conservatives and the Ideology of Landownership,

1910-1914," p.47.

47) 관세개혁은 동일하게 주장되었으나 그것은 제국, 사회개혁, 보호, 새로운 재원 등 서로 다른 의미로 이용되었다. 관세개혁의 경제적 효과는 매우 흥미로운 주제이긴 하지만 여기서는 중요하지 않다. 피터 케인은 보호와 특혜가 영국에서 산업을 부활시키는데 크게 기여하지 못했을 것이라고 주장한다. Cain, "Political Economy in Edwardian England : The Tariff-Reform Controversy," p.51.

48) Willoughby de Broke, "The Unionist Party and the General Election," p.782.

49) Goodlad, "The 'Crisis' of Edwardian Conservatism," p.12.

50) Phillips, "Lord Willoughby de Broke : Radicalism and Conservatism," p.96.

51) 그는 보건성이 전후복구계획의 중요한 한 부분이 되어야 한다고 믿었다. 같은 책, p.97.

52) Willoughby de Broke, "The Restoration of the Constitution," p.861.

53) Willoughby de Broke, "The Unionist Party and the General Election," p.785.

54) Verney, *The Passing Years*, pp.274, 275 ; Sykes, "Radical Right and the Crisis of Conservatism before the First World War," p.667.

55) Willoughby de Broke to Maxse, 4 Jan. 1909, Maxse papers 467. Sykes, "Radical Right and the Crisis of Conservatism before the First World War," p.668에서 재인용.

56) Willoughby de Broke, "The Comfortable Classes and National Defense," *National Review*, vol.LXIII, no.375 (May 1914), p.429.

57) Packer, "The Conservatives and the Ideology of Landownership, 1910-1914," p.41.

58) Willoughby de Broke, "The Coming Campaign," p.66.

59) Kennedy, "Tory Radicalism and the Home Rule Crisis, 1910-1914," p.29.

60) Goodlad, "The 'Crisis' of Edwardian Conservatism," p.11.

61) Gregory D. Phillips, "Lord Willoughby de Broke and the Politics of Radical Toryism, 1909-1914," *Journal of British Studies*, XX, 1(1980), p.223.

62) Willoughby de Broke, "The Unionist Position," p.217. 그는 통일당이 보존과 변화를 함께 모색하는 정당이 되어야 한다고 하며 이를 승마나 연주에 비유했다. 다른 모든 방법을 배제하고 하나의 방법만으로 승마나 바이올린 연주의 능력이 성취되지 않는다는 것이다.

63) Willoughby de Broke, "The Tory Tradition," p.208.

64) 같은 책, p.217.

65) 보수당 사회개혁위원회와 같이 자유당의 주장을 능가하는 입장도 있었다. Packer, "The Conservatives and the Ideology of Landownership, 1910-1914," p.51.

66) Sykes, "Radical Right and the Crisis of Conservatism before the First World War,"

258

p.667.

67) 콥덴주의와 사회주의가 하나로 묶여 개념의 혼란이 빚어지고 있음을 보여준다. 로이드 조지의 사회정책은 콥덴주의적이고 사회주의적인 것으로 간주되었다. 반농업적인 정책을 펴는 세력을 하나의 블록으로 파악하는 것으로 보인다. Willoughby de Broke, "The Coming Campaign," p.69.

68) Goodlad, "The 'Crisis' of Edwardian Conservatism," p.12.

69) 보수당은 지주와 군인 출신에서 자유당과 두드러진 차이를 보였다. Arnstein, "Edwardian Politics : Turbulent Spring or Indian Summer," p.66.

70) E. H. H. Green, *The Crisis of Conservatism* (London, 1995), pp.13, 16.

71) José Harris, "The Transition to High Politics in English Social Policy, 1880-1914," in Micheal Bentley and John Stevenson(eds.), *High and Low Politics in Modern Britain* (Oxford, 1983), pp.64-77.
    해리스는 영국에서 사회정책은 차츰 정치화되었다고 주장하고 있다.

72) 집단주의의 출현은 결국 사회주의와 집단주의를 혼돈하게 만들었다. '우리는 모두 사회주의자' 발언 같은 것이 이런 혼돈을 전형적으로 보여주고 있다.

73) 제국, 개혁, 경제계획, 전문성, 효율 등이 공통적으로 나타난 구호였다. Scally, *The Origins of the Lloyd George Coalition*, p.125.

74) Green, *The Crisis of Conservatism*, p.329.

75) Scally, *The Origins of the Lloyd George Coalition*, p.132.

76) Packer, "The Conservatives and the Ideology of Landownership, 1910-1914," p.43.

77) 같은 책, p.43.

78) Verney, *The Passing Years*, p.276 ; Willoughby de Broke, "The House of Lords and After," p.398.

79) Willoughby de Broke, "The Restoration of the Constitution," p.857.

80) Willoughby de Broke, "The Unionist Party and the General Election," p.775.

81) Willoughby de Broke, "National Toryism," p.418.

82) Phillips, "Lord Willoughby de Broke : Radicalism and Conservatism," p.90.

83) Sykes, "Radical Right and the Crisis of Conservatism before the First World War," p.674.

84) Willoughby de Broke, "National Toryism," p.424.

보수당 사회개혁위원회와 프레드릭 에드윈 스미스

1) 자유무역주의자들과 관세개혁가들의 분열은 동일 선거구에서 서로를 비방할 정도로 심각했다. John Ramsden, *An Appetite for Power* (London, 1998), p.203.

2) E. H. H. Green, "The Conservative Party, the state and social policy, 1880-1914," In Francis, Martin and Zweiniger-Bargielowska, Ina (ed.), *The Conservatives and British Society, 1880-1990* (Cardiff : University of Wales Press, 1996), pp.229-232.

3) Brendan Evans and Andrew Taylor, *From Salisbury to Major* (Manchester, 1996), p.14.

4) 그린은 에드워드시대에 보수당의 접근은 명백히 집단주의적이었다고 주장한다. Green, "The Conservative Party, the state and social policy, 1880-1914," p.232.

5) Matthew Fforde, *Conservatism and Collectivism 1886-1914* (Edinburgh, 1990), pp.162-165.

6) 여기서 '집단주의'는 영어로 collectivism을 가리킨다. collectivism은 대개 집산주의로 번역되고 있으며 맥락에 따라서는 집산주의로 번역하는 것이 타당한 경우도 있다. collectivism이 '집단이나 사회의 이익을 위하여 재산통제를 옹호하는 교리'로 정의될 때 '집산주의'로 번역하는 것은 타당하다. 그런데 collectivism이란 용어가 급진우파나 F. E. 스미스와 같은 사람들에 의해 쓰였을 때 여기에는 경제적 차원을 넘어서는 의미가 담겨 있다. collectivism으로 국민적 단결과 제국의 단결 그리고 국방에 대한 강조 등을 의미할 때 '집산주의'라는 번역은 이 용어의 풍부한 내용을 전달할 수 없다. 경제적 차원을 넘어서는 의미들을 함께 포착할 수 있는 용어로 '집단주의'라는 용어를 선택했음을 밝혀 둔다. collectivism이 individualism(개인주의)에 대한 상대어로 쓰였다는 점을 상기해 볼 필요가 있다.

7) F. E. Smith, *Unionist Policy and Other Essays* (London, 1913), p.36.

8) John Campbell, "F. E. Smith : Tory Democrat or Social Democrat?" *History Today*, vol.32(May 1982).

9) John Campbell, *F. E. Smith First Earl of Birkenhead* (London, 1983), p.360.

10) Jane Ridley, "The Unionist Social Reform Committee, 1911-1914 : Wets before the Deluge," *The Historical Journal*, 30, 2(1987).

11) 제인 리들리는 F. E. 스미스의 사상과 페이비어니즘과의 친화성을 주장했다. 브랜던 에반스와 앤드류 테일러도 보수당 사회개혁위원회가 페이비어니즘에 영향을 받았음을 지적했다. Brendan Evans and Andrew Taylor, *From Salisbury to Major* (Manchester, 1996), p.17.

12) Fforde, *Conservatism and Collectivism 1886-1914*, p.18.

13) 체임벌린의 추종자들인 Liberal-Unionist를 흔히 '자유 통일당'이라고 표기하는데 이렇게 표기하였을 때 여기서 통일은 브리튼과 아일랜드의 통일을 의미하는 것이다. 하지만 영국은 1801년부터 '그레이트 브리튼과 아일랜드 연합 왕국'을 유지하고 있었으므로 이 당시 아일랜드는 브리튼에서 분리된 상태가 아니었다. 그러므로 통일보다는 통합이라는 말이 적합하다고 생각된다. 더욱이 F. E. 스미스가 Unionism이라는 용어를 썼을 때 이 용어는 아일랜드와

의 관계뿐만이 아니라 영제국의 다른 지역들과의 결속과 국내 여러 계층 간의 결속을 함께 의미했으므로 보다 외연이 넓은 통합주의라는 표현이 적절하다고 생각된다.

14) Campbell, *F. E. Smith First Earl of Birkenhead*, p.348.

15) 영국에서 보수주의는 소문자 보수주의(conservatism)와 대문자 보수주의(Conservatism)로 표기되어 다소 혼란을 야기한다. 이 중 대문자 보수주의는 보수당의 주장을 의미하는 것으로 이를 보수당주의로 표기하는 것도 가능하나 사실 이 경우 Conservatism을 이념이라고 할 수는 없다. 보수당 안에 여러 이념이 뒤섞여 있기 때문이다. 그래서 '보수당 지지주의'라는 정도로 이해해야 할 것이다. 소문자 보수주의의 경우는 이념을 지칭한다. 하지만 이 경우에도 보수주의의 본질에 대한 논의는 여전히 살아 있다.

16) Smith, *Unionist Policy*, p.2.

17) 그는 통합주의와 자유방임 개인주의를 결코 동일시하지 않았다. Campbell, *F. E. Smith First Earl of Birkenhead*, p.357.

18) Smith, *Unionist Policy*, p.26.

19) 같은 책, p.27.

20) 같은 책, p.28.

21) 같은 책, p.35.

22) 이런 주장과는 별도로 국가간섭을 일반 국민들이 어떻게 받아 들였는가 하는 것은 또 다른 흥미로운 주제이다. 국가간섭은 처음에는 의무교육, 금주 등과 관련되어 인기가 없었다. Martin Pugh, "Popular Conservatism in Britain : Continuity and Change, 1880-1987," *Journal of British Studies* 27(July 1988), p.278.

23) Smith, *Unionist Policy*, p.37.

24) 같은 책, pp.38-39.

25) Campbell, *F. E. Smith First Earl of Birkenhead*, p.357.

26) 1913년 자유당 저널인 *The Nation*은 자유주의는 국가간섭에 반대하지 않는다는 입장을 표명했다. Fforde, *Conservatism and Collectivism 1886-1914*, p.19.

27) Green, "The Conservative Party, the state and social policy, 1880-1914," p.232.

28) Smith, *Unionist Policy*, p.25.

29) 같은 책, pp.12, 31, 32, 242.

30) 같은 책, p.30.

31) Campbell, *F. E. Smith First Earl of Birkenhead*, p.351.

32) 같은 책, p.352.

33) Smith, *Unionist Policy*, p.40.

34) 같은 책, pp.31, 44.

35) 같은 책, p.185.

36) 같은 책, p.186.

37) 같은 책, pp.190-194.

38) 같은 책, p.203.

39) 같은 책, pp.17, 202.

40) Campbell, *F. E. Smith First Earl of Birkenhead*, p.357.

41) Smith, *Unionist Policy*, p.246.

42) 같은 책, p.251.

43) Campbell, *F. E. Smith First Earl of Birkenhead*, p.369.

44) Smith, *Unionist Policy*, p.50.

45) 그는 1907년 국민병역연맹이 세워졌을 때부터 열렬한 지지자였다. Campbell, *F. E. Smith First Earl of Birkenhead*, p.361.

46) Smith, *Unionist Policy*, p.58.

47) 같은 책, pp.60, 61.

48) Green, "The Conservative Party, the state and social policy, 1880-1914," pp.232, 237.

49) 엄밀히 하자면 통합당 사회개혁위원회라고 해야 하나, 혼동을 피하기 위해 보수당 사회개혁위원회로 표기한다.

50) Ridley, "The Unionist Social Reform Committee, 1911-1914," p.395.

51) Campbell, *F. E. Smith First Earl of Birkenhead*, p.362.

52) José Harris, "The Transition to High Politics in English Social Policy, 1880-1914," in Micheal Bentley and John Stevenson(eds.), *High and Low Politics in Modern Britain* (Oxford, 1983), p.65.

53) Ridley, "The Unionist Social Reform Committee, 1911-1914," p.398.

54) J. W. Hills and Maurice Woods, *Poor Law Reform, A Practical Solution* (London, 1912), p.30.

55) Fforde, *Conservatism and Collectivism 1886-1914*, p.152.

56) Ridley, "The Unionist Social Reform Committee, 1911-1914," p.404.

57) 토지 소유가 귀족에게 집중되어 있는 상황에서 1911년 잉글랜드와 웨일즈에는 약 21만 명의 농업경영자가 있었다. 귀족들이 2천 에이커 이상의 토지를 소유했다면 1에이커 이상의 자기 토지를 소유하고 농사짓는 사람은 농업인구의 12.4%에 불과했다. Fforde, *Conservatism and Collectivism 1886-1914*, pp.34, 126, 143.

58) *A Unionist agricultural policy* by a group of Unionists (London, 1913), p.11.

59) J. W. Hills, W. J. Ashley and Maurice Woods, *Industrial Unrest, A Practical Solution* (London, 1914), p.3.

60) Ridley, "The Unionist Social Reform Committee, 1911-1914,"" p.407.

61) Campbell, *F. E. Smith First Earl of Birkenhead*, p.364.

62) Ridley, "The Unionist Social Reform Committee, 1911-1914," p.408.

63) Campbell, *F. E. Smith First Earl of Birkenhead*, p.364.

64) 같은 책, pp.365-367.

65) Brendan Evans and Andrew Taylor, *From Salisbury to Major*, p.21.

66) Fforde, *Conservatism and Collectivism 1886-1914*, p.25.

영국 자본주의와 모슬리의 파시즘

1) T. Linehan, *British Fascism* (Manchester, 2000), p.1.

2) 파시즘은 근대자본주의의 경향과 정책의 극단적인 부패로부터 만들어진 가장 완전하고 일관성 있는 작품이라는 R.. 팜 덧(Palme Dutt)의 해석이 대표적이다. J. 스트레치(Strachey), W. A. 러들린(Rudlin), H. N. 브레일스포드(Brailsford) 등이 동일한 입장에 서 있다. 코민테른이 받아들인 입장이기도 하다. 그러나 2차대전 후 파시즘해석에 대한 소비에트버전은 적절하지 않음이 밝혀졌다. 이탈리아에서 파시즘은 생산력을 증가시켰음이 밝혀졌고 금융자본과는 독립적인 근대적 운동이라는 점이 부각되었기 때문이다. Philip Rees, "Changing Interpretations of British Fascism : a Bibliographical Survey," in Kenneth Lunn and Richard C. Thurlow (eds.), *British Fascism* (London, 1980), pp.189-191.

3) 빌헬름 라이히(Wilhelm Reich), 테오도르 아도르노(Theodor Adorno) 등을 더 들 수 있다. Linehan, *British Fascism*, p.3.

4) 중간계급 파시즘 테제에 대해서는 경험적 증거없이 구성된 가정이라는 반론이 있다. 전간기 파시스트운동은 특정한 사회계급에 뿌리박은 것이 아니라는 것이다. 오히려 다양한 범위의 사회계급을 끌어들였으며 사회경제적인 입장과 관계가 없다는 것이다. Linehan, *British Fascism*, p.7.

5) R. C. Thurlow, *Fascism* (Cambridge, 1999), pp.3-7. S. 페인(Payne), R. 그리핀(Griffin) 등이 여기에 해당된다.

6) 파시즘운동의 초창기부터 따라다닌 비판이었다. E. D. Hart, Fascism, "a Hundred Years Ago," *Fascist Quarterly*, vol.Ⅱ, no.2 (April 1936), p.277.

7) 노이바우어(Neubauer)는 영국파시즘을 죽어가는 자본주의의 마지막 피난처로 보았다. Neubauer, "The Face of British Fascism," *Red Mole*, (8-22 April 1971), p.7.

8) 스키델스키는 모슬리와 케인즈를 규제자본주의(regulated capitalism)에 대한 쌍둥이 예언자로 보았다. Rees, "Changing Interpretations of British Fascism," p.199.

9) R. C. Thurlow, "The Guardian of the 'Sacred Flame' : the Failed Political Resurrection of Sir Oswald Mosley after 1945," *Journal of Contemporary History*, vol.33, no.2 (1998), p.244.

10) P. M. Coupland, "The Blackshirted Utopians," *Journal of Contemporary History*, vol.33, no.2 (1998), p.257.

11) Dave Renton, "Was fascism an ideology? British fascism reconsidered," *Race and Class*, vol.41, no.3 (March 2000), pp.72-74. 젭 스턴헬이나 로저 그리핀 같은 일반 파시즘 이론가들도 함께 비판되고 있다.

12) Rees, "Changing Interpretations of British Fascism," pp.199-200.

13) R. Skidelsky, *Oswald Mosley* (London, 1990), p.19.

14) Rees, "Changing Interpretations of British Fascism," p.198.

15) Richard Thurlow, *Fascism in Britain* (London, 1998), p.117 ; Stephen Cullen, "The Development of the Ideas and Policy of the British Union of Fascists, 1932-40," *Journal of Contemporary History*, vol.22(1987), pp.118, 133 ; Stephen M. Cullen, "Political Violence : The Case of the British Union of Fascists," *Journal of Contemporary History*, vol.28(1993), p.246. 모슬리의 파시즘이론이 제시된 1932년 『보다 위대한 영국』과 1938년 『우리가 살게 될 미래』 사이에 일어난 차이는 유태인 문제가 추가되었다는 정도이다.

16) Cullen, "The Development of the Ideas and Policy of the British Union of Fascists, 1932-40," p.120.

17) Martin Pugh, "The British Union of Fascists and the Olympia Debate," *The Historical Journal*, vol.41, no.2 (1998), p.542.

18) Mike Cronin, "Introduction : 'Tomorow We Live'- The Failure of British Fascism?" in Mike Cronin(ed.), *The Failure of British Fascism ; The Far Right and the Fight for Political Recognition* (London, 1996), pp.8-10.

19) 영국사회가 지닌 예절바른 태도(decency)와 관용(tolerance)적 태도가 영국사회에 파시즘이 수용되는 것을 어렵게 했다는 것이다. 스탄 테일러는 영국은 극단주의에 상대적으로 보호되어 있는 나라라고 주장한다. S. Taylor, *The National Front in English Politics* (London, 1982), p.xvii ; Roger Griffin, "British Fascism : The Ugly Duckling," in Mike Cronin(ed.), *The Failure of British Fascism ; The Far Right and the Fight for Political Recognition* (London, 1996), p.161.

20) 영국사회는 그렇게 관용적인 사회가 아니었으며 파시즘은 영국인들의 기질에 내재적일 수 있다는 주장이다. 앤드류 쏩은 영국의 파시즘 수용이 어려웠던 이유를 영국인들의 예절바른 태도(decency)에서 찾고 있지만, 룬과 쿠쉬너는 영국은 본질적으로 '공정하다'는 주장을 하나의 신화라고 보고 있으며, 특히 룬은 1920년대의 파시스트운동을 동키호테적이라고 지적한 썰로우의 견해를 비판하며 영국의 정치문화에 내재적인 파시즘을 지적하고 있다. Andrew Thorpe, Introduction in Andrew Thorpe(ed.), *The Failure of British Extremism in Inter-War Britain* (Exeter, 1989), p.9 ; Tony Kushner and Kenneth Lunn,

Introduction in Tony Kushner and Kenneth Lunn(ed.), *Traditions of Intolerance :
Historical Perspectives on Fascism and Race Discourse in Britain* (Manchester, 1989), p.8 ;
Kenneth Lunn, "British Fascism Revisited : A Failure of Imagination?" in Mike
Cronin(ed.), *The Failure of British Fascism ; The Far Right and the Fight for Political
Recognition* (London, 1996), p.174.

21) Thurlow, *Fascism in Britain*, p.8. 1870년 영국은 세계제조업의 31.8%를 차지했고
미국은 23.3%, 독일은 13.2%를 차지했다. 그러나 1913년까지 미국은 35.8%,
독일은 15%로 늘어난 데 비해 영국은 14%로 떨어졌다. 선철과 강철생산에
서 영국이 세계산업에서 차지한 몫은 각각 46%에서 13.9%, 35.9%에서 10.3%
로 떨어졌다. 2차 산업혁명의 전기제품, 화학제품에서는 더욱 발전이 느렸
다. C. 바넷(Barnett)의 말을 빌면 1914년 영국은 산업고고학의 살아있는 박물
관이었다는 것이다.

22) N. Mosley, *Rules of the Game beyond the Pale* (London, 1998), p.299.
하지만 N. 모슬리는 파시스트들이 페시미즘으로 알려진 쉬펭글러의 사상을
받아들인 것을 파시즘의 미스테리로 간주하고 있다.

23) O. Mosley, "A Seventh edition of TOMORROW WE LIVE," in Oswald Mosley, *My
Answer* (Ramsbury, 1946), p.120.

24) N. Mosley, *Rules of the Game*, p.256. 의지적 요소에 대한 강조는 모슬리가 프로
이트를 비판하는 부분에서도 확인할 수 있다. 그는 프로이트가 인간을 유아
기의 영향에 매어 있는 존재로 보는 시각을 패배주의의 교리로 간주했다.

25) O. Mosley, "The Philosophy of Fascism," *Fascist Quarterly*, vol.1, no.1 (January 1935),
p.37.

26) Thurlow, *Fascism in Britain*, p.125.

27) 쿱랜드도 기독교적 가치들이 파시즘으로 번안되어 있음을 지적한다.
Coupland, "The Blackshirted Utopians," p.265.

28) N. Mosley, *Rules of the Game*, p.301.

29) 같은 책, pp.303-304. 파우스트는 무한한 것과 미지의 것을 향해 나아가며 항
상 탐색하고 노력하는 사람들의 상징이었다.

30) 같은 책, p.395.

31) Coupland, "The Blackshirted Utopians," p.257.

32) 모슬리는 파시즘이 제도만이 아니라 삶 그 자체에 대한 혁명적 개념이라고
주장했다. 모슬리의 운동의 밑바닥에 새로운 인간에 대한 확신이 있다는 점
은 로버트 스키델스키, 니콜라스 모슬리, 리차드 썰로우, 쿱랜드 등 거의 모
든 연구자들이 공통으로 가지고 있는 견해이기도 하다. O. Mosley, "Revolution
of the Nation ; Fascism Will End Party Warfare, The Test of the Modern Age," *The
Fascist Week*, Nov. 10th-16th, 1933, p.5 ; Coupland, "The Blackshirted Utopians,"

p.264.

33) Stephen M. Cullen, "Leaders and Martyrs : Cordreanu, Mosley and Jose Antonio," *History*, vol.7, no.233 (October 1986), p.426.

34) 바로 이런 새로운 정신을 구현하는 조직이 검은셔츠단이었으며 이런 정신으로 무장된 사람들이 검은셔츠단원들이었던 것이다. 이런 점에서 보면 파시즘을 새로운 인간, 새로운 가치, 새로운 질서를 만들어 내는 국민적 재생운동으로 간주하는 그리핀(Griffin)의 파시즘모델에 모슬리 파시즘은 잘 부합하고 있다. 단지 극단적 민족주의의 형태를 띠고 있느냐 하는 문제는 생각해 볼 문제이다. Thurlow, *Fascism*, p.5 ; Cullen, "The Development of the Ideas and Policy of the British Union of Fascists, 1932-40," p.122.

35) Cullen, "Leaders and Martyrs : Cordreanu, Mosley and Jose Antonio," p.419.

36) Skidelsky, *Oswald Mosley*, p.301.

37) Thurlow, *Fascism in Britain*, p.120.

38) Cullen, "Leaders and Martyrs : Cordreanu, Mosley and Jose Antonio," p.410.

39) O. Mosley, *The Greater Btitain* (London, 1932), pp.36-37.

40) 이 점에서 모슬리는 많은 사회주의자들과 입장을 같이한다. Cullen, "The Development of the Ideas and Policy of the British Union of Fascists, 1932-40," p.121.

41) Coupland, "The Blackshirted Utopians," p.258

42) Rees, "Changing Interpretations of British Fascism," p.199.

43) O. Mosley, *The Greater Btitain*, pp.55-56.

44) 같은 책, p.46.

45) 과학의 발전은 고도로 훈련된 노동력을 가지고 있다는 영국의 장점을 점차 무용지물로 만드는 면도 있었다. 대량생산의 방법이 개발됨으로써 숙련노동의 의미를 축소시켰기 때문이다. Cullen, "The Development of the Ideas and Policy of the British Union of Fascists, 1932-40," p.119.

46) 같은 책, p.47.

47) 같은 책, p.51. 미국의 예를 들자면 1차대전 전에 100명의 남자가 생산해 낸 상품을 지금은 67명의 남자가 생산하고 있다는 것이다.

48) 1914년에서 1924년 사이 남아프리카에서 영국재화에 대한 관세율은 평균 20% 증가했다. 다른 나라에서는 관세가 더욱 크게 증가했다. 오스트레일리아는 56%, 인도에서는 거의 300% 증가했다. 같은 책, p.57.

49) 같은 책, p.58.

50) 모슬리는 캐나다의 예를 다음과 같은 표로 제시하고 있다. 표에서 보듯이 1차대전 이후 영국으로부터의 수입은 줄어드는 반면 미국으로부터의 수입은 늘어나고 있음을 알 수 있다. 같은 책, pp.63-65.

캐나다의 수입에서 영국과 미국의 비율

	영국		미국	
	1912-13	1923-24	1912-13	1923-24
면직물	61	50	28	42
페인트와 니스	35	19	52	68
기계	7	9	93	90
유리와 유리제품	28	16	40	41
전기기구	13	7	84	88
비누	11	8	76	86
비단 제품	43	15	15	23

51) A. Raven Thomson, "Corporate Economics," *Fascist Quarterly*, vol.1, no.1 (January 1935), p.27.

52) O. Mosley, "Unemployment and the Economic Problem ; A New Spirit for the New World, End the Vicious Circle," *The Fascist Week*, Dec. 1st-7th, 1933, p.5.

53) 모슬리의 리플레정책 제안이 노동당에 의해 거부됨으로써 모슬리는 1930년 노동당을 떠났다. 하지만 자유무역의 원칙은 어려운 경제상황에서도 1932년에 가서야 포기될 정도로 강한 관성을 지녔다. 가시드는 보호관세에 대한 논의가 계속되면서도 1932년까지 자유무역의 원칙이 지켜진 상황을 지적하고 있다. W. R. Garside, "Party Politics, Political Economy and British Protectionism, 1919-1932," *History*, vol.83, no.269 (Jan. 1998) ; O. Mosley, *The Greater Btitain*, pp.69-70.

54) O. Mosley, "Tomorrow We Live(1938) : Economic System -What is Wrong?" in Michael Quill(ed.), *Revolution by Reason and Other Essays* (Lampeter, 1997), pp.129-130.

55) O. Mosley, *The Greater Btitain*, p.71.

56) 같은 책, p.72.

57) O. Mosley, "Tomorrow We Live(1938) : Economic System -What is Wrong?" p.138.

58) 같은 책, p.134.

59) 같은 책, p.135.

60) O. Mosley, "Unemployment and the Economic Problem : A New Spirit for the New World, End the Vicious Circle," *The Fascist Week*, Dec. 1st-7th, 1933, p.5.

61) O. Mosley, *The Greater Btitain*, pp.75-76. 그러나 모슬리의 비판적인 평가와는 달리 영국은 1932년부터 완만한 인플레를 겪으며 다시 성장국면으로 들어서고 있다. Thurlow, *Fascism in Britain*, p.131.

62) O. Mosley, *The Greater Btitain*, p.79.

63) O. Mosley, "Revolution of the Nation : Fascism Will End Party Warfare, The Test of the Modern Age," *The Fascist Week*, Nov. 10th-16th, 1933, p.5.

64) O. Mosley, *The Greater Btitain*, p.80.

65) 같은 책, p.81.

66) N. Mosley, *Rules of the Game*, p.288.

67) 컬른(Cullen)은 반공주의, 반자유주의, 반보수주의와 함께 반자본주의를 모슬리 파시즘의 중요한 내용으로 보고 있다. Cullen, "Leaders and Martyrs : Cordreanu, Mosley and Jose Antonio," pp.409-410.

68) O. Mosley, *The Greater Btitain*, p.84.

69) 같은 책, p.66.

70) Cullen, "The Development of the Ideas and Policy of the British Union of Fascists, 1932-40," p.119.

71) O. Mosley, "Tomorrow We Live(1938) : Economic System -What is Wrong?" p.125.

72) O. Mosley, "A Seventh edition of TOMORROW WE LIVE," p.57.

73) 같은 책, p.53.

74) Lewis, *Illusions of Grandeur*, p.185.

75) Coupland, "The Blackshirted Utopians," p.264.

76) O. Mosley, "Fascism Is not Dictatorship : But Leadership with the Consent of the People, The Principle of Individual Responsibility," *The Fascist Week*, Feb. 9th-15th, 1934, p.5.

77) O. Mosley, "Revolution of the Nation ; Fascism Will End Party Warfare, The Test of the Modern Age," *The Fascist Week*, Nov. 10th-16th, 1933, p.5 ; O. Mosley, "The Philosophy of Fascism," *Fascist Quarterly*, vol.1, no.1, January 1935, p.43.

78) 이와 함께 스키델스키는 맑스주의의 도덕적 기초에 대한 이견 즉 재산이 의무에 의해 정당화될 수 있다는 주장과 불필요한 파괴를 거부하는 점 등의 차이를 지적한다. Skidelsky, *Oswald Mosley*, p.303.

79) O. Mosley, "We Shall not Be Long Now : The Sacred Task of Bringing Peace to Mankind, The Tragic Caricature of Democracy," *The Fascist Week*, Jan. 26th-Feb. 1st, 1934, p.5.

80) O. Mosley, "The Immense Majesty of Fascist Peace : Ending the Struggle for Markets, The Economics of an Age of Plenty," *The Fascist Week*, Dec. 29th 1933-Jan. 4th 1934, p.5.

81) 사실 이런 점은 모슬리 자신이 강경하게 부인하는 부분이다. O. Mosley, "How to Meet the Modern Industrial Problem : The Corporate State as the Fascist Solution, Adjusting Consumption to Production," *The Fascist Week*, Dec. 8th-14th, 1933, p.5.

82) 개발독재가 특정한 계급과 결탁하는 특징을 보이는데 비해 모슬리 파시즘은 모든 계층에 동등하게 접근한다. 새로운 논의의 장을 필요로 하는 부분이기는 하지만 모슬리 파시즘은 새로운 합의이론에 잘 수용되지 않는 측면도 있

다. 민족에 대한 신화적 요소, 유태인에 대한 적대적 태도, 전쟁과 폭력에 대한 입장 등에서 독일이나 이탈리아에서 나타난 양상과는 다른 특징을 보여주는 것이다.

조합국가론과 모슬리

1) O. Mosley, "The Immense Majesty of Fascist Peace : Ending the Struggle for Markets, The Economics of an Age of Plenty," *The Fascist Week*, Dec. 29th 1933-Jan. 4th 1934, p.5.
2) N. Mosley, *Rules of the Game beyond the Pale* (London, 1998), p.220.
3) O. Mosley, "Tomorrow We Live(1938) : Economic System-What is Wrong?" in Michael Quill(ed.), *Revolution by Reason and Other Essays* (Lampeter, 1997), p.128.
4) 모슬리는 그의 운동을 근대적 운동이며, 냉엄한 현실주의를 바탕으로 해 새로운 질서를 추구하는 운동으로 간주한다. O. Mosley, *The Greater Britain* (London, 1932), p.53 ; O. Mosley, "The World Alternative," *Fascist Quarterly*, vol.2, no.3 (July 1936), p.395 ; O.Mosley, *The Greater Btitain*, p.159.
5) O. Mosley, "The Immense Majesty of Fascist Peace," p.5.
6) Richard Thurlow, *Fascism in Britain* (London, 1998), p.19.
7) 공작령(Duchy)은 영국에서 랭카스터와 콘월 두 곳만 남아 있으며 챈슬러는 이 지역을 담당하는 최고 관리이다. 아울러 챈슬러는 내각의 일원으로도 활동할 수 있다.
8) Thurlow, *Fascism in Britain*, pp.20-21.
9) 같은 책, p.26.
10) 모슬리는 선심행사를 잘 하거나 목소리가 큰 사람이 당선되는 것을 비꼬아 이렇게 표현하고 있는 것이다.
11) O. Mosley, *The Greater Btitain*, p.20.
12) 같은 책, p.21.
13) Richard Thurlow, "The Return of Jeremiah : The Rejected Knowledge of Sir Oswald Mosley in the 1930s," in Kenneth Lunn and Richard Thurlow (eds.), *British Fascism* (London, 1980), p.107.
14) D. S. Lewis, *Illusions of Grandeur : Mosley, Fascism and British Society, 1931-81* (Manchester, 1987), p.47.
15) O. Mosley, "A Seventh edition of TOMORROW WE LIVE," in Oswald Mosley, *My Answer* (Ramsbury, 1946), p.66 ; O. Mosley, "Fascism Is not Dictatorship : But Leadership with the Consent of the People, The Principle of Individual Responsibility," *The Fascist Week*, Feb. 9th-15th, 1934, p.5.

16) O. Mosley, "How to Meet the Modern Industrial Problem : The Corporate State as the Fascist Solution, Adjusting Consumption to Production," *The Fascist Week*, Dec. 8th-14th, 1933, p.5.

17) Lewis, *Illusions of Grandeur*, p.47. 소비자들이 대표되어야 한다는 생각에서 페이비언들의 사고와 유사한 점을 보여주지만 소비자들의 대표가 국가에 의해 지명된다는 점에서 차이가 난다.

18) O. Mosley, "How to Meet the Modern Industrial Problem," p.5.

19) Alexander Raven, "The Corporate State Explained ; Industrial Self-Government," *The Fascist Week*, Apr. 20th-26th, 1934. p.5.

20) O. Mosley, "Tomorrow We Live(1938) : Economic System-What is Wrong?" pp.146-151. 중개인들과 기생적 직업망의 제거가 새로운 부의 생산을 위해 필요하다고 보고 있다.

21) Lewis, *Illusions of Grandeur*, p.46.

22) Alexander Raven, "Duties of the Fascist Corporations : Structure of the Planned State," *The Fascist Week*, May 11th-17th, 1934, p.5.

23) Raven, "The Corporate State Explained : Industrial Self-Government," p.5.

24) Raven, "Duties of the Fascist Corporations," p.5.

25) N. Mosley, *Rules of the Game beyond the Pale*, p.358 ; O. Mosley, "How to Meet the Modern Industrial Problem," p.5. 레이븐 톰슨은 조합국가를 수백만의 세포로 구성되었지만 모두 함께 조화를 이루는 인간의 신체에 비유하고 있다. 영국 파시스트연합(BUF)이 가장 즐겨 쓴 비유가 바로 인간의 신체였다.

26) P. M. Coupland, "The Blackshirted Utopians," *Journal of Contemporary History*, vol.33(2) (1998), p.258.

27) Lewis, *Illusions of Grandeur*, p.43.

28) Coupland, "The Blackshirted Utopians," p.270.

29) N. Mosley, *Rules of the Game beyond the Pale*, p.358.

30) Coupland, "The Blackshirted Utopians," p.261.

31) O. Mosley, *The Greater Btitain*, p.22.

32) Coupland, "The Blackshirted Utopians," p.261.

33) O. Mosley, *The Greater Btitain*, p.40.

34) Coupland, "The Blackshirted Utopians," p.271.

35) Stephen M. Cullen, "Leaders and Martyrs : Cordreanu, Mosley and Jose Antonio," *History*, vol.7, no.233 (October 1986), p.411.

36) O. Mosley, *The Greater Btitain*, p.37.

37) 같은 책.

38) Lewis, *Illusions of Grandeur*, p.43.

39) O. Mosley, "Fascism Is not Dictatorship : But Leadership with the Consent of the People, The Principle of Individual Responsibility," *The Fascist Week*, Feb. 9th-15th, 1934, p.5 ; Coupland, "The Blackshirted Utopians," p.260.

40) R. Skidelsky, *Oswald Mosley* (London, 1990), p.315.

41) O. Mosley, "A Seventh edition of *Tomorrow We Live*," p.61.

42) O. Mosley, "Fascism Is not Dictatorship," p.5.

43) O. Mosley, *The Greater Btitain*, pp.33-35 ; O. Mosley, "Fascism Is not Dictatorship," p.5. 모슬리는 직업의 기초에서 선출되는 사람들로 구성된 의회는 결코 기만적일 수 없다고 본다. 그러나 현재의 제도는 기만적일 수밖에 없다는 것에 대해 다음과 같은 비유를 들고 있다. 만약 누군가가 기계상에 들어가 기계공이 평생동안 공부한 정교한 과정을 대충 훑어 본 후 그에게 어떻게 그 일을 하는가를 말한다면 기계공은 그에게 건방진 놈이라고 말하게 될 것이라고 지적한다.

44) O. Mosley, *The Greater Btitain*, p.42.

45) 그 결과 모슬리는 일부 우파에 의해 정치를 남성적인 영역으로 취급하지 않고 여성에게도 자리를 내어 준 것으로 비판받기도 했다. Martin Durham, review of *The Ideology of the British Right 1918-1939*, by G. C. Webber in *Histoty Workshop Journal*, issue 26 (Aut. 1988), p.193.

46) O. Mosley, *The Greater Btitain*, p.34.

47) Coupland, "The Blackshirted Utopians," pp.259-260 ; Skidelsky, *Oswald Mosley*, p.314. 상이한 선거구에서 인민들은 적어도 5년에 한 번씩 정부에 찬성하거나 반대하는 투표를 하게 될 것이다.

48) O. Mosley, "Fascism Is not Dictatorship," p.5.

49) O. Mosley, "A Seventh edition of TOMORROW WE LIVE," pp.66-67.

50) O. Mosley, "Fascism Is not Dictatorship," p.5 ; O. Mosley, *The Greater Btitain*, p.150.

51) O. Mosley, *The Greater Btitain*, p.155.

52) 같은 책, p.156. 이 문제는 아직도 많은 논란이 제기되고 있는 부분이다. 하지만 영국파시스트연합(BUF)의 행동이 방어적이었다는 주장 역시 만만치 않다.

53) 같은 책, p.155.

54) Cullen, "Leaders and Martyrs : Cordreanu, Mosley and Jose Antonio," p.411.

55) Richard Thurlow, *Fascism* (Cambridge, 1999), p.65.

56) O. Mosley, *The Greater Btitain*, p.83.

57) 같은 책, p.86.

58) 같은 책, pp.86-88.

59) 같은 책, p.90.

60) O. Mosley, "Tomorrow We Live(1938) : Economic System-What is Wrong?" p.142.

61) 같은 책, p.140.

62) 이런 과학적 보호의 개념은 체임벌린의 보호주의에 대한 커다란 진전이었음이 지적된다. Stephen Cullen, "The Development of the Ideas and Policy of the British Union of Fascists, 1932-40," *Journal of Contemporary History*, vol.22 (1987), p.120.

63) O. Mosley, "Tomorrow We Live(1938) : Economic System-What is Wrong?" p.141.

64) O. Mosley, "How to Meet the Modern Industrial Problem," p.5.

65) O. Mosley, *The Greater Btitain*, p.92.

66) 같은 책, p.104.

67) 같은 책, p.105.

68) 같은 책, pp.104-105.

69) O. Mosley, "How to Meet the Modern Industrial Problem," p.5.

70) O. Mosley, *My Life*, pp.185-200.

71) O. Mosley, "Tomorrow We Live(1938) : Economic System－What is Wrong?" p.150.

72) O. Mosley, "How to Meet the Modern Industrial Problem," p.5.

73) O. Mosley, *The Greater Btitain*, p.118.

74) O. Mosley, "Tomorrow We Live(1938) : Economic System－What is Wrong?" p.132.

75) 같은 책, p.129.

76) 은행가, 사채업자, 금융브로커들에 대한 비판이 강력하게 제기되는 상황이었다. Cullen, "Leaders and Martyrs : Cordreanu, Mosley and Jose Antonio," p.412.

77) Coupland, "The Blackshirted Utopians," p.259.

78) O. Mosley, *The Greater Btitain*, p.123.

79) 같은 책, p.124.

80) 같은 책, pp.94-95.

81) 같은 책, p.96.

82) 자본주의에 대한 무조건적인 파괴를 지향하지 않는다는 점에서 모슬리의 사상은 자본주의의 수정을 요구한 케인즈와 동일한 노선에 있음을 주장하는 견해도 있다. 스키델스키의 입장이 그러하다. 그는 모슬리와 케인즈를 규제 자본주의의 쌍둥이 예언자로 보고 있다. 그는 모슬리를 조셉 체임벌린에서 해롤드 맥밀란에 이르는 전통의 형성자로 간주한다. Philip Rees, "Changing Interpretations of British Fascism : a Bibliographical Survey," in Kenneth Lunn and Richard C. Thurlow (eds.), *British Fascism* (London, 1980), p.199.

83) O. Mosley, *The Greater Btitain*, p.30.

84) 같은 책, p.130.

85) Lewis, *Illusions of Grandeur*, p.49.

86) O. Mosley, *The Greater Btitain*, p.131.

87) N. Mosley, *Rules of the Game beyond the Pale*, p.315. N. 모슬리는 이 연설을 들으면 서 사람들은 파도에 높이 올라탄 것과도 같았다고 회고했다.

88) O. Mosley, "Tomorrow We Live(1938) : Economic System — What is Wrong?" p.139.

89) James Loughlin, "Northern Ireland and British fascism in the inter-war years," *Irish Historical Studies*, xxix, no.116 (Nov. 1995), p.545.

90) 흥미롭게도 월러스틴은 그의 책 『근대 세계체제』의 첫 부분에서 세계제국과 세계경제의 대립을 지적하고 있다. 모슬리가 근대세계의 발전과정을 월러스 틴과 동일한 방식으로 해석하지 않았다 해도 세계자본주의 체제에서의 탈출 방법은 매우 시사적이다.

91) O. Mosley, "A Seventh edition of TOMORROW WE LIVE," p.117.

92) Thurlow, *Fascism in Britain*, p.131.

93) O. Mosley, *The Greater Btitain*, pp.27-28.

94) Cullen, "The Development of the Ideas and Policy of the British Union of Fascists, 1932-40," p.121.

95) N. Mosley, *Rules of the Game beyond the Pale*, p.221.

대륙 파시즘과 구별되는 영국 파시즘의 특징들

1) Mike Cronin, "Introduction : 'Tomorrow We Live' — The Failure of British Fascism?" in *The Failure of British Fascism ; The Far Right and the Fight for Political Recognition*, ed. Mike Cronin (London, 1996), pp.3, 10.

2) 오만은 그녀가 뜰에서 잡초를 뽑고 있을 때 갑자기 공산주의로부터 나라를 구해야 하겠다는 생각이 떠올랐다는 것이다. 아놀드 리스는 낙타의 질병을 연구하는 수의사였는데 반유태주의를 주장했다. N. Mosley, *Rules of the Game beyond the Pale* (London, 1998), p.229.

3) 물론 이런 파시스트 조직들의 규모는 크지 않았다. 예를 들자면 National Fascisti는 1925년 British Fascisti에서 떨어져 나와 만들어진 집단이었으며 Ku Klux Klan과 어중이떠중이 대학생들의 집합이었을 따름이다. G. C. Webber, "The British Isles," in *The Social Basis of European Fascist Movements*, ed. Detlef Mühlberger (London, 1987), p.143 ; N. Mosley, *Rules of the Game*, p.229.

4) British Fascisti의 정치적 뿌리는 재산을 지키려는 중간계급 압력 그룹에게 있 었다. 영국제국연합(British Empire Union), 중간계급연합(Middle Class Union), 전 국시민연합(National Citizens Union) 등이 그들이다. Richard Thurlow, *Fascism in Britain* (London, 1998), p.33.

5) Thurlow, *Fascism in Britain*, p.65.

6) N. Mosley, *Rules of the Game*, pp.271-272.

7) 같은 책, p.273.

8) Martin Durham, "Gender and the British Union of Fascists," *Journal of Contemporary History* 27/3 (July 1992), p.525.

9) Philip Coupland, "H. G. Wells's 'Liberal Fascism'," *Journal of Contemporary History* 35/4 (2000), p.545.

10) 예를 들자면 로더미어는 BUF의 블랙셔츠가 수행하는 정치적 역할을 로싸 린톤 오만의 영국파시스트(British Fascists)가 수행하려 한 역할과 동일한 것으로 파악했다. James Loughlin, "Northern Ireland and British fascism in the inter-war years," *Irish Historical Studies* 29, no.116 (Nov. 1995), p.550.

11) Philip Rees, "Changing Interpretations of British Fascism : a Bibliographical Survey," in *British Fascism*, eds. Kenneth Lunn and Richard C. Thurlow (London, 1980), p.101.

12) D. S. Lewis, *Illusions of Grandeur : Mosley, Fascism and British Society, 1931-81* (Manchester, 1987), p.261. 하지만 루이스는 공정하고 합리적인 영국인이란 인식을 하나의 신화로 간주한다. 영국 내에서 혹은 제국 내에서 소수 세력에 대한 가혹 행위는 빈번히 일어났으며 정의, 관용이 항상 영국인을 지배한 이념이 아니었다는 것이다.

13) James J. Barnes, "Oswald Mosley as Entrepreneur," *History Today* 40 (March 1990), p.12.

14) 물론 스키델스키는 이런 견해가 잘못된 것이라고 주장한다. Robert Skidelsky, "Reflections on Mosley and British Fascism," in *British Fascism*, p.90.

15) R. Skidelsky, *Oswald Mosley* (London, 1990), p.300.

16) N. Mosley, *Rules of the Game*, p.328.

17) Oswald Mosley, "A Seventh edition of TOMORROW WE LIVE," in *My Answer* (Ramsbury, 1946), p.51.

18) Rees, "Changing Interpretations of British Fascism," p.200.

19) 모슬리는 웰즈에게 자신의 그런 파시즘을 과학적 파시즘이라고 설명했다. Philip Coupland, "H. G. Wells's 'Liberal Fascism'," p.556 ; Stephen Cullen, "The Development of the Ideas and Policy of the British Union of Fascists, 1932-40," *Journal of Contemporary History* 22 (1987), pp.123-124.

20) 로저 그리핀이 그러하다. Mike Cronin, "Introduction : 'Tomorrow We Live'-The Failure of British Fascism?," p.6.

21) Philip M. Coupland, "'Left-Wing Fascism' in Theory and Practice : The Case of the British Union of Fascists," *Twentieth Century British History* 13/1 (2002), p42.

22) BUF는 인간성의 내재성에 대한 우파의 전통적 견해를 공유하지 않았으며, 인간을 환경의 산물로 보았다. 그리고 대중운동을 변화의 동력으로 보는 좌

파 전통에 서 있었다. D. S. Lewis, *Illusions of Grandeur*, p.34.

23) Oswald Mosley, "A Seventh edition of TOMORROW WE LIVE," p.63.

24) 같은 책, p.55.

25) Paul Hayes, "The Contribution of British Intellectuals to Fascism," in *British Fascism*, p.181.

26) 컬른이 특히 블래치포드와의 연관성을 강조한다. '영국인을 위한 영국(Britain for the British)'과 '메리 잉글랜드(Merrie England)'라는 BUF의 슬로건은 블래치포드에게서 직접 따온 것이다. Cullen, "The Development of the Ideas and Policy of the British Union of Fascists, 1932-40," p.124 ; Richard C. Thurlow, "The Return of Jeremiah : The Rejected Knowledge of Sir Oswald Mosley in the 1930s," in *British Fascism*, p.105.

27) Philip M. Coupland, "'Left-Wing Fascism' in Theory and Practice : The Case of the British Union of Fascists," pp.42, 54.

28) Rees, "Changing Interpretations of British Fascism," pp.193-194. 그러나 모슬리의 운동을 사회주의적 요소를 지닌 것으로 볼 수 없다는 주장도 있다. Dave Renton, "Was fascism an ideology? British fascism reconsidered," *Race and Class* 41/3 (March, 2000), pp.76-77.

29) Webber, "The British Isles," p.146.

30) Oswald Mosley, "A Seventh edition of TOMORROW WE LIVE," p.121.

31) 1990년대의 파시즘에 대한 새로운 연구는 파시즘에 우파적, 반동적, 신화적 요소만이 아니라 국가 간섭과 계획이라는 합리적인 좌파 요소도 있음을 지적해 내고 있다. 이트웰(Eatwell)의 이론이 그러하다. 이런 점에서 보면 모슬리 파시즘은 좌파적 요소가 매우 강한 파시즘이라고 할 수 있다. 더욱이 그 좌파적 요소는 영국 사회주의에서 나오고 있다. Richard Thurlow, *Fascism* (Cambridge, 1999), p.6.

32) N. Mosley, *Rules of the Game*, p.376.

33) 루이 어빈(Louise Irvine)이 그러했다. P. M. Coupland, "The Blackshirted Utopians," *Journal of Contemporary History* 33/2 (1998), p.270.

34) 스키델스키는 모슬리와 페이비언, 홉슨 등의 인물 간에 유사성이 있다는 점을 흥미롭게 지적하고 있다. Skidelsky, "Reflections on Mosley and British Fascism," p.95.

35) Skidelsky, *Oswald Mosley*, p.302.

36) 같은 책, p.309.

37) N. Mosley, *Rules of the Game*, p.393.

38) O. Mosley, *Tomorrow We Live*, p.45.

39) Skidelsky, *Oswald Mosley*, p.310.

40) 같은 책, pp.307-308.

41) Coupland, "The Blackshirted Utopians," p.263.

42) N. Mosley, *Rules of the Game*, p.223.

43) *The Blackshirt*, 7, 16, May 1933.

44) Cullen, "The Development of the Ideas and Policy of the British Union of Fascists, 1932-40," p.127.

45) N. Mosley, *Rules of the Game*, p.291.

46) Oswald Mosley, "A Seventh edition of TOMORROW WE LIVE," p.108.

47) N. Mosley, *Rules of the Game*, p.291.

48) Stanley G. Payne, "Historical Fascism and the Radical Right," *Journal of Contemporary History* 35 (Jan. 2000), pp.109-118.

49) N. Mosley, *Rules of the Game*, pp.229-230.

50) Thurlow, "The Return of Jeremiah," p.109.

51) N. Mosley, *Rules of the Game*, p.349. 유태인에 대한 최초의 공개적인 적대적 발언은 1934년 9월 말 만체스터의 Belle Vue Gardens에서 이루어졌다. 그는 여기서 '지금 국민의 의지라고 부르는 것은 이질적인 유태인 금융에 의해 지배되는 의회의 조직적인 부패'에 다름 아니라고 주장했다. *Manchester Guardian*, Sep. 18, 1934, p.6 ; Stephen M. Cullen, "Political Violence : The Case of the British Union of Fascists," *Journal of Contemporary History* 28 (1993), p.262.

52) N. Mosley, *Rules of the Game*, p.347. 이런 견해에 대해 BUF의 반유태주의를 운동의 일반적 이데올로기와 연관되는 것으로 보는 입장도 있다. 반유태주의가 BUF운동의 마지막 노력으로 나타난 것이 아니라는 말이다. Colin Holmes, "Anti-Semitism and the BUF," in *British Fascism*, pp.119-21.

53) Thurlow, *Fascism in Britain*, pp.73, 75. 77.
톰 라인헨(Tom Linehen)의 『모슬리의 이스트런던』은 BUF가 런던의 베드날그린. 스텝니, 쇼어디치, 헬니, 스토우크 뉴잉톤에서 정치적 공간을 만들어 내기 위해 정치적 반유태주의를 이용한 것을 보여주고 있음을 지적한다. 이 지역의 반유태주의는 깊은 사회적 원인을 가지고 있었다. 이 곳은 유태인과 함께 동유럽에서 많은 난민들이 모여 들게 됨으로써 사회문제를 악화시키고 있는 지역이었다.

54) Webber, "The British Isles," p.145.

55) N. Mosley, *Rules of the Game*, p.374.

56) Webber, "The British Isles," p.146.

57) Thurlow, *Fascism in Britain*, p.126.

58) 썰로우는 IFL이 유태인 공격에 대해 책임이 있었던 것으로 보고 있다. Thurlow, *Fascism in Britain*, p.80.

276

59) Webber, "The British Isles," p.143.

60) N. Mosley, *Rules of the Game*, pp.375-376.

61) Cullen, "The Development of the Ideas and Policy of the British Union of Fascists, 1932-40," p.128.

62) Stephen M. Cullen, "Leaders and Martyrs : Cordreanu, Mosley and Jose Antonio," *History*, vol.7, no.233 (October 1986) : 423 ; Thurlow, "The Return of Jeremiah," p.109.

63) 1933년의 초기 입장에서 1938년의 『우리가 살게 될 미래』에 이르기까지 일관된 입장이다.

64) Cullen, "Political Violence : The Case of the British Union of Fascists," pp.246-247, 254. 컬른은 실증적인 통계를 제시하고 있다. 1934-1938년 사이 파시스트들은 24번의 공격을 가했다. 8번은 유태인에 대해 6번은 공산주의자들에 대한 것이었다. 17명이 다쳤다. 그리고 4번의 경우에만 무기를 사용했다. 반면 같은 기간 동안 51건의 공격이 파시스트들에 대해 행해졌다. 이 와중에서 119명의 파시스트들이 부상을 입었는데 많은 경우 무기에 의해 다쳤다는 것이다. 무기의 정도도 파시스트는 고무 곤봉(rubber truncheon), 벨트, 그리고 던지는 물건들을 이용한 반면 파시스트에 대한 공격자들은 유리병, 너클더스터(손가락에 끼우는 쇠붙이), 벽돌, 난간 덮개(railing top), 돌, 저울의 분동(scale weight), 단검, 속을 채운 고무관(rubber tubing), 리졸 병(bottle of Lysol) 심지어 정육점 칼 등을 이용했다는 것이다.

65) 같은 책, p.252.

66) PRO HO 144/21060, 692, 242/20, Cullen, "Political Violence : The Case of the British Union of Fascists," p.259에서 재인용.

67) N. Mosley, *Rules of the Game*, p.269. N. Mosley는 오스왈드 모슬리의 아들이다.

68) 호우프(Hope)는 BUF의 폭력성이 중앙에서 지도부에 의해 계획되고, 조직되었다고 주장하고 있다. 그의 주장의 근거는 모슬리-마치뱅크스 사건인데 이 사건은 전국철도연합(NUR)의 서기였던 마치뱅크스(Marchbanks)가 1934년 7월 BUF가 폭력적이라고 비난한 데 대해 모슬리가 소송을 제기한 사건이다. John Hope, "Blackshirts, Knuckle-Dusters and Lawyers," *Labour History Review* 65/1 (spring 2000), pp.44-46.

69) Jon Lawrence, "Fascist Violence and the Politics of Public Order in Inter-war Britain : the Olympia Debate Revisited," *Historical Research* 76 (May 2003), p.257.

70) Thurlow, *Fascism in Britain*, p.71 ; Jon Lawrence, "Fascist Violence and the Politics of Public Order in Inter-war Britain : the Olympia Debate Revisited,:" pp.246-249. 그러나 마틴 퓨는 1934년 6월의 올림피아 집회가 BUF에 대한 일반인들의 태도에 전환점이 되었다는 견해를 비판한다. 그는 의회, 언론, 당국의 반응을 검

토함으로써 그의 주장을 증명하려 하고 있다. BUF는 그렇게 강한 거부감을 일으키지 않았고 당국은 그렇게 억압적인 태도로 돌변하지 않았다는 것이다. Martin Pugh, "The British Union of Fascists and the Olympia Debate," *The Historical Journal* 41/2 (1998).

71) N. Mosley, *Rules of the Game*, p.330.

72) Thurlow, *Fascism in Britain*, p.62.

73) Stephen M. Cullen, "Leaders and Martyrs : Cordreanu, Mosley and Jose Antonio," p.429, 여기에 비해 PNF, Milice Française 같은 경우는 폭력 행위를 숭배했다.

74) Jon Lawrence, "Fascist Violence and the Politics of Public Order in Inter-war Britain : the Olympia Debate Revisited," p.255.

75) Cullen, "The Development of the Ideas and Policy of the British Union of Fascists, 1932-40," p.126.

76) O. Mosley, "We Shall not Be Long Now : The Sacred Task of Bringing Peace to Mankind, The Tragic Caricature of Democracy," *The Fascist Week*, Jan. 26th-Feb. 1st, 1934, p.5.

77) Colin Cook, "A fascist memory : Oswald Mosley and the myth of the airman," *European Review of History* 4, no.2 (1997), p.155.

78) Cullen, "The Development of the Ideas and Policy of the British Union of Fascists, 1932-40," p.129. 컬른은 모슬리 파시즘에서 평화주의적 성격을 특히 강조한다.

79) Gilles는 '전쟁이 나의 조국'이라는 대담한 발언을 했다. Cullen, "The Development of the Ideas and Policy of the British Union of Fascists, 1932-40," pp.130, 131.

80) Martin Durham, "Gender and the British Union of Fascists," p.515.

81) 같은 책.

82) Thurlow, *Fascism*, p.65.

83) *Fascist Week*, 12-18 Jan. 1934

84) Julie V. Gottlieb, "'Motherly Hate' : Gendering Anti-Semitism in the British Union of Fascists," *Gender & History* 14 (August 2002), p.309.

85) 메리 리차드슨은 1914년 런던국립미술관(National Gallery)에서 벨라스케스의 그림 '로크비 비너스(Rokeby Venus)'를 훼손한 전투적 여성운동가였다. 같은 책, p.310.

86) *Action*, 24 (April 1937).

87) 여성의 이미지에 대한 왜곡된 인상도 파시즘이 교정하고자 한 중요한 한 부분이었다. 현재의 질서는 여성상에 대한 잘못된 기대감을 강요하며 그 결과 '우리의 괜찮은 영국 여성들 수백만'이 유태인의 영화와 광고들에 의해 기만

당해 에로틱함과 섹스어필함 소위 글래머가 모성이나 가정생활보다 더 바람직하다는 점을 믿게 되었다는 것이다. *Action*, 28 March 1940.

88) Roger Griffin, "Revolution from the Right," in *Revolutions and the Revolutionary Tradition*, ed. David Parker (London, 2000), p.189.

89) Thurlow, *Fascism in Britain*, p.118 ; Thurlow, "The Return of Jeremiah," p.107. 영국적 요소에도 다양한 조류가 포함된다. 로이드 조지의 계획들, 코울(G. D. H. Cole)과 오라지(A. R. Orage)의 길드사회주의적 이념과 1929-30년의 그 자신의 정부에서의 경험이 포함되었다.

90) Coupland, "The Blackshirted Utopians," p.259.

91) Thurlow, *Fascism*, p.10.

참고문헌

1. 페이비언 사회주의 및 길드 사회주의 관련자료

Barker, Rodney. "Guild Socialism Revisited?" *Political Quarterly*, vol.46, no.3 (July-Sep. 1975).

Barnard, F. M. *Pluralism, Socialism, and Political Legitimacy* (Cambridge, 1991).

Beilharz, P. *Labour's Utopias : Bolshevism, Fabianism, Social Democracy* (London, 1992).

Bevir, Mark. "Fabianism, Permeation and Independent Labour," *Historical Journal*, vol.39, no.1 (1996).

Briggs, A. and Saville, J.(ed.) "Guild Socialism: Storrington Document," *Essays in Labour History 1886-1923* (London, 1971).

Britain, Ian. *Fabianism and Culture : A Study in British Socialism and the Arts 1884-1918* (Cambridge, 1982).

Callaghan, John. *Socialism in Britain since 1884* (Oxford, 1990).

Carpenter, N. *Guild Socialism* (London, 1922).

Clayton, J. *The Rise and Decline of Socialism in Great Britain 1884-1924* (London, 1926).

Clive, John. "British History 1870-1914, Reconsidered," *American Historical Review* (July 1963).

Cole, G. D. H. "Freedom in the Guild," *New Age* (Nov.5 1914).

___________. *Guild Socialism re-stated* (London, 1920).

___________. *Social Theory* (London, 1920).

___________. "National Guilds Movement in Great Britain," *Monthly Labor Review*, July 1919 in D.Bloomfield(ed.), *Modern Industrial Movements* (New York, 1920).

___________. "Can the Guilds Succeed?," *The Guild Socialist* (July 1922).

280

_____________. "Next Steps in the Guild Movement IV," *The Guild Socialist* (August 1923).

_____________. *Organized Labour* (London, 1924).

Cole, M. "The Fabian Society," *Political Quarterly*, vol.15 (July 1944).

_______. "The Webbs and Social Theory," *British Journal of Sociology* (June 1961).

_______. *The Story of Fabian Socialism* (London, 1961).

_______. "Guild Soclialism and The Labour Research Department," in A. Briggs and J. Saville(ed.), *Essays in Labour History 1886-1923* (London, 1971).

Fabian News, "Guild Socialism," vol.xxv, no.12, Nov. 1914.

Harrison, Royden. "The Fabians:Aspects of a Very English Socialism," Iain Hampsher-Monk(ed.), *Defending Politics* (London, 1993).

Himmelfarb, G. "The Intellectual in Politics," *Journal of Contemporary History*, vol.6, no.3 (1971).

Hobsbawm, E. J. *Labouring Men* (London, 1976).

_____________. *Worlds of Labour* (London, 1984).

Hobson, S. G. *National Guilds: An Inquiry into the Wage System and the Way Out* (London, 1914).

_____________. *National Guilds and the State* (London, 1920).

Lewis, G. K. *Slavery, Imperialism and Freedom* (New York, 1978).

MacKenzie, N.&J. *The First Fabians* (London, 1977).

Matthews, Frank. "The Ladder of Becoming," in David E. Martin and David Rubinstein(eds.), *Ideology and the Labour Movement* (London, 1979).

Pease, E. *The History of the Fabian Society* (London, 1916).

Pierson, S. *Marxism and the Origins of British Socialism* (New York, 1973).

Pugh, P. *Educate, Agitate, Organize* (London, 1984).

Riddell, Neil. "'The Age of Cole'? G.D.H.Cole and the British Labour Movement 1929-1933," *The Historical Journal*, vol.38, no.4 (1995).

Sancton, A. "British Socialist Theories of the Division of Power by Area," *Political Studies*, 24 (1976).

Schecter, D. *Radical Theories* (Manchester, 1994).

Shaw, G. B. "The Transition to Social Democracy," in *Fabian Essays* (London, 1889).

_________. *Impossibilities of Anarchism*, Fabian Tract 45 (London, 1893).

_________. *The Intelligent Woman's Guide to Socialism* (London, 1937).

Simey, T. S. "The Contribution of Sidney and B. Webb to Sociology," *British Journal of Sociology*, vol.12, no.2 (June 1961).

Stapleton, J. "Localism versus Centralism in the Webbs' Political Thought," *History of Political Thought*, vol.XII, no.1 (Spring 1991).

Stokes, Geoff. "Beilharz and the Ethical Project of Socialism," *Thesis Eleven*, no.52 (Feb. 1998).

Sutton, D. "Crises in the British State 1880-1930," in M. Langan and B. Schwarz(eds.), *Liberalism, State Collectivism and the Social Relations of Citizenship* (1985).

Tawney, R. H. "The Case for the Consumer," *The Guildsman*, Dec. 1919.

Ulam, Adam. *Philosophical Foundations of English Socialism* (Cambridge Mass., 1951).

Webb, S. "Some Economic Errors of Socialism and Others," *Practical Socialist*, vol.2, no.18 (June 1887).

________. *Practical Land Nationalization*, Fabian Tract 12 (London, 1890).

________. *London's Heritage in the City Guilds*, Fabian Tract 31 (London, 1891).

________. *Socialism: True and False*, Fabian Tract no.51 (London, 1894).

________. *The London Vestries*, Fabian Tract 60 (London, 1894).

________. *Difficulties of Individualism*, Fabian Tract no.69 (London, 1896).

________. "Review : National Guilds : An Inquiry into the Wage System and the Way Out," *Fabian News*, vol.xxv, no.8 (July 1914).

________. *The New Statesman*, special supplement on State and Municipal Enterprise, vol.v, no.109 (Sat. May 8 1915).

________. *Great Britain after the War* (London, 1916).

________. *The Works Manager To-day* (London, 1918).

________. *The Root of Labour Unrest*, Fabian Tract no.196 (London, 1920).

Webb, Sidney and Beatrice. *Industrial Democracy* (London, 1897).

________________. *Problems of Modern Industry* (London, 1920).

________________. *Constitution for the Socialist Republic of Great Britain* (London, 1920).

________________. *The Consumer's Co-operative Movement* (London, 1921).

________________. *The Decay of Capitalist Civilization* (London, 1923).

________________. *English Local Government from the Revolution to the Municipal Corporation Act* 10 volumes (London, 1906-1929).

Williams, Raymond. *Culture and Society* (London, 1958).

Winter, J. M. *Socialism and the Challenge of War: Ideas and Politics in Britain 1912-18* (London, 1974).

Wolfe, W. *From Radicalism to Socialism* (London, 1975).

Wright, A. "Guild Socilaism Revisited," *Contemporary History*, vol.9, no.1 (Jan. 1974).

__________. "For a Sensible Extremism," *New Statesman*, 7 (Sep. 1984).

2. 급진우파와 보수당 사회개혁위원회 관련자료

Arnstein, Walter L. "Edwardian Politics : Turbulent Spring or Indian Summer," in Alan O'Day(ed.), *The Edwardian Age : Conflict and Stability* (London, 1979).

Cain, Peter. "Political Economy in Edwardian England : The Tariff-Reform Controversy," in Alan O'Day(ed.), *The Edwardian Age: Conflict and Stability* (London, 1979).

__________. "The Conservative Party and 'Radical Conservatism', 1880-1914 : Incubus or Necessity?" *Twentieth Century British History*, vol.7, no.3 (1996).

Campbell, John. "F. E. Smith : Tory Democrat or Social Democrat?" *History Today*, vol.32 (May 1982).

__________. *F. E. Smith First Earl of Birkenhead* (London, 1983).

de Broke, Willoughby. "The Coming Campaign," *National Review*, vol.LVI, no.331 (Sep. 1910).

__________. "The House of Lords and After," *National Review* (May 1911).

__________. "The Tory Tradition," *The National Review*, vol.LVIII, no.344 (Oct. 1911).

__________. "The Restoration of the Constitution," *The National Review*, vol.LVIII, no.348 (Feb. 1912).

__________. "National Toryism," *The National Review*, vol.LIX, no.351 (May 1912).

__________. "The Unionist Position," *The National Review*, vol.LXII, no.368 (Oct. 1913).

__________. "The Unionist Party and the General Election," *The National Review*, vol.LXIII, no.377 (July 1914).

__________. "The Comfortable Classes and National Defense," *The National Review*, vol.LXIII, no.375 (May 1914).

__________. "The Unionist Party and the General Election," *The National*

Review, vol.LXIII, no.377 (July 1914).

Eccleshall, Robert. *English Conservatism since the Restoration* (London, 1990).

Evans, Brendan and Taylor, Andrew. *From Salisbury to Major* (Manchester, 1996).

Fair, John D. and Hutcheson, John A. Jr. "British Conservatism in the Twentieth Century : An Emerging Ideological Tradition," *Albion*, vol.19, no.4 (Winter 1987).

Fforde, Matthew. *Conservatism and Collectivism 1886-1914* (Edinburgh, 1990).

Francis, Martin and Zweiniger-Bargielowska, Ina. Introduction to *The Conservatives and British Society, 1880-1990* by Martin Francis and Ina Zweiniger-Bargielowska (eds.), (Cardiff, 1996).

Goodlad, Graham. "The 'Crisis' of Edwardian Conservatism," *Modern History Review*, vol.9, no.4 (April 1998).

Green, E. H. H. The Crisis of Conservatism. *The Politics, Economics and Ideology of the British Conservative Party, 1880-1914* (London, 1995).

_______________. "The Conservative Party, the state and social policy, 1880-1914," In Francis, Martin and Zweiniger-Bargielowska, Ian(eds.), *The Conservatives and British Society, 1880-1990* (Cardiff, 1996).

_______________. *Ideologies of Conservatism* (Oxford, 2002).

Harris, José. "The Transition to High Politics in English Social Policy, 1880-1914," in Micheal Bentley and John Stevenson(eds.), *High and Low Politics in Modern Britain* (Oxford, 1983).

Hills, J. W. and Woods, Maurice. *Poor Law Reform, A Practical Solution* (London, 1912).

Hills, J. W., Ashley, W. J. and Woods, Maurice. *Industrial Unrest, A Practical Solution* (London, 1914).

Kennedy, Thomas C. "Tory Radicalism and the Home Rule Crisis, 1910-1914 : The Case of Lord Willoughby de Broke," *Canadian Journal of History*, XXXVII (April 2002).

Matthew, H. C. G. "The Liberal Age" in K. O. Morgan(ed.), *The Oxford History of Britain* (Oxford, 1988).

O'day, Alan. Introduction to *The Edwardian Age : Conflict and Stability* by Alan O'Day(ed.) (London, 1979).

Packer, Ian. "The Conservatives and the Ideology of Landownership, 1910-1914," in

Martin Francis and Ian Zweiniger-Bargielowska(eds.), *The Conservatives and British Society, 1880-1990* (Cardiff, 1996).

Phillips, G. D. *The Diehards* (London, 1979).

__________. "Lord Willoughby de Broke and the Politics of Radical Toryism, 1909-1914," *Journal of British Studies*, XX, 1 (1980).

__________. "Lord Willoughby de Broke: Radicalism and Conservatism," in J. A. Thompson and Arthur Mejia(eds.), *Edwardian Condservatism: Five Studies in Adaptation* (London, 1988).

Pugh, Martin. "Popular Conservatism in Britain : Continuity and Change, 1880-1987," *Journal of British Studies* 27 (July 1988).

Ramsden, John. *An Appetite for Power* (London, 1998).

Ridley, Jane. "The Unionist Social Reform Committee, 1911-1914 : Wets before the Deluge," *The Historical Journal*, vol.30, no.2 (1987).

Ridley, Jane. "The Unionist Opposition and the House of Lords, 1906-1910," *Parliamentary History*, vol.11, pt.2 (1992).

Scally, R. J. *The Origins of the Lloyd George Coalition, The Politics of Social-Imperialism, 1900-1918* (Princeton, 1975).

Searle, G. R. "Critics of Edwardian Society : The Case of the Radical Right," in Alan O'Day(ed.), *The Edwardian Age: Conflict and Stability 1900-1914* (London, 1979).

__________. "The 'Revolt from the Right' in Edwardian Britain," in Paul Kennedy and Anthony Nicholls(eds.), *Nationalist and Racialist Movements in Britain and Germany before 1914* (Oxford, 1981).

Smith, F. E. *Unionist Policy and Other Essays* (London, 1913).

Sykes, Alan. "Radical Right and the Crisis of Conservatism before the First World War," *The Historical Journal*, 26, 3 (1983).

Verney, Richard Greville, 19th Baron Willoughby de Broke. *The Passing Years* (London, 1924).

Weston, Corinne C. "Lord Selborne, Bonar Law and the 'Tory Revolt'," in R. W. Davis(ed.), *Lords of Parliament* (Stanford, California, 1995).

Wiener, Martin. "Conservatism, Economic Growth and English Culture," *Parliamentary Affairs*, vol.xxxiv, no.4 (1989 Autumn).

3. 영국 파시즘 관련자료

Barnes, James J. "Oswald Mosley as Entrepreneur," *History Today* 40 (March 1990).

Cook, Colin. "A fascist memory : Oswald Mosley and the myth of the airman," *European Review of History*, vol.4, no.2 (1997).

Coupland, P. M. "The Blackshirted Utopians," *Journal of Contemporary History*, vol.33, no.2 (1998).

__________. "H. G. Wells's 'Liberal Fascism'," *Journal of Contemporary History* vol.35, no.4 (2000).

__________. "'Left-Wing Fascism' in Theory and Practice : The Case of the British Union of Fascists," *Twentieth Century British History*, vol.13, no.1 (2002).

Cronin, Mike. Introduction to *The Failure of British Fascism; The Far Right and the Fight for Political Recognition* by Mike Cronin(ed.) (London, 1996).

Cullen, Stephen M. "Leaders and Martyrs : Cordreanu, Mosley and Jose Antonio," *History*, vol.7, no.233 (October 1986).

__________. "The Development of the Ideas and Policy of the British Union of Fascists, 1932-40," *Journal of Contemporary History*, vol.22 (1987).

__________. "Political Violence: The Case of the British Union of Fascists," *Journal of Contemporary History*, vol.28 (1993).

Durham, Martin. review of *The Ideology of the British Right 1918-1939*, by G. C. Webber, in *Histoty Workshop Journal*, issue 26 (Aut. 1988).

__________. "Gender and the British Union of Fascists," *Journal of Contemporary History* vol.27, no.3 (July 1992).

Garside, W. R. "Party Politics, Political Economy and British Protectionism, 1919-1932," *History*, vol.83, no.269 (Jan. 1998).

Gottlieb, Julie V. "'Motherly Hate' : Gendering Anti-Semitism in the British Union of Fascists," *Gender & History* 14 (August 2002).

Griffin, Roger. "British Fascism : The Ugly Duckling," in Mike Cronin(ed.), *The Failure of British Fascism; The Far Right and the Fight for Political Recognition* (London, 1996).

__________. "Revolution from the Right," in David Parker(ed.), *Revolutions and the Revolutionary Tradition* (London, 2000).

Hart, E. D. Fascism, "a Hundred Years Ago," *Fascist Quarterly*, vol.II, no.2, (April

1936).

Hayes, Paul. "The Contribution of British Intellectuals to Fascism," in Kenneth Lunn and Richard C. Thurlow(eds.), *British Fascism* (London, 1980).

Holmes, Colin. "Anti-Semitism and the BUF," in Kenneth Lunn and Richard C. Thurlow(eds.), *British Fascism* (London, 1980).

Hope, John. "Blackshirts, Knuckle-Dusters and Lawyers," *Labour History Review*, vol.65, no.1 (spring 2000).

Kushner, Tony and Lunn, Kenneth. Introduction to *Traditions of Intolerance : Historical Perspectives on Fascism and Race Discourse in Britain* by Tony Kushner and Kenneth Lunn(eds.) (Manchester, 1989).

Lawrence, Jon. "Fascist Violence and the Politics of Public Order in Inter-war Britain : the Olympia Debate Revisited," *Historical Research* 76 (May 2003).

Lewis, D. S. *Illusions of Grandeur: Mosley, Fascism and British Society, 1931-81* (Manchester, 1987).

Lunn, Kenneth. "British Fascism Revisited : A Failure of Imagination?" in Mike Cronin(ed.), *The Failure of British Fascism; The Far Right and the Fight for Political Recognition* (London, 1996).

Linehan, T. *British Fascism* (Manchester, 2000).

Loughlin, James. "Northern Ireland and British fascism in the inter-war years," *Irish Historical Studies*, vol.29, no.116 (Nov. 1995).

Mosley, N. *Rules of the Game beyond the Pale* (London, 1998).

Mosley, Oswald. *The Greater Britain* (London, 1932).

______________. "Revolution of the Nation : Fascism Will End Party Warfare, The Test of the Modern Age," *The Fascist Week* (Nov. 10th-16th, 1933).

______________. "Unemployment and the Economic Problem : A New Spirit for the New World, End the Vicious Circle," *The Fascist Week* (Dec. 1st-7th, 1933).

______________. "How to Meet the Modern Industrial Problem : The Corporate State as the Fascist Solution, Adjusting Consumption to Production," *The Fascist Week* (Dec. 8th-14th, 1933).

______________. "We Shall not Be Long Now; The Sacred Task of Bringing Peace to Mankind, The Tragic Caricature of Democracy," *The Fascist Week* (Jan. 26th-Feb. 1st, 1934).

______________. "Fascism Is not Dictatorship; But Leadership with the Consent of the

People, The Principle of Individual Responsibility," *The Fascist Week* (Feb. 9th-15th, 1934).

__________. "The Immense Majesty of Fascist Peace : Ending the Struggle for Markets, The Economics of an Age of Plenty," *The Fascist Week* (Dec. 29th 1933-Jan. 4th 1934).

__________. "The Philosophy of Fascism," *Fascist Quarterly*, vol.1, no.1 (January 1935).

__________. "The World Alternative," *Fascist Quarterly*, vol.2, no.3 (July 1936).

__________. "A Seventh edition of TOMORROW WE LIVE," in Oswald Mosley, *My Answer* (Ramsbury, 1946).

__________. "Tomorrow We Live(1938) : Economic System -What is Wrong?" in Michael Quill(ed.), *Revolution by Reason and Other Essays* (Lampeter, 1997).

Neubauer, "The Face of British Fascism," *Red Mole* (8-22 April 1971).

Payne, S. G. "Historical Fascism and the Radical Right," *Journal of Contemporary History* 35 (Jan. 2000).

Pugh, Martin. "The British Union of Fascists and the Olympia Debate," *The Historical Journal*, vol.41, no.2 (1998).

Raven, Alexander. "The Corporate State Explained : Industrial Self-Government," *The Fascist Week* (Apr. 20th-26th, 1934).

__________. "Duties of the Fascist Corporations : Structure of the Planned State," *The Fascist Week* (May 11th-17th, 1934).

Rees, Philip. "Changing Interpretations of British Fascism : a Bibliographical Survey," in Kenneth Lunn and Richard C. Thurlow(eds.), *British Fascism* (London, 1980).

Renton, Dave. "Was fascism an ideology? British fascism reconsidered," *Race and Class*, vol.41, no.3 (March 2000).

Skidelsky, Robert. "Reflections on Mosley and British Fascism," in Kenneth Lunn and Richard C. Thurlow(eds.), *British Fascism* (London, 1980).

__________. *Oswald Mosley* (London, 1990).

Taylor, S. *The National Front in English Politics* (London, 1982).

Thomson, A. Raven. "Corporate Economics," *Fascist Quarterly*, vol.1, no.1 (January 1935).

Thorpe, Andrew. Introduction to *The Failure of British Extremism in Inter-War Britain* by Andrew Thorpe(ed.) (Exeter, 1989).

Thurlow, Richard. "The Return of Jeremiah : The Rejected Knowledge of Sir Oswald Mosley in the 1930s," in Kenneth Lunn and Richard Thurlow(eds.), *British Fascism* (London, 1980).

___________. "The Guardian of the 'Sacred Flame' : the Failed Political Resurrection of Sir Oswald Mosley after 1945," *Journal of Contemporary History*, vol.33, no.2 (1998).

___________. *Fascism in Britain* (London, 1998).

___________. *Fascism* (Cambridge, 1999).

Webber, G. C., "The British Isles," in Detlef Mühlberger(ed.), *The Social Basis of European Fascist Movements* (London, 1987).

찾아보기

지은이 | **김 명 환**
서울대학교 서양사학과를 졸업했으며 동대학원에서 석사 및 박사학위를 받았다.
2002~2003년 영국 케임브리지 대학 사학과에서 연구교수로 활동했으며, 신라대학교
인문과학연구소장직을 역임했다. 현재 신라대학교 사학과 교수로 있다.

저서 |『영국 사회주의의 두 갈래 길』,『서양의 지적 운동 Ⅱ』(공저),『역사와 혁명』(공저),
『옥스퍼드 영국사』(공역),『근대세계체제 Ⅱ』(공역)

논문 |「페이비언 사회주의의 렌트개념」,「제국주의에 대한 페이비언들의 태도」,「영국의 점진적
사회주의 발생의 사회적 배경」,「길드 사회주의의 사회통제론」,「길드 사회주의의 성격 - 제3의
민주화 운동」,「노동불안기에 나타난 노동자 연대의 모습」,「"노동불안"과 영국사회의 위기」.

영국의 위기와 좌우파의 대안들
사회주의, 보수주의, 파시즘(1880~1930년대)

김 명 환 지음

2008년 2월 20일 초판 1쇄 발행

펴낸이 · 오일주
펴낸곳 · 도서출판 혜안
등록번호 · 제22-471호
등록일자 · 1993년 7월 30일

㉾ 121-836 서울시 마포구 서교동 326-26번지 102호
전화 · 3141-3711~2 / 팩시밀리 · 3141-3710
E-Mail hyeanpub@hanmail.net

ISBN 978 - 89 - 8494 - 337 - 7   93920

값 23,000원